Weiter wie bisher?

Arne Völkel

Weiter wie bisher?

Von der Freiheit des postevangelikalen Glaubens

Bibliografische Information der Deutschen Nationalbibliothek:
Die Deutsche Nationalbibliothek verzeichnet diese Publikation
in der Deutschen Nationalbibliografie; detaillierte bibliografische Daten sind im Internet über http://dnb.dnb.de abrufbar.

© 2025 Arne Völkel
Lektorat & Korrektorat: Norbert Schnabel
Gestaltung: Bastian Kästner

Verlag: BoD · Books on Demand GmbH,
Überseering 33, 22297 Hamburg, bod@bod.de

Druck: Libri Plureos GmbH, Friedensallee 273, 22763 Hamburg

ISBN: 978-3-7693-5402-7

Inhaltsverzeichnis

Verkündet - *Von Menschen umworben ist Jesus nicht. Beworben wird er viel. Von Christen, die davon überzeugt sind, dass der Glaube an ihn das Beste sei, was ihren Mitmenschen passieren kann. Grund genug nachzuforschen, wie gesagt werden kann, was so wichtig ist, dass es unbedingt gesagt werden muss.*
Seite 8

Erwählt - *Persönliche Vorzüge sind für den christlichen Glauben bedeutungslos, und Jesus ist Gottes Geschenk für alle Menschen. Milliarden von Menschen vertrauen nicht darauf. Was ist der Kern des geheimnisvollen Geschenks des Glaubens an Jesus?*
Seite 48

Erlöst - *Der Glaube an Jesus hat befreiende Kraft. Weil er stereotypen Urteilen widerspricht und unsere inneren Kritiker zum Schweigen bringt.*
Seite 86

Glauben - *Das Evangelium wird Literatur, das Prophetenwort ein Kalenderspruch, der Gottesdienst ein Event, Jesu Kreuz ein sakraler Gegenstand, die Gemeinde ein Selbstzweck. Lässt sich der Prozess umkehren? Von der Feier der Gemeinden zurück zum Christus?*
Seite 116

Handeln - Alle Christen sind gleich. Aber wie sieht es aus, wenn wahre Christen an ihrer Frömmigkeitspraxis erkannt werden sollen? Wahlweise gemessen an ihrer sexuellen Orientierung, ihrem Spendenverhalten, ihrer Mitarbeit in der Gemeinde und anderem mehr.
Seite 142

Hoffen - Was macht den Glauben gewiss? Zuversicht stellt sich paradoxerweise dort ein, wo Christen Sicherheit nicht zum Ziel der Gottesbegegnung machen.
Seite 164

Lieben - Ohne die Liebe ist alles Christsein nichts. Sie versteckt sich nicht. Nicht hinter verschlossenen Gemeindetüren, nicht in abgeschirmten Hauskreiszimmern und auch nicht hinter angeblich wahrer biblischer Lehre.
Seite 188

Vereinen - Dem Glauben an Jesus entspringen viele wohlüberlegte, aber häufig gegensätzliche Überzeugungen. Die gilt es und die lohnt es sich anzuhören. Aber was hält Gemeinden zusammen und wer sagt, was gilt auf dem weiteren gemeinsamen Weg?
Seite 222

Literaturhinweise
Seite 268

Vorwort

Nach gut dreißig Jahren Pastorentätigkeit in einer Freikirche bleibt es mein Anliegen, die Frische des Evangeliums zu kosten. Dafür erscheint mir heute die Loslösung von mancher evangelikalen Glaubensprägung unumgänglich. Unter acht Stichworten folge ich der Spur von Christen, die spüren, dass ihre Glaubenswirklichkeit und die in ihren Gemeinden hochgehaltenen Glaubensüberzeugungen auseinander driften. Und dass es schmerzt, wenn ernsthafte Gottessuche, verbunden mit seelsorgerlicher Not, als Spitzfindigkeit abgetan, autoritär abgewertet oder als übler Stilbruch verurteilt wird.

Im alltäglichen Leben entscheiden sich jüngere Generationen von Christen und auch ältere für alternative Lebensformen, gestalten ihre Geschlechterrollen und Identitätsverständnisse neu und emanzipieren sich von christlich-gemeindlichen Konventionen. Dabei stellen sie fest, dass solches Leben auch funktioniert. Nicht unbedingt besser, aber auch nicht unbedingt schlechter. Es bröckeln auch manche theologischen Überzeugungen vergangener Jahre mit der Einsicht, dass längst nicht alles, was in der Bibel steht, geglaubt wird und gegen Einspruch verteidigt werden muss – wie etwa die Gründung der Erde auf Säulen, die Existenz der ersten Menschen Adam und Eva, Befehle Gottes zu völkischen Vernichtungskriegen, das Fortleben im Bauch eines großen Fisches, Nachordnung der Frau gegenüber dem Mann, Wolkenreisen und manches mehr. Aber andererseits bitten wir um Gottes Schutz für uns und andere Menschen, um Bewahrung seiner Schöpfung und um Jesu Wiederkunft. Wir danken für das Geheimnis der unsichtbaren Kraft des Heiligen Geistes und für die Boten Gottes mitten unter uns. Wir sind beheimatet in der Gemeinde Jesu unterschiedlicher Konfessionen und Benennungen und eingewurzelt und gehalten im Vertrauen auf Gottes Liebe und Barmherzigkeit. Wir glauben an den Schöpfer und Vater, die Gottessohnschaft Jesu, Vergebung der Schuld, Auferstehung der Toten und an das ewige Leben. Wir lesen die Bibel und spüren ihre unterstützende und belebende Kraft.

Also machen wir in den Gemeinden einfach weiter wie bisher? Damit tun sich christliche (Frei-)Kirchen sicher keinen Gefallen. Die geistlichen Irritationen und gesellschaftlichen Umbrüche sind der Aufruf zu einer Neubesinnung, jenseits autoritär begründeter Festlegungen. Dabei ist das Einstehen für sich selbst und die persönlichen Glaubensüberzeugungen im Miteinander der Gemeinde ein Gewinn. Sie bedeuten aber auch eine Gefährdung. Nämlich dann, wenn im Bestreben, den eigenen Glauben zu festigen, Festungen im Kampf gegen anders denkende Menschen und Glaubensgeschwister aufgerichtet werden. Damit würde die alle Grenzen überschreitende Kraft der Botschaft Jesu verleugnet.

Das Evangelium stellt uns auf ein Fundament jenseits der eigenen Glaubenskräfte und abseits der Normierung durch Nicht- und Mitchristen. Diese Freiheit ist nötig, damit streitbare Auseinandersetzungen möglich bleiben, Erkenntnis gewonnen wird und respektvolles Miteinander erhalten bleibt. Diesem Anliegen folgend, ist dieses Buch entstanden.

Arne Völkel
Dortmund, März 2025

Verkündet

Von Menschen umworben ist Jesus nicht. Beworben wird er viel. Von Christen, die davon überzeugt sind, dass der Glaube an ihn das Beste sei, was ihren Mitmenschen passieren kann. Grund genug nachzuforschen, wie gesagt werden kann, was so wichtig ist, dass es unbedingt gesagt werden muss.

Ich fahre zur Arbeit. Von zu Hause bis zu meinem Büro sind es etwa fünfzehn Minuten mit dem Auto. Von der Bundesstraße abbiegend, schwenke ich auf die städtische Hauptverkehrsstraße ein. Sofort überflutet mich Werbung. Werbung hier, Werbung da, Werbung dort. „I WANT YOU!", lese ich auf dem berühmten Poster von James Montgomery Flagg, auf dem Uncle Sam seinen durchdringenden Blick und den Zeigefinger auf mich richtet. Sie wollen wirklich mich! Und dann plötzlich das eine Plakat, das mich wirklich neugierig macht. Es lädt mich ein, meinen Text für tausende Berufstätige zu hinterlassen, die hier Tag ein, Tag aus vorbeikommen. In ihren Autos vor roten Ampeln stehen oder aus überfüllten Straßenbahnen durch verkratzte Fenster starren. Da lese ich: „Hier könnte Ihre Werbung stehen." „Meine Werbung für Jesus ...", beginnt mein Gehirn zu arbeiten. Ich bin wach. „Jeder, der den Namen des Herrn anruft, wird gerettet werden. Aber wie kann man jemanden anrufen, an den man nicht glaubt? Oder wie kann man an jemanden glauben, von dem man nichts gehört hat? Und wie kann man von jemandem hören, wenn es keine Verkündigung von ihm gibt? Wie aber kann es eine Verkündigung geben, wenn niemand dazu ausgesandt wurde? – Gerade darüber steht ja in der Heiligen Schrift: »Willkommen sind die Boten, die Gutes verkünden.«" (Römer 10,13-15; BB)

Werbung für Jesus! Aber wie? „Gott liebt dich!", fällt mir als Slogan ein. Und sogleich habe ich Gespräche mit Menschen im Kopf. „Gott? Wer soll das sein? Du wirbst für eine Person, die es wahrscheinlich gar nicht gibt!" Zweiter Anlauf: „Hier könnte Ihre Werbung stehen!" Was auf die Plakatwand zaubern? Wie wäre es mit „Jesus, dein Retter!" Das ist auf jeden Fall schon mal biblisch. War der andere Slogan zwar auch, aber dieser ist irgendwie noch zentraler. Nah am Kreuz, nah an der Mitte. Näher am Zentrum dessen, was den Leuten gesagt werden muss, geht es nicht. Das muss doch funktionieren! Aber Moment mal: Was den Leuten gesagt werden muss? Welche Leute – und weshalb „muss"? Nun, weil jeder, der den Namen des Herrn anruft, gerettet wird, vernehme ich eine leicht genervte Stimme in mir.

Jetzt ist grün, und die Autokolonne schiebt sich geduldig weiter bis zum nächsten Halt. „Hier könnte Ihre Werbung stehen!" Irgendetwas Kurzes, Knappes, höre ich meinen Freund, den Marketingfachmann, sagen. Etwas von Leichtigkeit, das die Logik außer Kraft setzt, muss es sein. Der muss es wissen, und ich denke nach. „Jesus, dein Retter!" Das ist schön knapp. Nur drei Worte. Weniger geht kaum. Aber Leichtigkeit, die die Logik außer Kraft setzt? Nicht wirklich. Neue Gedanken kreisen in meinem Kopf, melden Erinnerungen an. Die Kirche stehe ohnehin nicht gerade für die Wahrheit, wurde mir gesagt. Was die alles verheimlicht und versteckt. Junge, Junge, das will man gar nicht wissen. Diese ganzen Missbrauchsfälle … Mir wird schwindelig. Damit kann das Bodenpersonal Gottes nicht landen. Das ist halt so eine Sache, wenn dem Kunden jegliche Kenntnis der netten Leute in Kirche und Gemeinde und vom angepriesenen Produkt fehlt. Doch stopp mal! Erstens ist Jesus kein Produkt, sondern Gottes Sohn. Und zweitens werben wir doch keine Kunden! Hat mich das Plakat doch völlig auf die falsche Spur gesetzt? Fährt die ganze Sache mit der Werbung für Gott nicht von vornherein auf dem falschen Gleis?

„Hier könnte Ihre Werbung stehen!" Was um alles in der Welt … „Jesus, dein Retter!" Das war meine letzte Idee. Aber was für ein Poltern, was für eine Unterstellung! Gibt es da überhaupt etwas, von dem oder vor dem der zufällige Passant gerettet werden will? Rettung? Wovon? Wovor? Vor ewiger Trennung von Gott? Definiere ewig, höre ich den Kritiker. Und etwas spöttisch: Verwende keine Begriffe, die du selbst nicht erklären kannst. „Knapp", sagt mein Marketingfreund, muss die Message sein und „einfach". Einfach? Soviel steht fest, einfach ist der Glaube schon mal nicht. Nicht zu verstehen und noch weniger zu erklären. Da muss man sich schon ein bisschen Zeit nehmen und zum Nachdenken bereit sein. Ohne Schuld, Opfer sein und Täter werden geht es im Leben nun mal nicht ab, möchte ich sagen – und doch nicht sogleich wieder mit Rettung und Erlösung anfangen. Aber ob nicht doch spätestens bei Jesu Kreuzestod auch von Schuld und Sünde die Rede sein muss? – Schuld und Vergebung. Vergeben, das wäre ein Thema! Aber lässt man sich das gerne auf der Fahrt zum Büro oder beim Wochenendeinkauf von einer Plakatwand herunterzurufen? Himmel! Bloß nicht! Dann ist aber wirklich Essig mit der Leichtigkeit, die Logik außer Kraft setzt.

Neuer Anlauf. Jesus, der Weg, die Wahrheit, das Leben! Was für ein starkes Wort. Die Quellenangabe darf darunter nicht fehlen: Worte des lebendigen Gottes! Mmmh. Kann man das so auf das Plakat schreiben? „Die Bibel" klingt da schon viel bündiger, gefälliger. Das ist knapp, und einfach ist es auch. Zumindest kann man das meinen. Die Bibel. Ein wirklich tolles Buch. Seit vielen Jahren lese ich darin, und langweilig wird es mir tatsächlich fast nie. Irgendwie komisch ist das schon. Fast geheimnisvoll. Vielleicht auch etwas merkwürdig. Und darin dieser Satz. „Ich bin der Weg und die Wahrheit und das Leben." (Johannes 14,6; LB) Einfach großartig, dieser Evangelist Johannes. Wie er hier alles so auf den Punkt bringt. So klar und wahr, so überzeugend und einleuchtend, so brillant und schlüssig. Das ganze Evangelium in einem Satz. Bombe! Gleich zur Sache kommen, zum Finale, zum Everest der Frohen Botschaft. Was soll und kann man von Jesus mehr sagen?

Nur das mit dem einfach, locker und leicht klappt bei dem Evangelisten Johannes leider nicht. Lange Sätze, verschachtelte Gedanken, Wiederholungen ohne Ende. Zweifellos war Johannes ein Könner. Aber ob Jesus so gesprochen hat mit den Leuten? Oder doch eher so einfach, kurz und bündig, wie der Evangelist Markus schreibt. Und ja, auch bei ihm gleich zu Anfang ein Hammersatz: „Die Zeit ist erfüllt, das Reich Gottes ist nahe. Kehrt um und glaubt an das Evangelium." (Markus 1,15; EÜ) Zugegeben, darin stecken bereits vier erklärungsbedürftige Begriffe, die nicht zu unserer Alltagssprache gehören: Umkehr, Glaube, Evangelium, Reich Gottes.

Gute Nachricht Fehlanzeige. Könnten vielleicht Schreck- und Ekelbilder wie die auf den Zigarettenpackungen zum Ziel führen? „Heulen und Zähneknirschen!" Wie wäre es, das auf das Werbeplakat zu setzen? Das wäre mal ganz etwas anderes als die wohlgemeinte Einladung zur Liebe Gottes. Etwas Horror ist ja bei vielen Leuten durchaus angesagt. Sie gruseln und ekeln und fürchten sich ganz gerne. Zumindest beim Heimkino, im Lehnsessel vor dem ultrabreiten, raumfüllenden Flachbildschirm mit Powerbooster und XXL-Dolby-Surround. „Willst du Horror live erleben? Dann kümmere dich nicht weiter um Jesus!" Das wäre ein Text! Härter noch als die fiesen Schockfotos auf der Zigarettenpackung. Die Renaissance der Höllenbotschaft als Werbestrategie. „Nicht der Qualm in deinen Lungen bringt dich um, sondern die Sünde in deinen Adern." So was in der Art. Aber, auch das ist klar, das macht niemand mehr so richtig Angst. Früher hat das mal super funktioniert. Doch heute sind die Leute ja so was von abgebrüht. Und es funktioniert auch aus einem noch ganz anderen Grund nicht. Zitiert Paulus doch Jesaja 52,7 (EÜ): „Wie willkommen sind auf den Bergen die Schritte des Freudenboten, der Frieden ankündigt …" Der Stadt Gutes verkünden!

Bewertung des Kunden und seiner Entscheidungen ist allerdings ein Tabu im Verkauf. Selbst wenn ich im Bekleidungsgeschäft eine pinke Jogginghose mit einem grünen Jackett und gelben Schuhe kombinieren wollte. Mehr als eine Erwähnung meines ausgefallenen Geschmacks hätte ich nicht zu befürchten. Das ist das Schöne beim Einkauf. Alles ist dem Kunden möglich und erlaubt. Mit einer Bewertung rechne ich einfach nicht, denn sie ist mir noch nie begegnet. Ganz etwas anderes erwartet der Durchschnittsbürger im Umgang mit Veganern, Tierschützern und anderen Individuen, die im Auftrag ihrer Mission unterwegs sind. Sie sind der Schrecken jedes Ehemaligen-Klassentreffens und der Mittagspause. Hier erwartest du förmlich eine Bewertung deiner Person und deines Handelns, du meidest die Nähe dieser Strategen. Bei Christen, denken viele, gehört Bewertung ebenfalls zum Geschäft. Und leider kann man dem nicht unbedingt widersprechen. Zwischenzeitlich bin ich im Büro angekommen. Aber fertig mit dem Thema bin ich nicht. Angeregt durch den Werbespruch, möchte ich noch etwas tiefer nach dem verborgenen Schatz der Guten Nachricht graben.

„Das Himmelreich gleicht einem Schatz, der im Acker vergraben ist: Ein Mann entdeckte ihn und vergrub ihn wieder. Voller Freude ging er los und verkaufte alles, was er hatte. Dann kaufte er diesen Acker. Ebenso gleicht das Himmelreich einem Kaufmann: Der war auf der Suche nach schönen Perlen. Er entdeckte eine besonders wertvolle Perle. Da ging er los und verkaufte alles, was er hatte. Dann kaufte er diese Perle." (Matthäus 13,44-46; BB)

Der Mann im Gleichnis handelt nicht als Händler, sondern wie ein Liebhaber. Das ist der springende Punkt. Menschen, die ihre wahre Freude entdecken, tun Dinge, die Außenstehenden als unvernünftig und rätselhaft erscheinen, ja sogar als gefährlich. Das Gleichnis Jesu thematisiert keine Opfervorstellung oder Selbstunterdrückung. Es ist nicht die Rede von einem Preis, den man zu zahlen hat, oder von Verzicht, um Gott zu finden. Das Gleichnis Jesu ins Asketische gerückt, verdirbt seinen Sinn. Das Kennwort in Jesu Gleichnis ist die Freude. Das Finden Gottes ist Freude! Eine alles verändernde Entdeckung. Da wird die menschliche Seele so weit und so leicht, dass sie alles abwirft, was sie noch länger beschweren könnte. Niemand verkauft alles, was er hat, in der vagen Hoffnung, irgendwann einmal einen Schatz zu finden. Und umgekehrt. Wer von großer Freude über den gefundenen Schatz bewegt ist, muss sich nicht mehr entscheiden. Wir sind davon überwältigt. So wie wir von einem strahlenden Sonnenaufgang oder einem glitzernden Sternenhimmel überwältigt sein können.

Der gefundene Schatz ist ein Überraschungsfund. Wer Gottes Liebe spürt, wendet sich dieser neuen Lebenswirklichkeit zu. Der Verkauf aller anderen Güter ist im Gleichnis selbstverständlich und kein Opfer. Die Entscheidung ist gefallen. Der Fund hat sie dem Finder abgenommen. Die Freude über das Gefundene ist das Entscheidende. Dazu kann und muss man nicht aufgefordert werden in einer Weise, die sagt: „Entscheide dich und setze ab heute alles für Jesus ein. Dann wirst du auch seine Liebe erfahren." Es ist anders. Alles beginnt mit dem unerwarteten Fund. Die Liebe Gottes findet dich. Jesus war eingehüllt von der Liebe Gottes, die ihn bestimmte, der zu sein, der er war, und zu tun, was er den Vater tun sah. Jesus spürte die Liebe seines Vaters, aus der sich seine Aufgabe ergab, die darin bestand, die Liebe des Vaters den Menschen zu zeigen. Denn sie erklärt alles und macht alles klar. Ihr verdanken wir uns. Kann es wirklich so einfach sein? Als Jesus einen Lahmen sieht, weiß er ihm zu helfen, selbst wenn das dem formellen Sabbatgebot widersprach. Als er einer Frau am Jakobsbrunnen begegnet,

> *In Zukunft wird man uns nicht fragen, ob wir evangelisch oder katholisch sind, sondern ob wir Christen sind und woran man das erkennt.*
> Peter Beier

18

erkennt er, dass sie seine Ansprache benötigt, auch wenn das die öffentliche Ordnung störte. Liebe braucht keine Erlaubnis. Liebe folgt keiner Pflicht. Deshalb ist Jesus der Gottessohn. Bei Johannes ist das nicht nur eine dogmatische Wahrheit, sondern eine das Leben Jesu bestimmende Offenbarung. Es reicht nicht zu fragen, wer Jesus war und was er getan hat. Es geht darum, unser Fühlen, Wollen und Handeln auf den Punkt zu bringen, der für Jesus entscheidend war. Dieser entscheidende Punkt ist Jesu Vertrauen auf seinen Vater. Das war es, worum es Jesus wesentlich ging, was er wirklich wollte, wofür er sich entschieden hatte und worauf er sich entschieden bezog. Wie der Vater wirkt, so wirkt der Sohn. Aus Liebe (Johannes 5,19).

Wir schreiben das Jahr 538 v.Chr., als der Perserkönig Cyrus ein Edikt zur Heimkehr der nach Babylon vertriebenen Juden in ihre Heimat erlässt. Historisch betrachtet ist es ein normaler zeitgeschichtlicher Vorgang und eine kluge, staatsmännische Entscheidung. Cyrus gibt dem Volk seine Identität zurück, die ihm die Babylonier raubten. Als ihr Befreier, so das Kalkül, würden sie ihm als seine Vasallen höhere Abgaben leisten können und zur politischen Stabilität beitragen. Das ist heutiger, nicht ganz so cleverer Weltpolitik vergleichbar. Im Oktober 2015 befinden sich amerikanische Truppen in Nordsyrien, offiziell zur Ausbildung und Beratung syrischer Oppositionstruppen mit dem primären Ziel, deren Kampf gegen den Islamischen Staat (IS) zu unterstützen. Am 19. Dezember 2018 verkündet US-Präsident Donald Trump überraschend den sofortigen Abzug der etwa 2000 US-Soldaten. In der Folge werden die Karten in dem Konfliktland neu gemischt. Vor allem zu Gunsten des IS und des Assad-Regimes. Heute, keine zehn Jahre später, wendet sich derselbe Präsident gegen die von Russland angegriffene

Ukraine, und ab von Europa und der wertebasierten Weltordnung. Für den Propheten Jesaja wecken die bevorstehenden Ereignisse vor 2500 Jahren neue Hoffnung. Er kündigt Gottes Hilfe an. „Fürchte dich nicht, ich habe dich befreit! Ich habe dich bei deinem Namen gerufen, du gehörst zu mir!" (Jesaja 43,1; GNB) Der Überzeugung, dass Gott in die Geschichte eingreift, begegnen wir auch im Neuen Testament. Gott regiert die Welt, er gestaltet Geschichte, er führt einzelne Menschen und Völker. Er ist nicht nur dein persönlicher Gott, sondern der Herr aller Völker. Darum steht Jahwe nicht zur Auswahl neben anderen Gottheiten oder Mächten. Das lässt nur eine Wahl zu. Es ist nicht beliebig, an den Gott Israels oder sonst wen zu glauben.

Sprachlose Zeugen. Heute sind viele der Meinung, dass jeder Gott gleich gut ist. Das ist der Streitpunkt des fiktiven Gerichtsverfahrens in Jesaja 43. Zeugen werden aufgerufen, sich zu ihrem Gott zu äußern. Das Überraschende ist, dass die, die es wissen müssten, nichts zu sagen haben. Sie haben Augen, aber nichts gesehen. Sie haben Ohren, aber nichts gehört. Die Überlieferungen vom Handeln Gottes im Leben Einzelner und seinem Eingreifen in das Weltgeschehen ist für sie nicht mehr als das Andenken an eine Erzählung aus längst vergangener Zeit. In den Zeugenstand werden uninformierte Leute gerufen. Menschen, die das Vertrauen und die Zuversicht verloren haben und auch das Interesse an ihrem Gott. Sie wähnen sich mit ihm verbunden, sind aber ohne Kenntnis seiner Gegenwart. Augen, die nichts sehen, Ohren, die nichts hören! Ganz wie heute. Ob Weihnachten, Ostern oder Christi Himmelfahrt. Alle Jahre wiederholen sich die kirchlichen Feiertage, fett markiert im

Kalender am Arbeitsplatz. Willkommen als berufsfreie Tage. Den Ursprung der Kirchenfeste kennt kaum mehr jemand. Es sind eben nur Geschichten. Das ist für Jesaja der springende Punkt. Gottes Geschichte mit dem Menschen ist für ihn mehr als nur eine alte Story.

Alle Völker sind versammelt. Jedes ist geladen, von dem zu berichten, was Gott für sie getan hat. Und Gottes Volk bringt kein Wort heraus! Sie verstummen. Sie haben nichts zu sagen. Ein trauriges Schauspiel. Aber auch ein bezeichnendes. Denn Gottes geblendetes und taubes Volk im Zeugenstand soll ihn weder verteidigen noch herbeireden. Sie sollen von den Taten ihres Gottes berichten. Gerne hätte Israel von seinem gewaltigen Gott erzählt. Aber die Babylonier hatten die Auseinandersetzung gewonnen und sie unterjocht. So gefragt, geraten auch wir leicht ins Stottern. Da war dies und das, Schönes und auch Schweres, Streit, Verunsicherung, Richtungsverlust, und manches liegt im Dunkel. Viel lieber würden wir von Erfolgen, von Wachstum und unseren Fortschritten erzählen. Aber manches, was wir uns vorgenommen hatten, blieb ganz einfach auf der Strecke, blieb stecken auf dem Weg, kam nicht voran.

Ziehen wir die Erinnerungen und Geschehnisse vergangener Zeit, die uns fremd und rätselhaft bleiben, nicht gewaltsam gerade. Es gibt auch unabgeschlossene Geschichten und offene Geschichte und unverstandene. Gott braucht keine Verteidigungsreden! Wir können auch gelassen bleiben, wenn uns der eine oder andere Bericht in der Bibel krude, übertrieben oder abwegig erscheint. Gott bestätigt seine Wirklichkeit durch die Gedanken, die er über uns hat. Nicht durch Gedanken, die wir uns über ihn machen. Keine Geschichtsschreibung vermittelt nur Tatsachen. Manches liegt dabei im Auge des Betrachters, und viel hängt ab vom Ohr des Rezipienten. Aber es ist wichtig, was Gottes Volk – alle, die Gott zu seiner Ehre geschaffen und ins Leben gerufen hat (Jesaja 43,7) – über ihn aussagt. Darauf führt die fiktive Gerichtsverhandlung hin. Gerne hätte das Volk von einem Aufstand erzählt, den sie wagten und durch den sie nach Hause gekommen wären. Aber sie haben nichts bewirkt, und darum sehen sie ihren Gott als nicht vorhanden an. Denn Gott ist nur da, so ihre unausgesprochene Logik, wo sie selbst siegreich, mächtig und stark sind. Und eben das ist falsch! Mit Jesus kam etwas Neues in die Welt, das wir selbst nicht zu bewirken vermochten. Von ihm hören wir die Zusage Gottes, zu der wir selber nichts beigetragen haben.

„Fürchte dich nicht, ich habe dich befreit! Ich habe dich bei deinem Namen gerufen, du gehörst zu mir!" (Jesaja 43,1; GNB) Gilt das auch heutigen Menschen? Ganz sicher! Denn auch wir sind geschaffen, damit wir etwas zu seiner Ehre beitragen, denn durch unsere Zugehörigkeit zu Jesus hat uns Gott sein Siegel aufgedrückt. Das ist der Heilige Geist (Epheser 1,12f). Gott gibt uns reale Anhaltspunkte, begründet auf ihn zu vertrauen. Durch die Geburt seines Sohnes, eindeutig durch Jesu Tod und unabweisbar durch seine Auferstehung von den Toten. Dazu sein Leben, in dem seine Menschenliebe sichtbar ist, und seine Aufforderung, Gott zu suchen, zu finden und zu ehren. Aber Gott in Jesus fällt nur in das Auge jener Betrachter und Zeugen, die ihre Augen dafür öffnen. Glaube und Erfahrung hängen auf diese Weise unmittelbar zusammen. Jesus wird erkannt, wo wir mit ihm rechnen. Es liegt im Auge des Betrachters und im Ohr des Hörers. Objektives darin finden zu wollen ist so aussichtslos wie objektive Geschichtsschreibung. Als Christen sind wir Zeugen für Gott im eigenen Leben. Wir erschaffen Gottes Wirklichkeit nicht. Wir erfahren sie.

Mit der Aufklärung des 17./18. Jahrhunderts wurden Glaube und Unglaube zu einer menschlichen Option. Glaube war nicht mehr notwendig, Unglaube war jetzt denkbar und respektiert. Das war zu Martin Luthers Zeiten (1483-1546) noch unvorstellbar. Seine Christologie warf keine grundsätzlichen Fragen auf: Der Mensch, von Gott getrennt und verloren. Die Hölle vor Augen. Die Angst vor Gottes Gericht im Nacken. Die Notwendigkeit der Vergebung. Die Auferstehung Jesu von den Toten. Jesus, wahrer Mensch und wahrer Gott. Das ewige Gottesreich und das Leben nach dem Tod. Die Trinität Gottes. All das stand für lange Zeit völlig außer Frage. Ganz anders als heute. Zumindest in Europa hat es Religion schwer, die einen Alleingeltungsanspruch und damit die Überlegenheit der eigenen Kulturgeschichte gegenüber anderen behauptet. Der Maßstab religiöser Akzeptanz wird heute darin gesucht, inwieweit sich eine Religion als integrierend erweist. Lernbereitschaft gehört dazu und die Fähigkeit, das Eigene im Konzert der anderen Religionen glaubhaft und überzeugend darstellen zu können. Dafür ist vorrangig Toleranz gegenüber Abweichungen im Innern der eigenen Glaubensgemeinschaft unabdingbar.

Konservative Kirchen und Gruppierungen wie evangelikale Christen nehmen diese Entwicklung jedoch eher als bedrohlich wahr und bewerten sie negativ. Doch keine persönliche Glaubensüberzeugung kann Grundlage allgemein verbindlicher Theologie sein. „Auch in Freikirchen begegnet als kybernetisches Grundproblem die Frage nach einer unter komplexen gesellschaftlichen Bedingungen angemessenen Gestaltung von Gemeinschaft, die nicht nur Sozialformen eines bestimmten Milieus reproduziert [...] und so den Zugang zur Gemeinde theologisch unstatthaft verengt, sondern der Individualität von Menschen gerecht wird." (Christian Grethlein, Art. Freikirchen, praktisch-theologisch, RGG III, 2000, S. 327)

Unabweislich leben wir in Beziehung, in Relation zu den uns umgebenden Umständen. In Relation zur Natur, zu anderen Menschen, zu uns selbst und zu Gott. Mit einem Wort, wir sind relationale Wesen. Ist es daher nicht wahrscheinlich, dass jeder Glaube lediglich auf Beeinflussung, wenn nicht sogar auf Manipulation unseres Denkens beruht? Also weit entfernt ist von allem, was wir mit Wahrheit gleichsetzen können? Vieles, das wir lernen, ergibt sich aus beständiger Wiederholung oder durch die Ausübung immer gleicher Bewegungen. Bis beides wie von selbst funktioniert und keiner bewussten Überlegung mehr bedarf. Lernt sich der Glaube folglich wie eine Fremdsprache, das Spielen eines Musikinstruments oder eine beliebige Sportart? Allein dadurch, dass bestimmte Glaubensinhalte ungeprüft und unhinterfragt immer und immer wieder wiederholt werden? Das ist der Effekt der Gehirnwäsche, die alle Ideologen anwenden. Das hat im Dritten Reich funktioniert und auch in den Ausbildungsstätten der DDR-Grenzsoldaten. Der nach Freiheit strebende Mitmensch war dann nicht mehr Bruder oder Schwester, sondern republikflüchtig und Landesverräter.
Die beständige Wiederholung von Vorurteilen stabilisiert das Misstrauen unter verfeindeten Volksgruppen, Religionen und Mitmen-

schen. Und die bloße Technik fortgesetzter Wiederholung ist noch keine Nachfolge Jesu. Unvoreingenommen betrachtet, ist Christsein nur eine unter vielen anderen Glaubensweisen. Was am Glauben überzeugt, ist nicht die verbale Wiederholung des ständig Gleichen. Was am Glauben überzeugt, ist nicht das überragende Argument und ebenso wenig der persönliche Charakter oder die viel betonte Authentizität einzelner Personen. Auch subjektive Überzeugung, skeptische Möglichkeit und akademische Wahrscheinlichkeit genügen nicht, den Weg der Nachfolge und des Glaubens zu wagen. Im christlichen Glauben spielt die Person Jesu die entscheidende Rolle, also keine Sache, kein Umstand, keine Gegebenheit, keine Erkenntnis, kein Wissen und keine überlieferte Idee. Das Wesen der christlichen Glaubensgewissheit besteht in der Relation zu Jesus, dessen Kreuzigung die tiefe Zuwendung Gottes zum Menschen verdeutlicht.

Die Vermittlung des Glaubens bereitet nicht zuletzt deshalb Probleme. Alttestamentlich wird Blut als Lebensträger verstanden. Auch in unserem Sprachgebrauch ist das so. Bei Terrorangriffen und im Krieg wird unschuldiges Blut vergossen. Blut vergießen ist gleichbedeutend mit morden, ein Leben gewaltsam auslöschen. Wenn wir von sinnlosem Blutvergießen sprechen, unterstreicht das die damit verbundene Barbarei. Damit hat sich ein Missverständnis festgesetzt. Demnach wird Jesu gewaltsamer Tod einem juristischen Urteil Gottes gleichgestellt. Gerechtigkeit im juristischen Sinn erwartet für die Zuwendung zum Beispiel einer Geldsumme eine entsprechende Gegenleistung, etwa durch eine Ware oder eine Dienstleistung. So wird Jesu Lebenshingabe als ein für Gott erbrachtes, die Schuld der Menschen ausgleichendes Menschenopfer missverstanden. Aber Gott Vater bestraft seinen Sohn nicht an unserer Stelle! Das wäre tatsächlich ganz ungerecht. In Jesaja 53,4+5 heißt es ausdrücklich: „Wir meinten, Gott habe ihn bestraft und geschlagen ..." Tatsächlich aber traf die „Strafe für unsere Schuld ... ihn und wir sind gerettet." (GNB) . Gott „hatte Gewalt und Blutvergießen nicht nötig ... Das Blut Jesu Christi besänftigt nicht seinen Zorn, sondern Gott verzichtet auf Rache an den Mördern." Gott schlägt im Tod seines Sohnes nicht strafend auf ihn ein, sondern verspricht uns darin seine unbegreifliche Vergebungsbereitschaft. Um diese Relation, um diese Wiederherstellung der Beziehung zwischen Gott und Menschen geht es. Und „nach Römer 8,32 nicht um ein von Gott selbst inszeniertes Opfer an sich selbst!" (Klaus Berger, Wozu ist Jesus am Kreuz gestorben? S.36.166). Wenn der Psalmist bittet, um Gottes Gerechtigkeit willen nicht gerichtet zu werden (Psalm 143,1f), wirft er sich seinem Schöpfer in die Arme, weil er auf dessen unbegründete Liebe, Geduld und Barmherzigkeit vertraut.

Ein gänzlich anderes Opferverständnis als andere Religionen beschreibt die Bibel. Dort ist es immer so, dass der Mensch versucht, sich selbst zu rechtfertigen. Er möchte sich im Widerspruch Gott gegenüber behaupten. Das ist das Wesen der Selbstrechtfertigung, das als Grundmuster ebenfalls in zwischenmenschlichen Beziehungen angelegt ist. Nach biblischem Verständnis ist es die Zurückweisung der Güte Gottes. Im alttestamentlichen Opferkultus erbittet Israel von Jahwe die Überwindung begangenen Unrechts. Die Israeliten bitten, nicht aus dem Gemeinschaftsverhältnis mit Gott ausgeschlossen, sondern stattdessen wieder aufgenommen zu werden. Denn Sühne wird nicht vom Menschen erbracht. Es ist der

Vater Jesu, der durch Opfer ein neues Verhältnis, eine neue Relation zwischen sich und Menschen stiftet. Das von Gott eingesetzte Sühneopfer ermöglicht Menschen einen Weg zurück in die Gottesnähe. Dabei bewirkte für die Menschen der altjüdischen Kultur das Blut von Tieren nicht automatisch Vergebung von Sünde. Das wird deutlich, wenn Opferschlachtungen nur an geweihten Orten erlaubt waren und andernfalls das Blut des geschlachteten Tieres wie Wasser ausgeschüttet werden sollte (5. Mose 12,13-16).

Einzig in dem von Gott gestifteten Sinnhorizont der kultischen Handlung waren Opfer wirksam. Der Kreuzestod Jesu bewirkte unter der Hand Gottes und entgegen den Absichten seiner Mörder Erlösung. „Gott handelt am Gekreuzigten, indem er sein Blut bzw. seinen Tod zum Realsymbol der Vergebung macht." (Klaus Berger, a.a.O. S.61) Dabei drückt „Das Sichtbare … das Unsichtbare aus, der Tod Jesu drückt die vergebende Liebe Gottes aus. Und so erreicht uns die vergebende Liebe im Tod Jesu. … Gott braucht den Tod seines Sohnes nicht, aber offensichtlich braucht der Mensch das Bild des Kreuzes, um an die die Vergebung durch Gott glauben zu können." (Anselm Grün, Biblische Bilder von Erlösung, S.31) Es geht"…am Kreuz nicht um die Frage, wie Gott vergibt, sondern wie ich als einer, der sich schuldig fühlt, an Gottes Vergebung glauben kann." (ebd. S.30) Gottes Liebe begründet den neuen Bund Gottes mit allen Menschen. Gott handelt im Kreuz Jesu nach seinem Sinn und Recht. Eine neue Wirklichkeit, die die Sünde und ihr Unheil aufhebt und die Möglichkeit neuen Lebens bewirkt. Ob beim Noahbund, dem Bund Gottes mit Abraham, mit dem Volk Israel oder dem durch Jesu Kreuzestod besiegelten neuen Bund (Lukas 22,20) – immer geht die Initiative von Gott aus. Und immer ist er es, der dem Bund die Treue hält. Alle Worte Gottes sind schöpferischer Art. Darum ist auch sein Freispruch über unser Leben nicht nur ein guter Wunsch oder frommer Gedanke. Gottes Vergebung unserer Schuld durch Jesu Kreuz ist effektiv wirksam. Vergleichbar der Erschaffung der Welt, die durch Gottes Wort hervorkam (1. Mose 9,9-12), mit gleicher Vollmacht spricht Gott uns Menschen gerecht. Gott tut nicht so, als ob wir vor ihm gerecht seien, sondern er schafft dies, indem er es uns zuspricht. Seine Deklaration schafft Fakten.

Nie konnte Israel durch gute Taten vor Gott bestehen. Und nie konnte Gottes Volk selbst Opfer in Kraft setzen. Opfer sind im Alten Testament Ausdruck menschlicher Umkehrbereitschaft. Die „Gerechtigkeit Gottes" (Römer 3,23; LB) handelt folglich nicht von Strafe, sondern vom Handeln Gottes zum Wohl und zur Erlösung der Menschen. Das ist dem Apostel wichtig. Er schreibt: „In Christus hat Gott selbst gehandelt und hat die Welt mit sich versöhnt. Er hat ihnen ihre Verfehlungen vergeben und rechnet sie nicht an. Diese Versöhnungsbotschaft lässt er uns verkünden." (2. Korinther 5,19; GNB) Paulus bezeugt das Evangelium als Gottes Macht, die eine neue, ungebrochene Beziehung zwischen Gott und uns bewirkt hat. Es ist seine Tat an und für uns Menschen. Es ist nicht unser Verdienst für Gott. Genauso wenig ist unser Glaube ursächlich für Gottes Gerechtigkeit. Sie steht exklusiv für Gottes Treue! Denn er selbst ermöglicht, was uns unmöglich ist.

Christi Gegenwart, die uns in unserer Wirklichkeit betrifft, in unserem Denken, Fühlen und Handeln, verdanken wir allein dem Willen Gottes. Damit sich kein Mensch etwas auf sich selbst einbildet. Das Wort und die Bedeutung der „Gnade" in diesem Zusammenhang scheinen allerdings irgendwie aus der Zeit gefallen. Harte Kerle zeigt das Kino meist als gnadenlos – und das ist eher als Kompliment gemeint. Gnadenlos harte Männer und Frauen stehen für den Wunsch nach Unverletzbarkeit. Und weil wir so viele Verletzungen erleiden und uns unter ungerechten Verhältnissen ohnmächtig fühlen, lieben wir die heroischen Gestalten. Die meisten Seiten unserer Geschichtsbücher füllen die Helden, die samt und sonders Eroberer waren, Kriegshelden und Despoten. Harte Kerle und mächtige Frauen, die sich nicht scheuten, über das Leid anderer Menschen und ihren Tod hinwegzuschreiten. Ganz anders der Vater im Himmel, den Jesus verkündet. Er unterdrückt nicht und zwingt nicht unter sein Diktat. Der Vater Jesu fühlt menschlichen Schmerz nach. Das meint die Bibel, wenn sie vom barmherzigen, gnädigen und versöhnenden Gott spricht.

Wir verwenden das Wort Versöhnung meist im Zusammenhang der erhofften Verständigung zwischen Völkern und Kriegsparteien. Die politische Versöhnung strebt die Beendigung von Feindseligkeiten an. Sie hofft auf den Abschluss eines Friedensvertrages oder ein einvernehmliches Verhältnis verschiedener Ethnien und Gruppen. Von Versöhnung sprechen wir ebenfalls, wenn es um das Miteinander zerstrittener oder entzweiter Einzelpersonen geht. Wir wissen auch, wie wichtig es ist, mit sich selbst versöhnt zu sein, zu einem veränderten Selbstverständnis zu finden. Denn versöhnte Völker und Personen tragen sich selbst und einander keine Schuld,

Versäumnisse, Mängel und Fehler nach. Gott tut das auch nicht. Paulus bezieht das Wort Versöhnung, das wir für die angestrebte Überwindung menschlicher Konflikte gebrauchen, auf das Verhältnis zu Gott. „Wenn jemand zu Christus gehört, gehört er schon zur neuen Schöpfung. Das Alte ist vergangen. Seht doch! Etwas Neues ist entstanden! Das alles kommt von Gott. Durch Christus hat er uns mit sich versöhnt. Er hat uns sogar den Dienst übertragen, die Versöhnung zu verkünden. Ja, in

> Nichts, was der Mensch tut, erniedrigt ihn so sehr, als so tief zu sinken, dass er einen anderen hasst.
> Martin Luther King

Christus war Gott selbst am Werk, um die Welt mit sich zu versöhnen. Er hat den Menschen ihre Verfehlungen nicht angerechnet. Und uns hat er sein Wort anvertraut, das Versöhnung schenkt. Wir treten also im Auftrag von Christus auf. Es ist, als ob Gott selbst die Menschen durch uns einlädt. So bitten wir an Stelle von Christus: Lasst euch mit Gott versöhnen! Gott hat Christus, der keine Sünde kannte, an unserer Stelle als Sünder verurteilt. Denn durch Christus sollten wir vor Gott als gerecht dastehen." (2. Korinther 5,17-21; BB)

Der Höhepunkt unserer Entfremdung gegenüber Gott wurde mit der Ermordung seines Sohnes Jesus öffentlich. Da schauen wir nicht gerne hin. Von Gott entfremdet, haben wir den Kontakt zu ihm verloren. Dagegen setzt Paulus die Versöhnungsbotschaft. Jesu Lebenshingabe entkoppelt Menschen von Schuld, Versäumnissen und Fehlern. Jesu Liebe und die seines Vaters wirken wie eine uns von Schuld und Versäumnissen trennende Isolationsschicht.

Um das zu unterstreichen, macht sich Paulus selbst zum Beispiel. Getrieben von Feindschaft und Wut, verfolgte er die christliche Gemeinde. Dann kam es zu seinem Damaskuserlebnis, von dem Apostelgeschichte 9 berichtet. Hananias als Mittler Jesu richtet ihm die Botschaft seiner Versöhnung mit Gott aus. Die Überwindung aller Trennung. Diese Erfahrung wird dem Apostel zum Paradigma seines Dienstes. Gott kreidet uns auch schwere Versäumnisse und Fehler nicht an. Was früher war, ist vergangen. Diese Versöhnung durch Gott zu verkünden, wird Paulus nicht müde. Er tut das nicht drohend. Er tut es nicht verurteilend. Er tut es bittend, weil er auf das Versprechen Gottes vertraut.

Der Glaube an Christus baut auf Gottes Versprechen. Es ist die Überzeugung, dass nicht das Sichtbare die Welt regiert und keinen Machthabern die Herrschaft gehört. Doch inmitten der Unmenge an sich widersprechenden Thesen, Argumenten und Expertenauskünften werden allerorts menschliche Autoritäten ersehnt, die Maßstäbe setzen. Und die finden sich reichlich. Despoten, Tyrannen und Verbrecher fordern Unterwerfung, und viele Männer und Frauen folgen dem. Denn Anpassung verspricht Grund und Halt und erlaubt es zugleich, eigenverantwortliches Handeln an andere abzutreten. Machen wir die Gegenprobe. Weshalb finden vorbildliche Menschen wie gewissenhafte Beamte, engagierte Lehr- und Pflegekräfte oder ehrliche Unternehmer so wenig Nachahmer? Vermutlich weil gerade sie keine Unterwerfung verlangen, sondern die Nachahmung ihres Beispiels. Das delegiert die eigene Verantwortung nicht weg auf andere, sondern fordert eigene Stellungnahme heraus. Die Hohepriester und Schriftgelehrten zur Lebenszeit Jesu sehen die Autorität bei sich. Und sie halten dafür Gründe bereit. Die tradierte Überlieferung, ihre Bildung, Weihe und Ämter. Jesus hat all das nicht vorzuweisen. Stattdessen räumt er im Tempel auf und liegt mit seinen Äußerungen quer zur Mehrheitsmeinung.

Jesus lehnt jede Autoritätshörigkeit ab. Die Pharisäer verweigern Jesus, ihn aufgrund der Überzeugungskraft seiner Person anzuerkennen. Seiner Autorität, die nicht auf Gewalt und Macht setzt, sondern sich durch Furchtlosigkeit und Leidensbereitschaft, durch Liebe und Gottverbundenheit ausweist. Besonders übel stößt Jesu Kritikern dessen Versprechen des ewigen Lebens auf: „Alle Menschen, die mir der Vater gibt, werden zu mir kommen, und keinen von ihnen werde ich je abweisen. Denn ich bin nicht vom Himmel herabgekommen, um zu tun, was ich will, sondern um den Willen des Vaters zu erfüllen, der mich gesandt hat. Und das ist sein Wille: Kein Einziger von denen, die er mir anvertraut hat, soll verloren gehen. Ich werde sie alle am letzten Tag vom Tod auferwecken. Denn nach dem Willen meines Vaters hat jeder, der den Sohn sieht und an ihn glaubt, das ewige Leben. Ich werde ihn am letzten Tag zum Leben erwecken. … Keiner kann zu mir kommen, wenn nicht der Vater, der mich gesandt hat, ihn zu mir bringt. Und alle diese Menschen, die er mir gibt, werde ich am letzten Tag vom Tod auferwecken." (Johannes 6,37-40.44; Hfa)

Der Kreuzestod Jesu und seine Auferstehung verkünden, dass weder der Tod noch das Böse das letzte Wort über alle Menschen behalten werden. Jesu Tod war die Nagelprobe seiner Botschaft, dass das Böse durch Liebe überwunden werden wird. Und der Hass des Bösen durch den Vater, dessen Liebe mächtiger ist, als auf Unrecht mit Vernichtung zu reagieren. Weil Kennzeichen des

Menschlichen, im Unterschied zum Tier, das Schuldempfinden und das Wissen um Vergebung sind, ist Gottes Sohn uns zum Retter, Erlöser und Messias geworden. Die Bibel verspricht den Lichteinfall der Vergebung in die Finsternis der durch Schuld verdunkelten Seelen und nennt die Annahme dieser Botschaft die Umkehr. Denn die Bitte und das Ringen um Vergebung lassen uns wahr werden, vor uns selbst, vor anderen und vor Gott. Erst Vergebung ermöglicht es, zu unserem Handeln und Unterlassen, zu Entscheidungen und Fehlurteilen zu stehen. Damit leben wir. Und Vergebung von Schuld brauchen wir. Nicht weil wir es uns damit einfach machen. Sondern umgekehrt, weil Christen ihr eigenes Versagen und auch die Schuld anderer ernst nehmen.

> *Was macht die Versuchung von Macht anscheinend so unwiderstehlich? Vielleicht bietet Macht einen einfachen Ersatz für die schwere Aufgabe, zu lieben. Es scheint leichter, Gott zu sein, als Gott zu lieben; leichter, Menschen zu kontrollieren, als Menschen zu lieben; leichter, Leben zu besitzen, als das Leben zu lieben.*
> *Henri J.M. Nouwen*

Die Twin Towers in New York standen für die Macht des Kapitals, für den Stolz und Führungsanspruch einer Nation, Symbol der letzten verbliebenen Weltmacht. Das sahen wir darin. Anderen waren die beiden Türme Zeichen westlicher Arroganz und Vormachtstellung in aller Welt. Stolzes Monument des Kapitalismus, dem Turmbau von Babel gleich. Mit der Zerstörung des World Trade Centers war die Illusion, bewahrt und sicher leben zu können, mit einem Mal zerstört. Für andere überall auf der Welt war sie das schon lange. Der Präsident der Vereinigten Staaten machte das Böse im Nahen Osten aus, das Gute im Westen. Die Bibel hat eine andere Perspektive. „Der Herr blickt vom Himmel herab auf die Menschen." Was er sieht, ist ernüchternd. Es deckt sich nicht mit unserer Einteilung von Gut und Böse. Gottes Urteil trifft alle Menschen, gleich welcher Nation und welchen Glaubens. „Verkommen sind sie alle miteinander, niemand ist da, der Gutes tut, nicht einmal einer." (Psalm 14,2f; GNB) Paulus, der wesentlichste Theologe der frühen christlichen Kirche, schließt sich diesem Urteil in seinem Brief an die Gemeinde in Rom an. So ist der Mensch. Nicht der Amerikaner, nicht der Deutsche, nicht der Russe oder Chinese. Alle Menschen sind gleicherweise darin verstrickt, Böses zu wollen und zu tun (Römer 3,9). Die Ereignisse des 11. Septembers, der Ukraine-Krieg, der Überfall der Hamas auf Israel, die Zerstörung Gazas, die Hassbotschaften und Foltergefängnisse auf der ganzen Welt helfen, dieses schroffe Urteil Gottes nachzuvollziehen. Die Bibel versteht das Böse als Kennzeichen dieser Welt.

Weil Hass weltumspannend und allgegenwärtig ist, weil es jeder Mensch denken und fühlen kann, weil es auch in uns lebt und uns zugleich bedroht. Darin zeigt sich die Macht des Bösen. Da ist nicht nur ein uns unbedingt und unbeschränkt liebender Gott, sondern da ist auch eine unbedingt und unbeschränkt hassende Feindschaft. Die Bibel nennt sie Diabolos, eine alles gegeneinander aufwiegelnde Gewalt. Die Bibel nennt es den Widersacher der Friedensabsichten Gottes. Sie nennt es Lügner von Anbeginn, sie nennt es Satan. An diese Macht des Bösen ist mitzudenken, wenn wir im

„Vaterunser" beten: Erlöse uns von dem Bösen. Dem Bösen folgen wir, wenn uns nichts anderes einfällt als Feindschaft und Hass. Lügen, zerstören, morden, rächen, heimzahlen. Das ist die Sprache des Hasses. Das ist die Sprache des Terrors. Das ist die Sprache des Krieges. Das ist das Böse auch in unseren Herzen. Böses ist zerstörerisch. Immer, überall, an jedem Ort, gleichgültig von wem es ausgeht. Aber Böses, sagt Jesus, wird nicht durch Böses, sondern durch Liebe überwunden. Zuallererst durch die Liebe Gottes.

Weil das Böse eine reale Macht ist und nicht nur Ereignis unter Menschen, braucht es mehr als unsere Kraft und gute Absicht, es zu überwinden. Unrecht und Gewalt in der Welt auszurotten ist keine menschliche Möglichkeit. Darum sandte Gott seinen Sohn Jesus Christus. Seine Ermordung ist das Hauptstück des Bösen in der Welt. Und es ist das Hauptstück der Versöhnungsbotschaft Gottes! Als mit Jesu Kreuzigung der Gipfel der Auflehnung gegen Gott erreicht war, war mit unserer Vernichtung zu rechnen. Wir Menschen hätten so reagiert. Weil das aber nicht geschah, war damit für viele Menschen der Beweis erbracht, dass Jesus nicht Gottes Sohn sein konnte. Für viele heutige Menschen ist es der Beweis dafür, dass Gott sich um das Elend der Welt nicht kümmert, Gott folglich gar nicht existiert. Doch Glaube bedeutet, Gott recht geben, seinem Urteil über uns zustimmen. Denn er hat sich dem Druck des Bösen nicht gebeugt. Gott verzichtet auf Rache. Für dieses Versprechen ließ sich Jesus ans Kreuz nageln. Damit die Liebe über das Böse triumphiere. Die Botschaft des Kreuzestodes Jesu und seiner Auferstehung verkündet, dass das Böse nicht das letzte Wort behält.

Das Wunder der Auferweckung Jesu passt freilich in kein natürliches Schema. Es wird nicht in naturwissenschaftlichen Kategorien erfasst und die Einladung zum Glauben darf dies nicht fordern. Zu fotografieren und zu testen, zu messen, zu berechnen oder zu registrieren gab es bei Jesu Auferweckung nichts. Mit dem Osterereignis ist eine Dimension berührt, die sich von der Naturwissenschaft nicht feststellen lässt. Weil wir es dabei mit Gott zu tun haben, versagt alle Apologetik. Wissenschaft sieht, erforscht und erkennt den unermesslichen Reichtum der vielschichtigen Wirklichkeit. Aber hinsichtlich der Auferweckung Jesu ist sie ebenso überfragt wie hinsichtlich des Anfangs von allem und seiner Vollendung. Das Wort „Gott" zu sagen und erst recht an ihn zu glauben bedeutet per Definition, dass wir es mit dem Unsichtbaren, Ungreifbaren, Unverfügbaren zu tun haben. Viele sind dieser Auffassung, andere hindert exakt das, an Gott zu glauben. Einsichtig ist, vorausgesetzt Gott hat die Naturgesetze selbst erschaffen, weshalb sollte Gott sie dann wieder durchbrechen wollen? Auferweckung von den Toten ist etwas völlig Neues, das an uns geschehen wird, wie es Gott an Jesus tat. Dabei geht es nicht um eine Durchbrechung der Naturgesetze. Es ist ein Erschaffen durch Gottes Wort und Wille wie zu Anbeginn aller Zeiten. „Historisch feststellbar sind der Tod Jesu und dann wieder der Osterglaube und die Osterbotschaft der Jünger." (Hans Küng, Jesus S.246) Ihrem Zeugnis vertrauen wir in geschenktem Glauben. Die Auferstehung Jesu von den Toten berichtet von der Überschreitung einer letzten Grenze, die von Jesus als neue Schöpfung mit der ersten Schöpfung Gottes verglichen wird: „Das ist das Werk Gottes, dass ihr an den glaubt, den er gesandt hat." (Johannes 6,29; EÜ) Anders führt kein Weg zum Auferstandenen und zum ewigen Leben. Auferweckung und Auferstehung, Verherrlichung und Himmelfahrt stellen in der Sache dasselbe in vielfältig metaphorischer Redeweise fest: Jesus lebt in Ewigkeit. Er hat sich zur Rechten des Vaters gesetzt. Von da wird er kommen, die Toten und Lebenden zu richten. Das A und das O, Anfang und Ende stehen mit ihm vor uns. Als der unbegreifliche Ursprung und die unfassbare Zukunft all dessen, was ist. „Glaube ist das Ergriffensein von etwas, das uns unbedingt angeht und Gott ist der Name für den Inhalt dessen, was uns unbedingt angeht." (Paul Tillich, Die verlorene Dimension, S. 56) Wie können wir heute von Gott reden? So lautete ein Buchtitel aus den siebziger Jahren des vergangenen Jahrhunderts, an den ich mich erinnere. „Wie können wir heute von Gott reden?" So aktuell diese Frage für uns ist, so drängend hat sie sich auch schon vorangegangenen Generationen gestellt. Was lässt sich von Gott mit Bestimmtheit sagen? In den sechziger Jahren wählte der amerikanische Theologe John A.T. Robinson für ein aufregendes Buch den Titel „Honest to God". Im Deutschen gewann das Buch unter der Überschrift „Gott ist anders" großen Einfluss. Francis Schaeffer brach 1968 mit seinem Buch „Gott ist keine Illusion" eine Lanze für den Sinn christlichen Glaubens. So wie zehn Jahre später der berühmte Theologe Hans Küng mit seinem Buch „Existiert Gott? Antwort auf die Gottesfrage der Neuzeit" auf 800 Seiten Menschen für den christlichen Glauben zu gewinnen suchte. Dem entgegengesetzt machte 2006 Richard Dawkins Furore mit dem Bestseller „Der Gotteswahn". Martin Urban geht der Frage nach „Warum der Mensch glaubt" und der polnische Philosoph Leszek Kolakowski bedenkt in „Falls es keinen Gott gibt" die Gottesfrage zwischen Skepsis und Glaube. Während Ulrich Schnabel „Die Vermessung des Glaubens" vornimmt und Klaus Douglass in „Glaube hat Gründe" solche findet, kommt Yuval Noah Harari in „Eine kurze Geschichte der Menschheit" an dem Phänomen des Götter- und des Gottesglauben ebenfalls nicht vorbei. Der Priester Heiner Wilmer schaut 2015 mit dem Titel „Gott ist nicht nett" tief hinein in das Elend und Leid auch glaubender Menschen. Diesen Beispielen ließen sich viele weitere jüngeren und älteren Datums hinzufügen. Im Kern geht es immer um diese Frage: Wie können wir heute, gerade heute und in unsere Zeit hinein von Gott reden? Oder sollten wir es besser ganz sein lassen mit Gott und dem Glauben an ihn?

Christen glauben an Gott. Ihn beten sie als ihren Vater an. Aber wieso das? Für die meisten Menschen ist Gott das große Fragezeichen. Wenn er irgendwo ist, dann suchen sie ihn meist im Ungewöhnlichen und Wunderbaren. Außerordentliche Ereignisse finden unsere Beachtung. Weshalb also jetzt die vertrauliche Anrede Gottes als Vater? Manchem kommt

> *Für diejenigen, die an Gott glauben, ist keine Erklärung notwendig. Für diejenigen, die nicht an Gott glauben, ist keine Erklärung möglich.*
> *Franz Werfel*

da Gott viel zu menschlich daher. Was unsere Aufmerksamkeit finden will, muss spektakulär, besser noch überwältigend sein. Soll wirklich von Gott die Rede sein, dann muss er sich, so die Erwartung, auf eindeutige, unbekannte, unfassbare Weise zu erkennen geben. Jedenfalls nicht so. In einem Mann, der bald dreißig Jahre lang sein Handwerk tut und nichts Besonderes für sich verlangt. Einer, der überhaupt nichts anderes will, als dass wir mit uns und anderen sorgsam umgehen und jenseits der Angst Gott lieben lernen.

Die Kehrseite: Stellen wir uns Gott vor als den denkbar größten Widerspruch zu allem normal Menschlichem, ist eine Konsequenz unausweichlich: Mit diesem Gott gibt es keine Berührungspunkte. Aus dieser Perspektive ahnen wir, wie armselig wir doch sind. Gegenüber dem übergroßen, allmächtigen Gott fühlen sich Menschen winzig klein und erniedrigt. Ist Gott das ultimativ Außergewöhnliche, dann sind wir dem gegenüber bedingungslos minderwertig und unbrauchbar. Folglich ist oft nicht Gott das eigentliche Problem, sondern dass wir unsere Durchschnittlichkeit nicht mögen. Jedenfalls ist das für viele der Grund, sich selbst abzulehnen. Jedoch: Wird Gott unsere menschliche Natur ändern, die er im Augenblick unserer Schöpfung für das Beste hielt, nur weil wir nicht in der Lage sind, unseren wirklichen Wert zu begreifen und deshalb ständig jemand anderes sein wollen? Es geht im Glauben nicht um unsere Gottwerdung, sondern um die Menschwerdung Gottes! Damit wir Mut finden, Menschen zu sein. Deshalb lehrt uns Jesus zu beten „Unser Vater!"

Das heutige Glaubensbekenntnis vieler ist: Wehe dem, der schwach ist, wehe dem, der arm ist! Doch wie, wenn es erlaubt ist, ganz Mensch zu sein, so wie Jesus ganz Mensch war? Dann haben wir endgültig nichts mehr zu fürchten! Gottes Innerstes ist uns durch Jesus gezeigt und in ihm begegnet. Jesus war der Widerschein und die Ausstrahlung Gottes auf der Erde. Abbild und Herrlichkeit Gottes in einem. Arm sein vor Gott bedeutet das befreiende Gefühl, nicht mehr sein und nicht mehr darstellen zu müssen, als wir sind. Denn wir befinden uns bei Jesus schon immer in einem Raum absoluter Zuwendung. Glücklich, wer mitten im Leben stehend seine eigenen Begrenzungen annimmt! Glücklich sind, die in Gottes Kraft zu sich, zu eigenen Stärken und Schwächen stehen. Glücklich sind, die betend Gottes Perspektive für sich bewahren. Denn wir Menschen sind unauslöschlich in seine Hände eingezeichnet! Dafür gab Jesus sein Leben. Für dieses Versprechen starb er durch die Mörderhand seiner Feinde. Radikal hat sich Jesus dabei auf seinen Vater verlassen, als er am Kreuz sein Schicksal und Leben in die Hände Gottes zurückgab. Als er betete: Vater, in deine Hände befehle ich meinen Geist. Das war die Erfüllung seiner eigenen Seligpreisung: „Freuen dürfen sich alle, die nur noch von Gott etwas erwarten - mit Gott werden sie leben in seiner neuen Welt." (Matthäus 5,3; GNB) Glückselig, die alles nur noch von Gott erwarten, dem barmherzigen, erlösenden, einzig verlässlichen Vater. Denn sie werden mit Gott leben in seiner neuen Welt. Jesus sieht, dass die Menschen Hilfe brauchen, nicht Verurteilung. Verbundenheit und nicht Trennung. Jesus ist gekommen, zu heilen und aufzurichten, sehend zu machen und Worte der Hoffnung zu teilen. So erfüllt sich an uns das Sinnversprechen Jesu, unser Wegbegleiter zu sein. Nicht dass wir einen hätten, der uns immer bewacht. Und auch nicht, weil an Gott nur solche Menschen glauben, die allein mit dem Leben nicht klarkommen. Sondern weil wir einen brauchen, der uns verdeutlicht, wie wertvoll wir sind. Dazu wurde Gott Mensch, damit wir das glauben können. Damit wir uns nicht länger selbst ablehnen und aufhören, Gott beeindrucken zu wollen oder ihm gleich zu sein.

Darum beten wir zu dem Vater, der uns nicht nur gerade so erträglich findet, sondern der uns sagt, dass wir nicht mehr sein wollen sollen, als wir sind. Menschenkinder, die einen himmlischen Vater haben! Diesen Vater beten wir an, denn ihm vertrauen wir! Deshalb müssen wir uns in Gottes Namen nicht ständig dazu anhalten, etwas anderes aus uns zu machen als das, was wir als Menschen sind. Der Sinn des Glaubens ist es nicht, aus uns fehlerlose Übermenschen zu züchten. Und wer da nicht mithalten kann, der wird aussortiert? Weil wir uns das nicht ernsthaft vorstellen wollen, sagen viele: Gott? Wer ist das? Ihn gibt es doch gar nicht! Gott ist die Einbildung unseres schlechten Gewissens, ein Produkt frommer Erziehung, eine Epoche in der menschlichen Evolutionsgeschichte, die Dressurnummer von Kirche und Religion, um uns unter ihr Machtdiktat und ihre Gesetze zu zwingen. Dem entgegengesetzt ist die Anrede Gottes als Vater!

Jesus lehrt uns, Gott zu duzen. Wäre nicht ganz etwas anderes zu erwarten als diese Vertrautheit, wenn es um die Anrede des Heiligen, wenn es um die Anrede Gottes des Allmächtigen geht? Jesus wählt das Du bewusst. Geheiligt werde dein Name, denn du bist mein Geländer am Steg. Du bist meine haltende Hand, wenn ich stürze. Du bist die Brücke über dem Abgrund, die unsichtbare Hand, die die Welt hält. Du bist die Kraft der Schöpfung, die sich uns in allem Lebendigen zeigt. Du machst diese flüchtige Welt zu unserer Heimat. Du, unauslotbare, rätselvolle, erschreckende, unerreichbar ferne und doch ganz nahe Wirklichkeit. Du bist unser Herkommen und unser Ziel. Du, Glanz der Ewigkeit über unserer Hinfälligkeit. Du schenkst uns Zuflucht. Zu dir blicken wir auf. Du gibst uns Richtung und Weite und Heimat. Du, Sehnsucht meines Suchens. Du, Stille in meiner Unruhe. Du – Vater, an den wir glauben. Was wir aber nicht glauben, ist, dass die Worte „der du bist im Himmel" wörtlich zu nehmen sind. Es ist uns selbstverständlich, dass es bei dieser Formulierung nicht um eine räumliche Beschreibung geht. Gott wohnt nicht irgendwo über den Wolken oder auf einem fernen galaktischen Stern. Der Dualismus von Himmel und Erde ist ein fundamentaler in der religiösen Sprache. Für das wissenschaftliche Verständnis unserer Welt ist er jedoch ungeeignet. Denn die Aufteilung der naturwissenschaftlichen Wirklichkeit, in eine natürliche und übernatürliche, stellt die göttliche und die menschliche Natur einander gegenüber. Wie selbstverständlich transponieren wir den Wortsinn „du bist im Himmel" in eine uns sinnvolle, nachvollziehbare Aussage. Etwa so: Gott findet sich nicht dreidimensional gedacht über der Welt, sondern er steht außerhalb unserer Welt. In einer Jenseitigkeit, die wir mit „Himmel" bezeichnen. Das Problem: Dieser Glaube an Gott verflacht leicht zu einem Gedanken über Gott. „Ein Gott, über dessen Existenz oder Nichtexistenz man streiten kann, ist im Universum existierender Dinge ein Ding neben anderen Dingen." (Paul Tillich, Die verlorene Dimension S. 22). Irgendwie geht man dabei von der Existenz einer größeren Macht aus, die es geben kann oder auch nicht. Was also können wir konkret vom Gott im Himmel, der unser Vater ist, aussagen? Dafür lohnt es sich, in der Bibel zu lesen. Um dann nicht über, sondern mit ihm zu reden. Dazu gibt das Buch der Psalmen im Alten Testament viele Anregungen, eigene Gedanken, Gefühle, Hoffnungen, Fragen, Klagen und Bitten auszudrücken.

Populär ist von Gott als Mutter die Rede. Es gibt eine Bibel in „gerechter Sprache" und einen Streit darum, ob Gott nun „Mann" oder „Frau" sei. Gott Mutter? Zum Gottesbild der Bibel gehört es durchaus, dass Gott auch mütterlich beschrieben wird. Aber immer sind es Symbolworte – wie „Himmel" –, die uns das Wesen Gottes verstehen und seine Liebe begreifen lassen wollen. Gott Vater bezeichnet keine Geschlechterzuordnung. Gott ist Person – einen besseren Begriff haben wir dafür nicht –, aber er hat kein Geschlecht. Die Bibel wählt menschliche Vergleichspunkte, um uns in Entsprechung zu Bekanntem das unbekannte, fremde, einzigartige Wesen Gottes zu vermitteln. So verkündet der Prophet Jesaja um 540 vor Christus seinen in den heutigen Irak verschleppten Landsleuten: „Zion klagt: »Ach, der HERR hat mich im Stich gelassen, er hat mich längst vergessen!« Doch Gott antwortet: »Kann eine Mutter ihren Säugling vergessen? Bringt sie es übers Herz, das Neugeborene seinem Schicksal zu überlassen? Und selbst wenn sie es vergessen würde – ich vergesse dich niemals! Unauslöschlich habe ich deinen Namen auf meine Handflächen geschrieben, deine Mauern habe ich ständig vor Augen! Lange Zeit warst du wie eine Frau, der man die Kinder geraubt hat. Doch schon bald wirst du mit eigenen Ohren hören, wie deine Kinder klagen: ›Es wird uns zu eng hier! Wir brauchen mehr Platz zum Wohnen!‹ Erstaunt wirst du dich fragen: ›Woher kommen sie alle? Wer hat sie geboren? Man hat mir doch alle Kinder geraubt, und ich konnte keine mehr bekommen. Ich war verbannt und ausgestoßen, von allen verlassen saß ich da. Wer hat diese Kinder großgezogen, wo kommen sie her?‹ Ja, ich, der HERR, kündige dir an: Ich will die Völker herbeiwinken und ihnen das Zeichen zum Aufbruch geben. Sie werden deine Söhne auf ihren Armen herbeitragen und deine Töchter auf den Schultern." (Jesaja 49,14-17.20ff; Hfa) Ehemann vergisst seine Frau an der Raststätte und fährt ohne sie weiter, las ich in einer Zeitung unter „Vermischtes". Erst viele Kilometer später, bei der nächsten Rast auf der Urlaubsfahrt, fiel ihm der Verlust auf … Mütter können ihre Kinder nicht vergessen. Jedenfalls schwerer als Männer ihre Frauen. Gott sagt: Selbst wenn eine Mutter ihr Kind vergessen würde, ich vergesse dich nicht. So von Gott zu reden ist sehr menschlich und kommt uns dadurch sehr nah. Vers 21 spricht von vielen Kindern, die geboren und großgezogen werden. Ein weiterer

Nächstliegend muss man sich darüber klar sein, dass in der Religion die Sprache in einer ganz anderen Weise gebraucht wird als in der Wissenschaft. Die Sprache der Religion ist der Sprache der Dichtung näher verwandt als mit der Sprache der Wissenschaft …Wenn in den Religionen aller Zeiten in Bildern und Gleichnissen und Paradoxien gesprochen wird, so kann das kaum etwas anderes bedeuten, als dass es eben keinen anderen Möglichkeiten gibt, die Wirklichkeit, die hier gemeint ist, zu ergreifen. Aber es heißt nicht, dass sie keine echte Wirklichkeit sei."
Werner Heisenberg

Anklang an das Mütterliche. Aber Israel selbst kann keine Kinder mehr gebären. Daher bringt Gott sein Volk selbst zur Welt und zieht seine Kinder groß. Und schließlich sagt Gott den aus dem Exil nach Jerusalem heimkehrenden Israeliten: „Ich habe dich in meine Hände geschrieben." Unsere Hände sind uns immer nah. Unsere Hände gebrauchen wir fortwährend. Hände sind nicht abzuschütteln. Hände sind meistens unbedeckt und fallen darum besonders ins Auge. Sieh dir deine Hände einen Augenblick lang an. Was nimmst du wahr? Was verraten sie dir über deine Arbeit, dein Alter, deine Geschicklichkeit, deine Kraft oder Schwäche, Einschnitte und Verletzungen? Was haben wir mit unseren Händen schon alles berührt und bewegt! Jesus trägt die Nägel-Wundmale, die er erlitten hat, in seinen Händen. Sie sind ihm wegen uns immer vor Augen und immer vor Gottes Augen.

Vielleicht bist du skeptisch. Gott als Vater vorgestellt – ist er dann so kleinlich, wie dein leiblicher Vater es vielleicht war? Immer unzufrieden mit dir, weil du es ihm nicht recht machen konntest. Einer, der nie ermutigte, aber immer wusste, was du seiner Ansicht nach falsch gemacht hattest. Ein übermächtiger, roher, verantwortungsloser Vater. Ungerecht und willkürlich in seinem Urteil. Ein Vater, der dich nicht anerkannte, der dich nicht anleitete, dein Potenzial zu entfalten. Wie viele Väter wollen in ihren Söhnen und Töchtern genau das verwirklicht sehen, was sie entweder selber nicht erreichten oder sich ihr Leben lang gnadenlos selbst abgepresst haben. Deshalb sollen wir die Vateranrede Gottes nicht als Echo auf unsere persönlichen Vatererfahrungen hören. Der Vater Jesu überfordert nicht, sondern er gibt. Er drückt nicht nieder, sondern richtet auf. Er macht nicht krank, sondern er heilt. Zum Zeichen von Gottes Gegenwart unter ihnen fertigte Israel zunächst ein tragbares und später ein feststehendes Heiligtum.

Noch heute steht jedes Kirchengebäude symbolisch für die Absicht Gottes, nicht fern über uns, sondern mitten unter uns zu sein. Aber während Gotteshäusern und anderen Andachtsstätten lediglich eine symbolische Bedeutung zukommt, hat Gott sein Vorhaben leibhaftig in die Tat umgesetzt. In dem Menschen Jesus von Nazareth, dem Zimmermann, dessen Mutter, Schwestern und Brüder man in Nazareth auf dem Marktplatz, beim Friseur und im Wirtshaus traf. Begegnen wir Jesus, sehen wir in ihm Gott den Vater. Das ist eine ungeheuerliche Zumutung!, sagen Nichtchristen und Menschen anderen Glaubens und anderer Religion. Ja, aber, höre ich auch den Protest von Christen, Jesus war doch viel mehr als nur ein normaler Mensch. Jesus wirkte Wunder, er heilte Menschen, er konnte übers Wasser gehen und Stürme stillen. Doch kommt uns Gott dadurch wirklich nah? Ist das nicht schon wieder zu viel Außergewöhnliches: Zeichen, Wunder, Gottessohn? Die Bibel geht davon aus, dass wir Gott im Menschlichen zu finden vermögen. Jesus wohnte und lebte inmitten seiner Mitmenschen. Was Jesus Außergewöhnliches wirkte, war Hinweis auf Gottes Gegenwart unter ihnen. Mehr nicht! Zeichen! Jesus ist kein Wundermann, der gefeiert werden will wie ein Star. Anwesend ist Gott selbst nicht im Ungewöhnlichen, sondern in seinem Sohn. Er umhüllt Menschen mit Frieden und Liebe. Er ermutigt und tröstet und leitet uns an, bei uns und anderen zu sein. Echte Vater- und Mutterqualitäten!

Ich bin auf einer Nachtfähre unterwegs. Mit meiner Chipkarte in der Hand steuere ich auf meine gebuchte Schiffskabine Nr. 9323 zu. Während ich durch den langen Schiffskorridor laufe, wiederhole ich in Gedanken die von mir gemerkte Kabinennummer. Schließlich stehe ich davor. Hier bin ich richtig, denke ich, und schiebe die Chipkarte in den Türverschluss. Doch statt des erwarteten grünen Freizeichens bleibt die Tür verschlossen. Ich wiederhole den Vorgang. Erfolglos. Und noch ein weiteres Mal mit dem gleichen Ergebnis. Kein Zutritt! Schließlich krame ich meine Buchungsbescheinigung mit der Kabinenreservierung hervor: Kabine 9232 – und ich verstehe. Kleiner Zahlendreher, große Wirkung. Nr. 9323 ist halt nicht Nr. 9232! Wenn man sich lange genug etwas Falsches vorsagt, glaubt man schließlich daran. Aber Gewöhnung macht Irrtümer nicht wahrer. Allen Menschen ist der Zutritt zum Vater im Himmel durch Jesus zugesagt, bezeugt es Paulus. Doch an Jesus vorbei und quasi unter jeder beliebigen Code-Nummer gibt es keinen Zutritt zum Himmel.

Erwählt

Persönliche Vorzüge sind für den christlichen Glauben bedeutungs-
los, und Jesus ist Gottes Geschenk für alle Menschen. Aber Mil-
liarden von Menschen vertrauen nicht darauf. Was ist der Kern des
geheimnisvollen Geschenks des Glaubens an Jesus?

Wie öffnet sich uns das Tor zum Herzen Gottes? Durch eine persönliche Entscheidung für den Glauben an Jesus, ist für viele Christen
die naheliegende Antwort. Doch dabei handelt es sich um ein Missverständnis. Der Blick auf den jüngeren Sohn im Gleichnis Jesu
aus Lukas 15 verdeutlicht es. Das Vaterherz Gottes steht allen Menschen ohne deren Beteiligung offen! Viele Bekehrungsgeschichten
des Neuen Testaments passen einfach nicht in das „Schema F", nach
dem Menschen in der Reihenfolge von Reue, Bekenntnis und Umkehr zu Gott finden. Immer macht Gott den Anfang, wenn er Menschen zu sich ruft oder ihnen nachgeht. Ob bei Petrus, bei Zachäus,
bei der Frau am Jakobsbrunnen oder bei dem Gelähmten, dessen
Freunde ihn zu Jesus bringen, bei allen ist das so. Eines ist immer
klar, wiederholt sich beständig und ist die Konstante: Menschen finden zum Vater, weil er nach ihnen Ausschau hält. Die Eintrittskarte
in das Vaterhaus ist uns durch Gottes Erwählung verbürgt. Nicht
durch die Hinwendung zu Gott als Folge einer freien Entscheidung.
Demnach steht es jedem frei, zwischen Unglaube und Glaube zu
wählen. Ähnlich wie man sich für eine bestimmte Automarke entscheidet. Aus eigener Kraft und eigenem Vermögen. Anders der
reformatorische Blick auf die Bekehrung und anders das biblische

Konzept des erwählenden Handeln Gottes, das erstmalig an Abraham sichtbar wurde (1. Mose 12,1-3). Dann erwählte Gott Isaak und Jakob und später Israel, dem er sich im Sinai-Bund für alle Zeit verpflichtet. „Ich mache dich auch zum Licht für die anderen Völker, damit alle Menschen auf der Erde durch dich meine rettende Hilfe erfahren." (Jesaja 49,6; GNB) Eine Verheißung, die Jesus für seine Jüngerinnen und Jünger aufgreift, wenn er feststellt: „Nicht ihr habt mich erwählt, sondern ich habe euch erwählt. Ich habe euch dazu bestimmt, dass ihr euch auf den Weg macht und Frucht bringt – Frucht, die bleibt." (Johannes 15,16; Hfa). Aus dem Volk der Juden und zuallererst zu diesem Volk kam Jesus Christus. Der Zusammenhang zwischen dem alttestamentlichen und dem neutestamentlichen Volk Gottes ist dabei denkbar eng. Wie das Volk der Juden aufgrund der Treue Gottes für alle Zeit sein Eigentum ist, ist es auch die Gemeinde Jesu, jeder einzelne Christ und jede einzelne Christin aufgrund derselben Treue Gottes. Hält Gott sein Wort an Israel, können auch wir uns als Christen auf sein Wort verlassen! Verwirft Gott Israel, stünde auch die Erwählung der Christengemeinde in Frage. Um die Überwindung von Verlorenheit geht es in drei Gleichnissen aus Lukas 15, die drei Personengruppen ins Auge fassen. Zum einen erzählt Jesus seine Gleich-

> *Denke daran, so oft du das Kreuzzeichen machst: Es ist das Zeichen einfachhin, das Zeichen Christi. Mache es recht: langsam, groß, mit Bedacht. Dann umfasst es dein ganzes Wesen, Gestalt und Seele, deine Gedanken und deinen Willen, Sinn und Gemüt, Tun und Lassen, und alles wird dann gestärkt, gezeichnet, geweiht in der Kraft Chrisi, im Namen des dreieinigen Gottes.*
> *Romano Guardini*

nisse in der Auseinandersetzung zwischen „Gerechten" und Zöllnern, also zwischen Pharisäern und „normalen" Juden. Zum anderen werden „weltliche" und „strenge" Mitglieder der Gemeinde in den Blick genommen. Und schließlich wecken die Gleichnisse bei Menschen, die sich selbst verloren geben, die Hoffnung, gefunden zu werden. Die Aufforderung zur Freude richtet Jesus dabei an alle seine Zuhörer. Schafe verirren sich. Der Hirte sucht und findet sie. Münzen gehen verloren und werden aufgespürt. Ein Sohn verläuft sich im Leben und findet zurück zum Vater. Jesus wirbt um Mitfreude an seinem Wirken und Tun! Öffnet euch der Freude! Lasst euer Herz von der Liebe Gottes überwinden! Denn Gott kann in seiner Liebe nicht anders, als gnädig zu sein. Der ältere Sohn des Vaters im dritten Gleichnis will da nicht mitgehen. So billig kann die Erwählung durch Gott doch nicht sein. Wird ihm aufgehen, dass die Barmherzigkeit seines Vaters allen seinen Kindern gilt, also auch ihm? „Jetzt mussten wir doch feiern und uns freuen: Denn dein Bruder hier war tot und ist wieder lebendig. Er war verloren und ist wiedergefunden." (Lukas 15,32; BB)

Bewusst lässt Jesu Gleichnis die endgültige Reaktion des älteren Sohns auf die Einladung des Vaters offen. Ob sich das Herz der Pharisäer erweichen lässt? Ob sich Juden und Christen dem Gedanken öffnen können, dass Gott der Vater aller Menschen ist und unterschiedslos jedem Menschen vergibt, unabhängig von der Schwere seiner Sünde? Jesu Gleichnisse kombinieren Mahnrede und Einladung zum Glauben. Er verzichtet dabei auf jede psychologische Ausleuchtung, aber er beschreibt, wie wenig wir ihn, seinen Vater und das Christsein verstanden haben, wenn sich über seine, einzig in seiner Liebe begründete Erwählung und Barmherzigkeit keine Freude in uns regt. Und zwar die Freude über die anderen, die dem Vater ebenso wichtig sind wie ein jeder sich selbst. Das Herz des älteren Bruders hat sich vom Vater entfernt. Wie ein Dammbruch bricht es aus ihm heraus: „Sieh doch: So viele Jahre arbeite ich jetzt schon für dich! Nie war ich dir ungehorsam. Aber mir hast du noch nicht einmal einen Ziegenbock geschenkt, damit ich mit meinen Freunden feiern konnte." (Lukas 15,29; BB) Seiner Meinung nach dreht sich alles im Haus seines Vaters um Pflicht und Schuldigkeit, um Vorschriften und Gesetze und darum, Befehlen zu folgen und Aufträge auszuführen. Und da hört er zu seiner äußersten Verwunderung den Vater sagen: „Mein lieber Junge, du bist immer bei mir. Und alles, was mir gehört, gehört dir." (Lukas 15,31; BB) Mit anderen Worten: Warum hast du dich denn nie mit deinen Freunden an den Grill gestellt, ein fettes Kalb am Spieß gedreht und dazu ein würziges Bier genossen? Hättest du machen können! Was mein ist, ist auch dein! Es kann sein, dass wir die Qual des älteren Bruders leiden. Immer wieder deutlich oder nur manchmal, aber doch viel zu intensiv. Da ist dann diese innere Distanz Gott gegenüber. Die Beziehung zu ihm fühlt sich an wie versäumtes Leben: Hätte ich doch nur ... und traute ich mich doch ... und was wäre wenn ...

Befehl und Gehorsam bestimmen nach dem Empfinden des älteren Bruders das Verhältnis zwischen ihm und seinem Vater. Ein Verhältnis von Befehlsgeber und Befehlsempfänger. Bei Befehlen geht es nicht um vertrauende Beziehung, sondern um rückhaltlose

Unterwerfung. Und was dabei herauskommt, ist Zorn. Zorn über den jüngeren Bruder. Oder über die Nichtchristen, die Fremden, die Glaubensgeschwister, die sich so viel herausnehmen. Und der Vater? Schaut zu, wartet auf diese Leute, sucht nach ihnen, läuft ihnen entgegen, umarmt sie und schmeißt für sie noch eine Party. Wie kann sich der Vater nur mit diesen allen Gemeinschaft und Beziehung wünschen? Das Gleichnis Jesu führt uns zwei Formen der Entfremdung von Gott vor Augen: Übertretung des Gotteswillens, die die Fürsorge seiner Gebote nicht begreift. Und stetiger Gottesdienst, der nichts von der Großzügigkeit Gottes weiß. Wir schulden Gott aber keine Tagelöhnerexistenz und keine Nibelungentreue. Dem Nächsten schulden wir Liebe!

Es gibt auch kein Christsein erster und zweiter Klasse. Weil Gott sich gleichermaßen über jeden freut, der sich mit ihm freuen kann. Der Vater wartet auf alle Heimkehrer. Er steht damit für das Handeln Jesu, der gekommen ist, um Verlorene zu suchen. Verlorene sind keine schlechten Menschen. Verlorene Menschen sind alle, nach denen Gott sucht. Verlorene sind folglich unterschiedslos alle Menschen. Tief verwurzelt und fest verankert ist in vielen Christen die unausgesprochene Erwartung, durch die aus eigener Kraft gehaltene Nähe zum Vater von ihm besonders geliebt zu sein und besonders belohnt zu werden. Jesu Gleichnis vom barmherzigen Vater korrigiert diese Vorstellung. Er stellt die Frage, ob wir heute auf die

> *Fühle mit allem Leid der Welt, aber richte deine Kräfte nicht dorthin, wo du machtlos bist, sondern zum Nächsten, dem du helfen, den du lieben, den du erfreuen kannst.*
> *Hermann Hesse*

Heimkehrer aus dem Ortsteil, aus der Nachbarschaft, aus dem Familien- und Freundeskreis warten. Er stellt die Frage, ob wir bereit sind, uns mit dem Vater auch an denen zu freuen, über die wir in der Gesellschaft oder Gemeinde lieber klagen möchten und Beschwerde führen. Gott kennt die Seinen. In dieser Erkenntnis liegt eine unglaublich befreiende Kraft. In orientalischem Denken zählen Stolz und Ehre viel. Gottes Würde, verdeutlicht Jesus, ist seine Liebe und Menschenfreundlichkeit. Unter Christen weit verbreitet ist der Gedanke oder zumindest das Gefühl, die Bitte um Vergebung sei die Voraussetzung für die Liebe des Vaters. Damit ist die Pointe des Gleichnisses Jesu glatt verfehlt. Sie setzt ihren Punkt hinter Gottes Initiative, die Trennung durch Zuspruch überwindet. Die Bitte um Vergebung ist keine Bedingung für die Liebe Gottes! Die Bitte um Vergebung ist die innere Voraussetzung dafür, dass uns die Liebe Gottes erreicht, indem wir uns über seine Treue freuen können. Dazu gehört der Blick auf und in uns selbst. Ohne Vergebung zu erbitten bleiben wir weit hinter den uns von Gott zugedachten Möglichkeiten eines befreiten Lebens zurück. Beichte und Bekenntnis setzen neue Kräfte in uns frei. Das Belastende fällt ab, und unser Sinn richtet sich wieder auf die Zukunft aus. Das Bekenntnis von Schuld bewirkt, dass es uns selbst öffnet und achtsam macht für die Tatsache, dass Gott bereits vergeben hat. Nicht wegen unserer Reue und Buße, sondern weil Versöhnungswille und Liebe sein Wesen sind.

Unvergebene Schuld nimmt gefangen. Sie bindet uns an böse Taten, unterlassene Hilfe, unversöhnliche Worte und schmerzhafte Erfahrungen. Was unter Menschen gilt, gilt auch in der Gottesbeziehung. Niemand kann sich einfach aus dem Staub machen und alle Verantwortung für den Nächsten, den Partner, die Kinder, Kollegen, Flüchtlinge hinter sich lassen und von sich abwerfen! Wenn wir das tun, stellen wir früher oder später fest, wie sich das Leben entleert und seinen Sinn verliert. Wir kommen dann auf den Hund oder – für den orientalischen Sprachraum gesprochen – enden bei den Säuen. Der jüngere Bruder im Gleichnis Jesu aus Lukas 15,11-31 meint es besser zu wissen. Deshalb bricht er aus und endet genau dort, wo er nicht hinwollte. Vergebung, so verdeutlich das Gleichnis, hat auch eine therapeutische Wirkung. Denn es geht dabei um weit mehr als um neue Kleider, Schmuck oder Schuhe, die dem heimgekehrten Sohn angelegt werden. Das beste Gewand für besondere Feierlichkeiten ist für ihn reserviert. Der Vater im Gleichnis von den verlorenen Söhnen hat es nicht ausrangiert, als der Jüngere fortging. Keine weitere Schmähung und Entrüstung über den Sohn! Die Wiederaufnahme in den Familienverbund wird gefeiert. Eben dieser, der bei den Schweinen landete, ist als Geliebter des Vaters zu achten. Mit dem Siegelring wird ihm Prokura mit allen Rechten und Befehlsgewalten zuerkannt. Die umfassende Handlungsvollmacht als wiedereingesetzter Sohn des Hauses. Und schließlich bekommt der Sohn Schuhe angepasst. Das hat nichts mit angesagtem Stil zu tun. Aber mit ihnen kann man sich sehen lassen! Diener und Sklaven gingen damals barfuß. Mit den Schuhen wird die Bitte des Sohnes: „Nimm mich als Arbeiter in deinen Dienst" (Lukas 15,19; BB) ohne viele Worte abgewiesen. Gott möchte uns nicht als Angestellte mit Dumpinglohn. Seine Kinder sind nicht bloße Befehlsempfänger. Gott räumt uns Entscheidungsvollmachten ein.

Unser Verhältnis zum Vater soll nicht durch Regeln und

Verbote bestimmt sein, sondern vom Gespräch, vom Hören und Sprechen mit ihm. Das neue Gewand, der Siegelring und die Schuhe sind Zeichen der Würde. Wenn Gott uns so ausstattet, dann zielt das in die umgekehrte Richtung dessen, was unser Sprachgebrauch mit Gnade verbindet. Da bleibt alten Kleppern im Endstadium ihres Lebens nur noch der Gnadenstoß, das Gnadenbrot oder der Gnadenhof. Die Gnade Gottes reißt einen neuen Horizont auf und wirft ihr helles Licht auf das biblische Verständnis der Umkehr. Das ist die Botschaft von Christus nach 5. Mose 18,15, die einen neuen Propheten verheißt: „Weil Gott hier einen andern Mose verheißt, den sie hören sollen, so ergibt sich's zwingend, dass dieser etwas anderes lehren würde als Mose und dass Mose seine Macht ihm übergibt und ihm weicht, damit man diesen hören solle. Also kann dieser Prophet dann jedenfalls nicht Gesetz lehren." (Martin Luther, Confitemini, Bd. 7, S. 48)

Geradezu werbend klingt in diesem Zusammenhang Römer 2,4 (Hfa): „Ist euch Gottes unendlich reiche Güte, Geduld und Treue denn so wenig wert? Seht ihr denn nicht, dass gerade diese Güte euch zur Umkehr bewegen will?" Jeden Menschen ruft Gott so an. Dem steht entgegen, dass wir lieber mit dem Finger auf die Fehler anderer verweisen. Du verurteilst andere, stellt Paulus in diesem Zusammenhang fest, und du tust genau das Gleiche. Spontan möchten wir protestieren und zählen auf, was wir alles im Gegensatz zu anderen nicht tun. Wir rechtfertigen uns selbst und verfehlen so treffsicher das Ziel. Das sieht Menschen ähnlich. Anders der Apostel. Er hat sich selbst geprüft: „Ich bin mir zwar keiner Schuld bewusst", schreibt er, „aber deswegen gelte ich noch nicht als gerecht. Nur der Herr kann über mich urteilen." (1. Korinther 4,4; BB)

Eine Selbstprüfung, mit der wir die Treue Gottes als unsere große Chance begreifen. Die Vergebungsbereitschaft Jesu vergleicht nicht die unterschiedliche Zahl unserer Sünden und auch nicht unser empfindsames oder taubes Bewusstsein davon. Denn es ist unmaßgeblich, ob jemand in einem Ozean oder in einer Badewanne von Fehleinschätzungen über sich selbst ertrinkt. David weiß, dass Gott ihn zu einem neuen Menschen machen muss. „Erschaffe in mir ein reines Herz, o Gott; erneuere mich und gib mir die Kraft, dir treu zu sein! Verstoße mich nicht aus deiner Nähe und nimm deinen Heiligen Geist nicht von mir! Schenk mir wieder Freude über deine Rettung und mach mich bereit, dir zu gehorchen! Dann will ich den Gottlosen deine Wege zeigen, damit sie zu dir zurückkehren. Ich habe das Blut eines Menschen vergossen – befreie mich von dieser Schuld, Gott, mein Retter! Dann werde ich deine Gnade preisen und jubeln vor Freude. Herr, schenke mir die Worte, um deine Größe zu rühmen! Du willst kein Schlachtopfer, sonst hätte ich es dir gebracht; nein, Brandopfer gefallen dir nicht." (Psalm 51,12-19; Hfa) Um Gottes Willen zu tun, genügen gute Vorsätze nicht. David schreckt der Gedanke, über allem Unheiligen in seinem Leben den Heiligen Geist und die Gemeinschaft mit dem Vater zu verlieren. Wie viel Freude ist da, wenn er Gott an seiner Seite weiß. Dahin zieht es ihn zurück! Und doch scheut er den Neuanfang, weiß er doch um die eigene Unbeständigkeit. Da bittet er, dass Gott ihn nicht verlassen möge, die Geduld nicht verlieren und ihn nicht aufgeben soll. Dann geht ihm noch etwas anderes auf. Gott will nicht beeindruckt werden. Es ist nicht nötig, Gott Versprechungen zu machen. Es hat keinen Zweck, ihm ewige Treue zu schwören. Auch wie wir vor Gott dastehen, gemessen an unseren Taten, unterscheidet uns höchstens graduell. Den wirklichen Unterschied macht das Vertrauen auf Christus. Dann nehmen wir Gottes Nachsicht und Geduld über die eigenen Fehler dankbar an.

Da ist einer, der leidet. Er ist allein, schrecklich einsam. Es täte ihm gut, Worte zu hören wie: Wenn es dir auch schlechtgeht, wir stehen zu dir, auf uns kannst du dich verlassen. Wir stehen an deiner Seite, komme, was will. Aber das sagt dem Leidenden niemand. Er ist von allen guten Freunden verlassen. So elend ist seine Lage und so groß sind seine Qualen, dass er gottverlassen erscheint. Ja, nicht nur das. Sondern geradezu von Gott gestraft, gemartert und hingerichtet. Das ist kein Bild des Triumphes. Wer hinschaut, sieht eine Niederlage auf der ganzen Linie. „Wir fanden nichts Anziehendes an ihm ... Voller Abscheu wandten wir uns von ihm ab. Wir rechneten nicht mehr mit ihm." (Jesaja 53,3; GNB) Schon die frühen Christen haben Jesaja 53 als Voraussage auf die Passion Jesu verstanden. Allerdings noch nicht sofort nach seinem Tod. Da dachte niemand daran, dass Jesus der angekündigte Gottesknecht sein könnte. Als Jesus am Kreuz elend zugrunde ging, da rechneten die Menschen nicht mehr mit ihm. Wieder eine Enttäuschung mehr! Jesus hatte sich als Messias übernommen. Er war es nicht, und er vermochte sie nicht zu retten. So dachten die meisten an seinem Todestag. Selbst seine Jünger zweifeln an ihm und lassen ihn allein. Bis auf einige wenige Frauen ergreifen alle die Flucht. Hier wurde Jesus, auf den sie hofften, fertig gemacht. Da mochten sie nicht dabei sein. Erst später ging den Christen auf, dass ihr Herr der angekündigte verlassene Knecht Gottes war. Nach Jesu Auferstehung erkannten seine Jünger dieses Geheimnis. Gottes Sohn hatte tatsächlich das ganze Leben ohne alle Abstriche mit ihnen geteilt. Darin waren sie ganz und gar mit ihm verbunden. Und: Jesu Tod war kein Verhängnis, sondern ihre Rettung. Ihre und die aller Menschen.

Im pietistischen Verständnis ist die Bekehrung der einmalige Wendepunkt im Leben eines Menschen. Initiiert durch dessen persönliche Entscheidung für Christus, dem ein persönliches Bekehrungserlebnis vorausgeht, beglaubigt durch ein möglichst vor Zeugen ausgesprochenes Übergabegebet. Bekehrung in diesem Sinne ist eine einmalige, in sich abgeschlossene Erfahrung. Auch wenn nicht alle Gläubigen ihre Bekehrung datieren können, vermittelt ihnen ihr persönliches Bekenntnis Heilsgewissheit. Entsprechend erfolgt die Glaubenstaufe in vielen Freikirchen sehr missverständlich auf das Bekenntnis des Täuflings hin. Die sogenannte Glaubensentscheidung des wiedergeborenen Christen ist dabei eine betonte Spitze gegen bloßes „Namenschristentum". Doch woran wird ein in diesem Sinn wahrhaft bekehrter Mensch erkannt? Wie verhält es sich, wenn sich beim bekehrten Menschen ein Neues, ein augenscheinliches Vorher-Nachher nicht findet? Was, wenn der Besuch eines Gottesdienstes, Jugendkreises oder einer christlichen Kleingruppe seit jeher zu einem Menschen gehört und es sich nach seiner Bekehrung alles so anfühlt und gelebt wird wie zuvor?

Sehr bald schaffen dann bestimmte Verhaltensformen, Regeln des Gebets und des Bibellesens, ein frommes Vokabular Distanz gegenüber der Welt, zuweilen gewinnen politische Enthaltsamkeit, seelische Gestimmtheit und Lebenshaltung, emotionale Bewegung und das Durchleben religiöser Gefühle große Beachtung. Schwierig, weil verunsichernd allerdings für diejenigen, bei denen die oben genannten Kennzeichen wie auch die Freude am Glauben, Demut, Dienst, Liebe, Bekenntnis und Mission, Gemeindezugehörigkeit und anderes mehr keine beständigen Begleiter ihres Glaubens an Jesus sind. Tatsächlich war auch Luthers reformatorischer Durchbruch von intensiver Gefühlserfahrung geprägt. Doch während in seinem Denken Gott die Erwählten in ihrem Glauben trägt und hält, besteht Gefahr des Glaubensverlustes, wenn der Glaube durch Bekehrungsmerkmale ausgewiesen sein soll. Bleibt diese Vergewisserung aus, kommt es unweigerlich zu Glaubenskrisen. Luther geht es um das Unbedingte. Um das, was jeden Christen unmittelbar angeht: die Erkenntnis, dass nicht der eigene Glaube das Evangelium trägt, sondern das Evangelium von der Erwählung in Christus den Glaubenden, weshalb auch die Taufe als Zuspruch erfolgt, im Namen des Vaters, des Sohnes und des Heiligen Geistes.

Der Artikel von der Rechtfertigung ist für Luther die alles erschließende Mitte christlicher Theologie. Nicht der Glaube des Menschen. Denn dieser trägt nichts zum Rechtfertigungsgeschehen bei. Gott rechtfertigt den Menschen allein um Christi willen! Seine Erwählung und sein befreiender Urteilsspruch gelten unter keinerlei menschlicher Bedingung. Nicht unter der Bedingung, die Gebote zu halten, und nicht unter der Bedingung persönlicher Glaubensentscheidung. In keiner Weise ist der Glaube persönlicher Verdienst. Er ist nicht der Kraftstoff, der die Rechtfertigung in Bewegung bringt. Sie ist einzig und allein an Gottes Versprechen gebunden. Jeder menschliche Beitrag dazu ist ausgeschlossen. Denn Gott hat für uns gehandelt, damit sich kein Mensch etwas einbildet auf seine eigenen Taten, seinen persönlichen Glauben und seiner Bekehrung. „Nur die können zu mir kommen, die der Vater dazu fähig macht" (Johannes 6,65.44; GNB), sagt Jesus. Und: „Nicht ihr habt mich erwählt, sondern ich habe euch erwählt." (Johannes 15,16; GNB) Also nicht: Ich habe mich bekehrt, um gerechtfertigt zu werden. Und auch nicht: Ich bin gerechtfertigt, weil ich mich bekehrt habe. Sondern: Ich bin gerechtfertigt um Jesu willen, indem Gott in mir durch den Heiligen Geist Glaube schafft. So wie sein Wort alles erschuf

> *Gott sieht nicht mit den Augen, Gott sieht mit dem Herzen. Und die Liebe Gottes ist die gleiche für jeden Menschen, welcher Religion er auch angehört. Selbst den Atheisten liebt er in gleicher Weise. Wenn der letzte Tag anbricht und wenn genügend Licht auf Erden ist, um die Dinge sehen zu können, wie sie sind, dann werden wir eine Überraschung erleben. Gott liebt und sieht uns alle mit seinem Herzen. Und wer weiß, vielleicht ist das das einzige Band, das alle Menschen verbindet: die Liebe Gottes.*
> *Papst Franziskus*

und sein Wille alles erhält, was ist, werden Menschen durch Gottes Entscheidung zum Glauben wiedergeboren. Alle Christen verdanken sich der Erwählung Gottes. Deswegen hoffen wir völlig auf seinen Richterspruch, dass uns um Christi willen jede Schuld vergeben ist. Es ist Gottes Urteil über unserem Leben. Es triumphiert über allem Missverstehen und all unseren Unverstand, über die tausendfachen ungelösten Rätsel des Lebens und die Unbegreiflichkeit des Weltverlaufs. Der Glaube vermittelt dankbare Freude über das, was Christus für uns bewirkt hat. Kein Zweifel, kein Irrtum und keine Sünde können und sollen mehr unsere Beziehung zum Vater unterbrechen.

Die Menschheit ist nicht in Ordnung! Darüber besteht Einigkeit. Ob man nun die Sünde für eine machtvolle theologische Erfindung hält oder persönliches Schuldempfinden für anerzogen. Die vielfältigen Störungen und Zerstörungen des Lebens werden von Christen wie Nichtchristen nicht bestritten. Zwischenmenschliche Verletzungen und auch eigenes Fehlverhalten werden ebenfalls nicht geleugnet. Doch diese Einsicht hat nichts mit Sündenerkenntnis gemeinsam. Denn Sünde und Schuld sind theologische Beziehungsbegriffe. Ohne die Erkenntnis, dass es so etwas wie Sünde überhaupt gibt, sehen sich Nichtglaubende von Christen zu Unrecht als Sünder gebrandmarkt. Denn Menschen werden entweder von Gottes Geist ihrer Sünde überführt, oder sie plagt vielleicht nur ein schlechtes Gewissen. Schuldhaftes Verhalten und schuldhafte Versäumnisse in ihren vielen Facetten werden in Bezug auf Gott nur durch das Licht des Evangeliums offenbart, das sich, einem Prisma gleich, an der Person und Verkündigung des Jesus von Nazareth bricht.

Dietrich Bonhoeffer stellt sich daher gegen die Methode, Männer und Frauen, noch bevor sie sich in das Licht der Versöhnung Gottes gestellt finden, ihre Verlorenheit anzudrohen. Erstrangig ist allen Menschen die Fürsorge und Vergebungsbereitschaft Gottes auszurufen, damit sie zu einem ehrlichen Urteil über sich selbst den Mut finden. Sündenerkenntnis ist insofern ein Akt der Selbstannahme und nicht der Fremdverurteilung. Durch Christus mit Gott versöhnt, stehen wir zu eigenen Verfehlungen. Im Verhältnis zu Gott ist die Sorge um das eigene Heil Unglaube, weil das Benennen persönlicher Schuld zusammenfällt mit dem Dank für Gottes Freispruch. Das Vertrauen auf Jesus verdient es, Glaube genannt zu werden, nicht die Angst vor der eigenen Vernichtung.

Die Liedzeile „Ich fiel auch immer tiefer drein, es war kein Guts am Leben mein, die Sünd' hat mich besessen" (EG 341,2) erfasst, dass Gottes Urteil nicht vernichtet, sondern – in einem durchaus therapeutischen Sinne – hilft, ein ganzes Ja zum eigenen Leben mit allem Licht und allem Schatten zu finden. Denn alle Vergebung gründet in der Gnade Gottes, die durch Jesus verbürgt ist. Abseits der Auseinandersetzung mit Jesus und seinem Werk, Leben und Tod bleiben die Begriffe Gott, Glaube, Gnade und Vergebung ohne Sinn. Beides erschließt sich erst mit der Erkenntnis, dass wir zu unserer Erlösung nichts beitragen können, weil er Anfänger und Vollender des Glaubens ist.

Man kann mit seiner eigenen Vergangenheit radikal brechen und sagen, früher war ich im Irrtum, jetzt erkenne ich die Wahrheit, früher war ich im Dunkeln, jetzt aber sehe ich das Licht. Solche Rede macht das Vergangene schlecht und schlechter, um das Neue gut und besser erstrahlen zu lassen. So behaupten sich radikale Lebensentscheidungen. So sang die Kirche Jahrhunderte lang das Lied vom Triumph des Christentums über das Judentum, der erleuchteten Kirche über die blinde Synagoge, das Siegeslied der Überheblichkeit. Die Folgen dieser Theologie kennen wir. Doch Paulus merkt: So leicht komme ich von meiner Vergangenheit nicht los, und so einfach bin ich nicht damit fertig, dass ich glauben darf und andere keinen Zugang zum Glauben finden (Römer 11,18-24). Denn ist bei den Propheten im Alten Testament nicht immer wieder die Rede von einem Rest, der vom Volk Gottes übrig bleiben wird? Paulus sagt: Alles kommt allein auf Gottes Treue an, und letztlich bleibt sein Erwählen ein großes Geheimnis wie er selbst. Niemand schaut Gott in die Karten. Doch deshalb das Nachdenken aufgeben? Keinesfalls! Nur auf den Begriff bringen lässt sich das Problem nicht. Manchmal wird der Lösung eines Problems nur ein Bildvergleich gerecht. Und manchmal braucht es ein ganzes Leben, um dieses richtige Bild zu finden. Den Apostel quält die Frage, wie es um das auserwählte Volk Gottes, die Juden, steht. Und noch weiter, was aus all den Menschen wird, die uns lieb und teuer sind, aber nicht glauben. Da kommt ihm das Bild vom Ölbaum in den Sinn. Der Öl- oder Olivenbaum ist ein alttestamentliches Bild für Israel: „Einen üppig grünenden Ölbaum mit den besten Früchten, hat der Herr dich früher genannt." (Jeremia 11,16; GNB.) Aber es gibt an einem Baum in der Regel Äste, die irgendwann verdorren und abgeschnitten werden. Es gibt ausgebrochene Zweige, und es gibt auch das Gegenteil. So ist es auch mit dem Ölbaum Israel. Einige Zweige wurden unfruchtbar, und Gott schnitt sie ab. Es wurden Zweige eines wilden Ölbaums eingepfropft, genährt vom Saft aus der Wurzel des edlen Ölbaums.

Das Beschriebene ist besonders und einzigartig. Denn normalerweise werden nicht die Zweige einer wilden Sorte auf eine Kultursorte aufgesetzt, sondern umgekehrt die Veredelung auf den wilden Trieb. Das ist das Bild. Die Theologie dazu ist der Glaube an das Versöhnungswerk Jesu für alle Völker. Dessen Inhalt ist für Luther der Kern des Evangeliums und das Fundament der Gnadenlehre. So weit, so gut. Doch eben da, wo es Luther um das Wichtigste geht, kann es uns schwerfallen, ihm zu folgen, nämlich bei Luthers Lehre vom freien beziehungsweise unfreien Willen des Menschen. Worin besteht das Problem? Sehr viel ist in den Gemeinden von falschen oder schädlichen Gottesbildern die Rede, die Christen und Gottes-suchern den Glauben versperren. Für Luther ist aber nicht allein das Gottesbild, sondern das Bild vom Menschen, nicht die Theologie (die Lehre von Gott), sondern die Anthropologie (die Lehre vom Menschen) ausschlaggebend. Bei manchem Tennismatch wird mit dem Aufschlag über Satz- und Spielgewinn entschieden. Ein falsch gesetzter Aufschlag gibt oftmals das gesamte Spiel verloren. Diesen Stellenwert hat für Luther die Frage nach dem freien beziehungs-weise unfreien Willen des Menschen und nach der Freiheit, die wir brauchen.

Nie wieder ein Knecht! Freiheit im gängigen Verständnis ist ein viel zitierter Begriff. Oft weit entfernt von dem, was Luther dar-unter verstand, wenn er von der Freiheit eines Christenmenschen sprach. Zu unserem großen Erstaunen leistet nämlich gerade das Menschenbild des Humanismus und das neuzeitliche Verständnis von Freiheit der Knechtung des Menschen Vorschub. Wissend um eigene Willensschwäche und Unvermögen, stehen wir vor einem Dilemma. Weil uns das Gesetz Gottes entlarvt, meint Luther, ma-növrieren wir uns konsequent in die Ecke der Selbstverteidigung vor Gottes Urteil. Der Freiheitsgedanke im Sinne der Selbstbestim-mung und persönlichen Entscheidungskompetenz zwingt uns dazu. Das ist der Knackpunkt. Was knechtet? Die geforderte Handlungsfreiheit in Kombination mit der behaupteten Willensfreiheit werfen uns gnadenlos auf uns selbst zurück. Luther glaubt mit der Bibel nicht an die menschliche Möglichkeit eines heiligen, sündenfreien Lebens. Nicht außerhalb der Gemeinde und nicht innerhalb der Gemeinde. Und er glaubt nicht an die menschliche Möglichkeit einer freien Entscheidung für Jesus. Das Gesetz, die moralische Anstrengung und der eigene Verstand verführen dazu zu glauben, jeder Mensch könne sich für das Vertrauen auf Gott entscheiden. Einfach wenn er es nur will.

Luthers Behauptung der Unfreiheit des Willens spricht dagegen. Er richtet sich gegen jedes gesetzliche Denken und infolgedessen gegen jede Form frommer Selbstbehauptung. Für beides führt er eine Vielzahl biblischer Belegstellen an. Der Mensch ist nach Luther in seinem Willen nicht frei, Gott anzunehmen oder abzulehnen, ihn zu lieben oder zu hassen. Im Kleinen Katechismus lesen wir dazu: „Ich glaube, dass ich nicht aus eigener Vernunft noch Kraft an Jesus Christus, meinen Herrn, glauben oder zu ihm kommen kann; sondern der Heilige Geist hat mich durch das Evangelium berufen, mit seinen Gaben erleuchtet, im rechten Glauben geheiligt und erhalten; gleichwie er die ganze Christenheit auf Erden beruft ..." (Die Bekenntnisschriften der Evangelisch-Lutherischen Kirche, S.511f) „Aber wenn des Teufels Braut, die Vernunft, die schöne Dirne, hereinfährt und klug sein will und meint, alles,

Wenn ich einen Tag nicht bete, merkt es Gott.
Wenn ich zwei Tage nicht bete, spüre ich es selber.
Wenn ich drei Tage nicht bete, spürt es meine Umgebung.
Martin Dibelius

was sie sage, sei der Heilige Geist – wer will da helfen? Kein Jurist, kein Arzt, kein König und Kaiser! Denn sie ist die höchste Hure, die der Teufel hat. Andere grobe Sünden erkennt man als solche, aber die Vernunft kann niemand richten." (Martin Luther, Weg der Kirche, Bd. 6, S. 36) „Denn keine menschliche Vernunft weiß, dass Unglaube und An-Gott-Verzweifeln Sünde ist. Ja, sie weiß nichts davon, dass man Gott glauben und vertrauen soll ..." (Martin Luther, Confitemini, Bd. 7, S. 43)

Das Glauben weckende Wirken des Geistes ist kein natürlicher Bestandteil des Menschen, noch vertraut Luther auf die menschliche Fähigkeit, Gott zu lieben und seinen Willen zu tun. Aber ist damit nicht aller persönliche Einsatz überflüssig, jede Verantwortung von uns genommen, sind wir nicht zu Untätigkeit und bloßem Abwarten verurteilt, ganz im Gegensatz zu dem, was uns aufgetragen ist? Und heißt es in der Bibel etwa nicht, dass wir dem Heiligen Geist widerstehen und ihn betrüben können (Epheser 4,30)? Und wären nicht ohne eine Entscheidungsmöglichkeit die vielen neutestamentlichen Imperative, die die Glaubenden zum neuen Leben auffordern, unnötig, ja unsinnig? Aber wiederum: „Gott bringt euch dazu, dass ihr nicht nur so handeln wollt, wie es ihm gefällt. Er sorgt vielmehr dafür, dass ihr es auch könnt!" (Philipper 2,13; BB) Also wie nun? Die einen plädieren für die Sache der unwiderstehlichen Macht des Geistes, die anderen für die Verantwortung des Menschen.

Erasmus von Rotterdam (1466-1536) war Humanist und anfänglich ein glühender Unterstützer von Luthers Reformation. Später wurde er einer seiner schärfsten und klügsten Kritiker auf katholischer Seite. Während Luther die gänzliche Unfreiheit des menschlichen Willens behauptet, sieht Erasmus damit die sittliche Verantwortung des Menschen ausgehebelt und die christliche Ethik verraten. Denn wenn der Mensch nicht frei sei, das Gute oder Böse zu wählen, sei dies für die Moral des Menschen ruinös. Es hilft, die beiden unterschiedlichen Ebenen, auf denen hier argumentiert wird, ins Auge zu fassen. Die psychologische Erfahrung spricht für die Verantwortung und den freien Willen des Einzelnen. Wir sind keine Marionetten Gottes. Die andere Ebene ist die des persönlichen Bekenntnisses. Die Infragestellung des freien Willens durch Luther ist keine psychologische Feststellung, sondern ein persönliches Bekenntnis: Gottes Geist macht „uns im Innersten gewiss, dass wir Kinder Gottes sind". (Römer 8,16; GNB) Ausschlaggebend ist dabei nicht eine pessimistische Sicht vom Menschen. Die Wahrheit höheren Ranges gegenüber der Wahrheit des freien Willens ist vielmehr die souveräne Erwählung Gottes. Darum steht sie auch in der reformatorischen Lehrtradition im Vordergrund. Nur missverstanden führt das zur Passivität. Nämlich nur da, wo das Handeln lediglich theoretisch bedacht wird, aber nicht ausgeübt wird.

Mit der Überbetonung des freien Willens hören wir nicht mehr das Lob der Gnade Gottes. So eindeutig die Willensfreiheit in Glaubensfragen von Luther zurückgewiesen wurde, so selbstverständlich scheint sie heute für das Verständnis vom Menschen in der Missionspraxis und Seelsorge zu sein. Fast alle missionarischen Gespräche und evangelistische Verkündigung sowie eine Vielzahl von Predigten laufen auf eine autonom getroffene Glaubensentscheidung des Menschen hinaus. Das drückt sich aus in Sätzen wie: „Der Glaube ist ein Geschenk, du musst dich aber dafür entscheiden." „Jesus hat alles für dich getan, du musst nur noch den einen letzten Schritt tun." Doch ist es berechtigt oder gar unausweichlich, ein neuzeitliches Menschenbild ungefiltert in die Glaubenslehre zu übernehmen? Nach Luthers Verständnis ist eine eigenmächtige Entscheidung des Menschen zum Christusglauben unmöglich. Denn nur der Heilige Geist überführt die Welt von dem "was Sünde, Gerechtigkeit und Gericht ist". (Johannes 16,8 EÜ) Seine Römerbrief-Vorlesung beginnt Luther mit dem Satz: „Die Summe dieses Briefes ist, zu zerstören, auszurotten und zu vernichten alle Weisheit und Gerechtigkeit des Fleisches (mag sie in den Augen der Menschen, auch bei uns selbst, noch so groß sein), wie sehr sie auch von Herzen und aufrichtigen Sinnes geübt werden mag, und einzupflanzen, aufzurichten und groß zu machen die Sünde" (Martin Luther, Vorlesung über den Römerbrief, S. 7). Der Mensch in seiner Unfreiheit kann auf seine Entscheidung für den Glauben nicht sinnvoll angesprochen werden. Christlicher Glaube ist Ausleuchtung und Erleuchtung der menschlichen Seele von Gott her. Gibt man dagegen der eigenen Entscheidung den Vorrang, ist man sich selbst die letzte Instanz.

Kirchengeschichtlich hat sich dieses Selbstverständnis in der Heiligungsbewegung John Wesleys (1703-1791), in der Erweckungsbewegung des 19. Jahrhunderts (Charles Finney, 1792-1875) und besonders in den Freikirchen fortgesetzt. Diese Bewegung prägt eine Theologie der Heiligung, die sich in ihrer Übertreibung als zweite, der reformatorischen Rechtfertigungslehre folgende Stufe begreift. Ganz anders wird mit dem Bekenntnis, dass der Heilige Geist im Menschen Glaube hervorruft, Gottes Willen schafft und durch unser Handeln wirkt, das Bekenntnis eigener Schuld und die Gnade Gottes zusammengehalten. Erasmus und mit ihm viele (evangelikale) Christen blicken stärker von der Anthropologie her auf den Glauben und nicht wie Luther von der Theologie her. Dem Humanisten geht es um die Moral. Luther geht es darum, allein Christus, allein den Glauben und allein die Gnade im Mittelpunkt der Jesusbeziehung zu wissen. Daraus folgt, was Luther 1525 auf rund dreihundert Seiten in Opposition zu Erasmus in der Schrift „De servo arbitrio" (Vom unfreien Willen) niederlegt. Dieses Werk hat Luther selbst als das Wichtigste seiner Bücher bezeichnet, neben dem Großen Katechismus, in dem er den evangelischen Glauben anhand der zehn Gebote, des Vaterunser, des Apostolischen Glaubensbekenntnisses und der Lehre von Taufe und Abendmahl erläutert. Luther möchte die christliche Lehre allein aus dem Wort begründet sehen. Erasmus aus der allgemeinen Menschenvernunft und der allgemein gültigen Menschlichkeit.

Auf der Ebene humanistisch-psychologischer Erkenntnis kommt manche missionarische Bemühung Nichtglaubenden mit großem Einverständnis entgegen, um sie dann von der Notwendigkeit der Umkehr und Bekehrung aufgrund ihrer fehlerhaften Taten und ethisch-moralischen Mängel zu überzeugen. Doch das unbeschränkte Mandat, das heute dem freien Willen des Menschen zugestanden wird, mündet in der missionarischen Praxis in einer Sackgasse. Denn Heil und Verurteilung sind Wirklichkeiten von Gottes Urteil. Verfehlt ist es deshalb, dem Menschen alles Schöne und Gute vor Augen zu malen, das ihn erwartet, wenn er sich für Jesus entscheidet. Oder ihm zu drohen mit allem denkbar Fürchterlichen im Jetzt und in der Ewigkeit, sofern er den Glauben schuldig bleibt. Das endet unausweichlich in einer gesetzlichen Lohn- und Strafpredigt, die der Rechtfertigungsbotschaft diametral entgegen steht. Die christliche Erwählungsbotschaft verliert darüber ihre befreiende, frohmachende Kraft. Sie mündet stattdessen in ängstliche Besorgnis. Den Glauben an Christus durch die persönliche Entscheidung herbeiführen zu wollen erscheint naheliegend. Doch das spricht eine Möglichkeit an, die nicht im menschlichen Ermessensspielraum liegt. Ich kann wohl die Gegenstände meines Wollens wechseln. Aber seinen Willen zu ändern, ihm eine neue Grundrichtung geben, ist dem Menschen so wenig möglich, wie ein Leopard sein geflecktes Fell verändern kann (Jeremia 13,23). Das ist ein Bekenntnis und, wie alle Glaubensaussagen, wird nur verstanden, wenn ich mich selbst davon betroffen weiß. Glaube ist kein Ding, keine Sache, kein Etwas, sondern ein Geschehen. Was wir Glauben nennen, sind nicht einstudierte Lerninhalte oder Verhaltensweisen, auch nicht eine innere Verfassung der Gläubigkeit, fromme Stimmung oder ein Geflecht religiöser Vorstellungen und schließlich auch kein scharfsinnig durchdachtes theologisches Gedankensystem. Nicht ich bin gläubig, sondern ich glaube – das ist Art des Glaubens.

Die Bekehrung ist Neuwerdung. Neu ist dabei, dass die eigene Gerechtigkeit ein Ende gefunden hat, weil der Christ allein auf Gottes Zusage im Kreuz und in der Auferstehung Jesu vertraut. Neu ist das unbedingte Vertrauen auf Christus, das allen subjektiven Bekehrungsmerkmalen vorgeordnet ist. Neu ist, dass zum Glauben an

Jesus Bekehrte von Christus Erweckte sind, die betend darauf vertrauen und darauf warten, dass Gottes Reich kommt. Neu ist die Freiheit von Leistungsdruck und ängstlicher Besorgtheit um den eigenen Glauben, weil die Bekehrung mehr als religiösen und auch mehr als ethischen Charakter hat. Jesus wusste sich unbedingt geliebt. Wer so über sich denkt, lebt anders. Wenn Gott uns unbedingt annimmt, was können Menschen dagegensetzen? Was kann ihr Urteil noch bedeuten gegenüber dem Freispruch Gottes! In dieser Freiheit hat Christus gelebt, und in dieser Freiheit und Stärke ist er gestorben. Er nahm die Flüche der Menschen hin, den Spott der Frommen ebenso wie die Drohung der Mächtigen. Jesus beugte sich vor keiner Macht, weil er der zukünftigen Wirklichkeit bei seinem Vater entgegenlebte. Das bestimmte sein Leben. Erlösung durch Christus bedeutet die Überwindung der Mühen, Anfechtungen und Enttäuschungen, unter denen wir leiden. Wir wissen, dass das nicht die eigentliche, nicht die letzte Wirklichkeit ist. Hätte Gott nicht einen strahlenden König senden können, vielleicht jemand wie David, eine gewinnende Erscheinung, mächtig und politisch erfolgreich? Stattdessen: Jesus ist ein Antiheld. Sein Sterben gefällt dem Auge nicht. Der Mann am Kreuz, von Schmerzen, Schwäche und Krankheit gezeichnet, eignet sich nicht für bunte Werbefeldzüge. Doch Gott, so sagt es der Prophet, wollte es so. Er gibt uns weder eine Erklärung noch eine Begründung dafür. Er legte seinen Weg zu unserer Versöhnung fest. „Die Strafe für unsere Schuld traf ihn, und wir sind gerettet. Er wurde verwundet, und wir sind heil geworden." (Jesaja 53,5; GNB)

Das ist keine platte Vertröstung. Wenn wir uns das Opfer Jesu vor Augen führen, verlieren viele Probleme ihre Dringlichkeit, und das wirklich Wichtige tritt hervor: In Jesus sind alle Menschen Erwählte. Im Glauben kommen wir in Berührung mit dieser Wirklichkeit Gottes. Glaube ist sinnstiftend. Gewissheit über die Verlässlichkeit dieses Weges erhalten wir, indem wir den Weg der Nachfolge betreten. Wer dann ernsthaft meint feststellen zu können, dass ein solches Leben nicht den Sinn seines Menschseins erfülle und nicht die Wahrheit der Liebe widerspiegelt und es nicht sein Glück ist, sich ganz von Gott gehalten zu wissen, der mag sich vom christlichen Glauben abwenden und auf die vielen rationalen und irrationalen Argumente und Erfahrungen setzen, die das Leben ohne Glaube an Jesus bietet.

Jesus ist der Weg zu Gott für Israel und für alle Menschen (Epheser 2,11-22). Doch bereits Jesu Jünger erfassen nicht, dass es ihm durchaus und allein um Gott geht und nicht um ihre Ehre. So streiten sie, wer unter ihnen der Größte sei. Und offenbar begegnete Paulus schon bald Christen, die verächtlich und herablassend über die jüdische Gemeinde sprachen. Ähnlich wie Glaubende manchmal über Menschen anderen Glaubens oder Agnostiker sprechen. Jesus aber stellt ein Kind in die Mitte und erläutert: „Wer aber so klein und demütig sein kann wie ein Kind, der ist der Größte in Gottes Reich." (Markus 10,13; Hfa) Das verlangt nicht, sich selbst für unbedeutend zu halten und vor anderen klein zu machen. Ein Kind macht sich nicht niedriger als es ist, sondern es weiß, dass es niedrig und klein ist. Eben ein Kind. Ob Jesu Anhänger den Sinn begreifen? An Jesus können wir ihn ablesen.

Der Herr, der Wasser in Wein verwandelt, starb so qualvoll verdurstend, dass er dankbar Essig schlürfte. Er hatte von seinem schon angebrochenen Königreich gesprochen, aber am Kreuz scheinen alle diese Hoffnungen in Trümmern zu liegen. Von einem Königreich keine Spur. Und wo kein Königreich, da auch kein König. Seine Jünger verkrochen sich aus Angst hinter verschlossenen Türen und trauten sich nicht mehr unter die Menschen. Was für ein Sieg? Was für ein Reich? Was für ein sprudelnder Lebensquell? Wer nichts anderes als diese augenscheinliche Niederlage Jesu am Kreuz kennt, muss wohl oder übel zu dem Schluss kommen, dass mit ihm nicht mehr zu rechnen ist. Manchmal geht es ja so. Dann hat Jesus bei uns kein Ansehen. – Wo ist er denn jetzt? Wir sehen nichts von seiner Hilfe und verstehen seine Tatenlosigkeit nicht.

Das Kreuzesgeschehen kann uns lehren, solche Situationen und Lebensphasen anzunehmen und zu akzeptieren. Manchmal wird hinterher sichtbar, dass es durch solche Tiefen zu neuer Hoffnung ging. Ein anderes Mal bleibt der Weg auch völlig im Dunkel. Immer braucht es Glaube. Jesus behält den Sieg durch das Erdulden seiner totalen Schwäche und Entblößung. Am Kreuz macht er sich zum Gespött der Leute, und doch bedeutet gerade diese Niederlage seinen Sieg. Der Erniedrigung folgt seine Erhöhung und seinem Tod die Auferstehung. Ausgerechnet aus dem Versagen und der Niederlage lässt Gott Erlösung und Hoffnung wachsen. Was schwach ist, gewinnt. Und wer sich hingibt, bekommt Leben in Fülle geschenkt. Das ist der merkwürdige Weg und Sinn, auf den Gottes Erwählung führt.

Den Zeugnissen der Auferweckung Jesu kommt in diesem Zusammenhang ein besonderer Stellenwert zu. Denn von anderen Wundern und wundersamen Ereignissen wie der Jungfrauengeburt oder der Höllen- und Himmelfahrt Jesu wird im Neuen Testament nur hier und da berichtet. Das Zeugnis der Auferstehung Jesu durchzieht dagegen das ganze Neue Testament. Vor allem findet es sich in den frühesten Briefen des Evangeliums. Doch auffällig ist dabei, dass nirgends von dem Auferstehungsvorgang als solchem die Rede ist. Es gab keine Augenzeugen davon, wie Jesus aus seinem Grab herauskam. Die Wirklichkeit der Auferweckung selbst bleibt völlig unanschaulich und unvorstellbar. Alle Auferstehungszeugnisse berichten Gleiches. Der Auferstandene ließ sich sehen, er ist erschienen, er hat sich geoffenbart. Die biblischen Berichte davon sind weniger historische als theologische Dokumente. Keine Protokolle oder Chroniken, sondern Glaubenszeugnisse. Es ist unmöglich, das Osterereignis einfach nur fest entschlossen zu glauben oder als wahr, als tatsächlich geschehen anzusehen. Das wäre Mission im Sinne einer Handlungs- beziehungsweise Glaubensforderung, gerichtet an unsere Nachbarn, Kinder, Enkel und die ganze Welt. Aber es ist weit entfernt von der Osterfreude, die unter den ersten Christen ausbrach, als sie ihren auferstandenen Herrn sahen. Die Glaubensforderung weckt keine Osterfreude. Osterfreude ist die Freude über Gottes Wirken an uns. Ein altes Kirchenlied fällt mir dazu ein: „Mir ist Erbarmung widerfahren, Erbarmung, deren ich nicht wert; das zähl ich zu dem Wunderbaren, mein stolzes Herz hat's nie begehrt. Nun weiß ich das und bin erfreut und rühme die Barmherzigkeit." (Philipp Friedrich Hiller, EG 355)

Für unsere Erwählung haben wir keinen Vertrag unterschrieben und uns zu nichts verpflichtet. Jesus starb für uns, hält Paulus fest, als wir noch seine Feinde waren (Römer 5,8). Er ist auch für alle die Menschen gestorben, die ihm aktuell feindlich oder gleich-

> *Es kommt eine Auferstehung, die ganz anders wird, als wir dachten. Es kommt eine Auferstehung, die ist der Aufstand Gottes gegen die Herren und gegen den Herrn aller Herren, den Tod.*
>
> *Kurt Marti*

gültig gegenüberstehen. Saulus meinte ein Eiferer für Gott zu sein, indem er die Christen verfolgte. In Wahrheit war er ein Eiferer für die Gerechtigkeit, mit der sich Menschen selbst vor Gott behaupten und rechtfertigen wollen. In manchen Religionen durch Anwendung von Gewalt. Im spätjüdischen Glauben durch die Erfüllung von Gesetzesvorschriften. In der Philosophie durch die gedankliche Durchdringung der Geheimnisse Gottes. In den Wissenschaften durch die Erklärung von allem und jedem. In der Soziologie durch die Zurückführung aller Schuld auf den sozialen Kontext und ein kollektives Wir. Das Evangelium jedoch, die Gute Nachricht, stellt alle menschlichen Erwartungen und alle unsere Erklärungsversuche auf den Kopf. „Wir aber verkünden den gekreuzigten Christus ... Für die Juden ist das eine Gotteslästerung, für die anderen barer Unsinn. Aber alle, die von Gott berufen sind, Juden wie Griechen, erfahren in dem gekreuzigten Christus Gottes Kraft und erkennen in ihm Gottes Weisheit." (1. Korinther 1,23+24; GNB) Wir können Gott nicht verstehen, wie wir andere Menschen verstehen. Wir können weder Gott noch die Ewigkeit beweisen. Wir können den König der Welt nur erfahren, wenn er sich uns selbst erschließt. Denn das Endliche kann nicht das Unendliche erfassen, die Verwirrung nicht die Wahrheit. Und niemand versteht Gott, wie Jesus es tat. Und doch sind wir herausgefordert, den Glauben zu bezeugen.

„Die Liebe des Christus drängt uns." (2. Korinther 5,14;

EÜ). Ein und dasselbe kann man ganz unterschiedlich hören. Das gilt auch für diesen kurzen Satz. Wir können ihn als Feststellung begreifen. Da klingt zu uns etwas herüber aus einem Brief längst vergangener, historisch weit zurückliegender Zeit. „Die Liebe Christi drängt uns." Diese Worte haben auch etwas von einem Appell. Tut es uns nach, macht's wie wir! „Die Liebe Christi drängt uns." Das können wir drittens auch als Selbstmitteilung des Paulus hören. Die Liebe zu Jesus hat mir ein innerliches, herzliches, ganz entschiedenes und geistlich hingebungsvolles Leben geschenkt. Wie hat es Paulus gemeint? Von allem etwas, denke ich. Ganz sicher gibt es aber auch noch eine vierte Möglichkeit, die Aussage zu verstehen. Die drei ersten Interpretationen hatten uns als Hörende, Glaubende und Handelnde im Fokus. Doch das Subjekt des Satzes ist Jesus. Zuerst ist hier nicht von Paulus, seinen Mitarbeitern oder von der christlichen Gemeinde die Rede. In erster Linie sagt der Satz etwas über Christus selbst aus. Nicht von unserem Verhältnis zu ihm, sondern über sein Verhältnis zu uns. Und nicht nur zu uns. Das ist die Liebe, von der Jesu Leiden am Kreuz spricht.

Das griechische Wort, das die Einheitsübersetzung mit „drängen" wiedergibt, kann auch zusammenhalten, festhalten oder umfassen bedeuten. Die Liebe Gottes umfasst alle Völker, alle Ethnien und alle Generationen seit Menschengedenken. Sie überwindet alle Grenzen. Die Liebe, die Jesus ans Kreuz führte, gilt den guten Menschen und sogar auch den bösen. Weil sein Vater im Himmel die Sonne über beiden aufgehen lässt (Matthäus 5,45). Das haben wir erkannt, schreibt Paulus: Jesus ist für die gestorben, zu denen er gesandt war. Er ist für alle gestorben! Für alle, nicht nur für einige.

Nicht nur für Israel, sondern auch für die anderen Völker. Nicht nur für die Gerechten, sondern auch für die Sünder. Nicht nur für die Jünger, sondern für die Welt. Und also auch für die Menschen, die in andere Religionen hineingeboren wurden oder die überhaupt keine religiöse Bindung haben. Da stockt einem der Atem! Einer ist für alle gestorben! Das ist der Horizont, in den Paulus das Kreuz Jesu stellt. Das ist die Liebe, die Christus der ganzen Welt geschenkt hat und in der er allen Menschen die Treue hält. Das haben wir verstanden.

Wenn Jesus für alle gestorben ist, so sind alle Nachfolger und Nachfolgerinnen Jesu mit ihm gestorben. Sie leben jetzt für ihn und nicht mehr nur für sich selbst (2. Korinther 5,14). Dabei sucht man bei Gestorbenen nicht nach deren eigenen Vorzügen. Die Kraft seiner Liebe und seines Lebens wird nirgends deutlicher sichtbar als an ihnen, die er aus dem Tod ins Leben zurückgebracht hat. Doch diese gute Nachricht entfaltet nicht automatisch und in jedem Fall diese Wirkung. Ungezählte glauben dem Lebensversprechen Christi nicht. Sie weisen die Bedeutung der Passion Jesu für sich als ungebetene Vereinnahmung zurück. Mit dem Tod Jesu und der daraus resultierenden Nachfolgebereitschaft wollen sie nichts zu tun haben. Doch die durch Gottes Urteil scheinbar ungerechtfertigte Vereinnahmung ist recht verstanden ein Lebensversprechen. Deshalb folgen wir Jesus nach. Seine Liebe hat uns erfasst. Ihr glauben wir. Sie bewahrt uns, hält uns zusammen, umfängt und bewegt uns, anderen davon weiterzusagen. Denn Gott vermag seine Kinder sogar aus Steinen zu erwecken. Und das schon hier und jetzt. Davon berichtet Lukas 3,1-18.

Was gibt es da zu sehen? Das ist eine naheliegende Frage,

wenn man die Taufpredigt Johannes des Täufers auf sich wirken lässt. Was um alles in der Welt mag die Leute zu diesem Prediger am Jordan gezogen haben? War das Religiöse zu der Zeit, die uns der Evangelist genau angibt, gerade einmal Trend? Lag das Interesse an Johannes vielleicht einfach in der Luft, eine Art Massenbewegung wie der Pilgerstrom nach Rom, Jerusalem oder Mekka? Oder fanden die Leute an diesem Mann etwas, was wir als guruhaft bezeichnen würden? Seine Bußpredigt klingt nicht danach. Er ist ein Prophet, denn er macht den Leuten bekannt, was sie unbedingt hören müssen. Und damit sie verstehen, was sie hören, sollen sie sehen, wie Menschen ins Wasser steigen, wie das Wasser über ihren Köpfen zusammenschlägt und wie sie dann wieder auftauchen. Bei dem, was es bei der Taufe zu sehen gibt, kann man, wenn man will, tiefer sehen. Dann wird erkannt, warum die Taufe nicht nur von dieser Welt ist. Dann wird erkannt, dass sie ein Siegel Gottes ist und Glauben „…die Formung der ganzen Existenz im Gegenüber Gottes." (Eugen Drewermann, Luther wollte mehr, S. 156).

Zunächst sind die Leute jedoch mit einer ungeheuerlichen Zumutung konfrontiert. Statt werbender, warmer Worte von Johannes, statt eines „Schön, dass ihr da seid" eine regelrechte Beschimpfung: „Ihr Teufelspack!" Glaubt ihr etwa, dass ihr dem kommenden Gericht Gottes entrinnen werdet?" (Lukas 3,7; Hfa). Das gibt es am Jordan zu hören! Das Überraschende ist, die Leute bleiben nicht nur, sie kommen in Scharen hinzu: Theologen, Würdenträger, Bauern, Fischer, Kaufleute, Steuerbeamte, Soldaten. Alle wollen sie das hören. Einen, der ihnen richtig die Meinung sagt, der ihnen den Kopf zurechtrückt, der keine Rücksicht nimmt, der ihnen geradeheraus sagt, wie es um sie steht. Die Leute kommen, obgleich, ja gerade weil sie wissen, was sie erwartet. Sie wollen das hören. Von Empörung hören wir nichts. Die Predigthörer des Johannes wollen die Wahrheit über sich selbst finden. Wenn sie ihnen ein anderer sagt, so soll es ihnen recht sein. Wenn es nur einer zu sagen wagt, was man sich selber zu sagen nicht traut, vielleicht auch nicht darum weiß. Und doch ahnen wir es wie die Menschen am Jordan. Die Wahrheit über uns ist mehr als das, was unseren Ohren schmeichelt.

Das gibt es zu entdecken. Die harte Rede des Johannes spricht den Zuhörenden aus dem Herzen. Darum laufen sie nicht weg, sondern herzu. Weil ihre Seele längst um ihr Dilemma weiß. Und endlich, endlich, unter dem Zuspruch der Vergebung in der Taufe, soll ihnen geholfen werden. So erzählen sie, lassen heraus, was sie so lange verborgen hielten. Einer nach dem anderen steigt in die Flut und lässt wegschwemmen, was seine Seele verschmutzt. Lässt wegspülen, was sich an erstarrter Schlacke in ihm festsetzte. Das ist ihre Stunde, ihr Rendezvous mit der Wahrheit. Nur das Angenommene können wir loswerden. Verleugnen wir unsere Sünde, bekennen wir uns nicht dazu, werden wir davon nicht frei. Und ohne das gibt es auch keine Taufe. Die Menschen, die im Jordan standen, standen damit zu sich. Sie machen sich und anderen nicht länger mehr etwas vor. Gerne würden wir lauschen, was die Täuflinge Johannes da im Jordan ins Ohr flüsterten. Aber es wird nicht öffentlich genannt. Es genügt, wenn jeder Mensch seine eigene Not und Schuld kennt, annimmt und vor Gott bekennt. Dann haben wir alles getan, was an uns liegt. So bewirkt Taufe Vergebung der Sünden. Und so kehren wir zurück zu unserem Anfang. Zu eben diesem Reinigungsprozess, der mit der Taufe beginnt: dass der Schrott, den wir in unserem Leben produziert haben, und der Müll, den andere in unseren Erinnerungen abluden, weggetragen wird.

Was gibt es zu tun? Die Antworten des Täufers Johannes sind überraschend einfach, aber sehr präzise. „Wer zwei Hemden hat, soll dem eins geben, der keins besitzt." (Lukas 3,11; Hfa) Wir können diesen Aufruf als biblisches Ideal verstehen. Vermutlich werden wir es damit aber missverstehen. Denn von einem anvisierten Ideal her gedacht, kann uns diese Antwort ratlos stimmen. So groß, wie sie dann erscheint, so unkonkret und überfordernd bleibt sie dann auch. Zu erfüllende Ideale werden unter unserer Hand immer zum Gesetz, von dem wir spüren, dass wir es nicht erreichen. Und das bewirkt, dass wir nichts mehr machen oder zähneknirschend und freudlos geben. Betrachten wir die Aufforderung des Johannes aber als eine praktische Anweisung an konkrete Menschen, dann mag er den Leuten einfach gesagt haben: Von weit her zu Fuß gekommen, müsst ihr heute vielleicht draußen und unter freiem Himmel übernachten. Wenn es dann kalt wird, rückt zueinander hin, und wer zwei Hemden hat, gebe dem eins, der keines hat, damit auch er nicht frieren muss. Und wer ausreichend Verpflegung mitgenommen hat, gebe dem etwas ab, den sonst der Hunger plagt. Teilt miteinander, was ihr habt! Im Teilen wird Glaube konkret.

Und was ist mit den Zöllnern? Mag sein, ihre Frage an den Täufer ist auch unsere. Was soll ich tun in meinem Beruf, der vielleicht ebenso anfällig für Betrug ist wie das damalige Zollwesen. Johannes ist offensichtlich nicht der Meinung, dass Berufe zur Sünde zwingen. Bescheiden, nicht idealistisch fällt seine Antwort aus: „Verlangt nur so viel Zollgebühren, wie ihr fordern dürft." (Lukas

3,13; Hfa) Mit anderen Worten: Gebärdet euch nicht superfromm, aber seid korrekt und überschreitet nicht eure Handlungsspielräume. Und die Soldaten? Mit den Waffen in ihrer Hand haben sie überall auf der Welt die Macht, die Bevölkerung einzuschüchtern, auszuplündern und zu vergewaltigen. Heißt die Devise daher: Raus aus der Armee, weil solch ein Beruf nur widergöttlich sein kann? Wiederum gilt auch hier kein Ideal, sondern Glaube, der absolutistische Theorie in lebbare Praxis verwandelt: „Plündert und erpresst niemand! Seid zufrieden mit eurem Sold." (Lukas 3,14; Hfa) Terror und Willkür ist die menschenverachtendste Waffe, nachdem die Waffen gesprochen haben. Dabei macht nicht mit, verpflichtet Johannes die Männer in Uniform und verweist sie damit auf das ihnen Mögliche. Besser das Einfache tun, als das Große beschwören! Lieber eine gute Tat getan, als viele Untaten nur beklagt.

Überhebliche Selbstgerechtigkeit ist an keinen Berufsstand gebunden, findet sich bei Mann und Frau und ist weit verbreitet unter religiösen Leuten. Die Männer, die zu Johannes an den Jordan kommen, um sich taufen zu lassen, gehören offensichtlich zu dieser Kategorie von Leuten. Lukas nimmt bei seinem Bericht der Begebenheit (Lukas 3,7-18) die einfachen Leute, die Johannes aufsuchen, in den Blick. Menschen, die nach Orientierung in verworrenen Zeiten suchen, und wieder andere, die sich erhoffen, dass mit Hilfe von Johannes Ordnung in ihr Leben kommt. Manche, die sich von Johannes taufen lassen wollten, waren ihrer Sache mit Gott ziemlich sicher, ja, eigentlich ganz sicher. Immerhin gehören sie zu dem auserwählten Volk Israel. Aber weil es nie schaden kann, noch ein wenig mehr Garantiebescheinigungen und Versicherungspolicen zu haben, lassen sie sich auf Johannes den Täufer ein. Seine Taufe wollen sie auch noch mitnehmen, damit sie dann ihres Glaubens und ihrer Zugehörigkeit zu Gott ganz, ganz sicher sein können. Doch Johannes macht ihnen unangenehm laut einen Strich durch die Rechnung. Er fährt sie an: Ich sage euch, Gott vermag dem Abraham aus diesen Steinen Kinder zu erwecken. Mit anderen Worten: Er sucht und findet überall Menschen, die auf ihn bauen. Nicht nur in Israel und nicht nur ich christlichen Gemeinden.

Die Konfrontation rüttelt auf und will verunsichern. Sind wir uns der Gemeinschaft mit Gott zu sicher? Dass das so sein kann, davon ist Johannes der Täufer offensichtlich überzeugt. Die erwartete Reaktion seiner Zuhörer ist: Ich will gerne noch eins draufpacken, wenn damit meine Sache mit Gott klargeht. Der Gedanke ist nicht so abwegig. Denn droht Johannes nicht tatsächlich mit der Axt? „Jeder Baum, der keine guten Früchte bringt, wird umgehauen und ins Feuer geworfen." (Lukas 3,9; Hfa) Vielleicht machen wir es uns mit Jesus und Gott tatsächlich zu leicht? Eigentlich ist doch alles klar. Wir gehören zum Club, wir gehören zu Jesus, wenn nicht wir, wer dann? Johannes will verunsichern. Das verdeutlicht sein Vergleich mit totem Gestein, aus denen sich Gott Kinder erwecken kann. Gott braucht dazu unsere Hilfe nicht. Gott ist in keiner Weise auf uns angewiesen. Darum schickt Johannes ungeniert die Leute zurück. „So läuftdas nicht", ruft er den Selbstgerechten zu und gibt ihnen damit die Chance, Entscheidendes zu entdecken.

Was Johannes aufdeckt, ist die Wahrheit über den misslingenden Glauben der Frommen. Die es hören, wissen es selber. Was nach außen hin ganz ansehnlich erscheint, was sich sehen lassen kann in Gemeinde, Hauskreis und Gottesdienst, was sich hören lassen kann in Gebet und Gesang, was richtig ist im Sinne des Buchstabens, das ist nicht alles. Das andere, was sich hinter Wohnungstüren und Kulissen, hinter Maske und Fassade verbirgt, das bleibt unentdeckt und zugedeckt, verborgen und unberührt. Der Bußprediger hält seinen Hörern nicht vor, was ihnen selbst bei bestem Bemühen misslingt. Nicht Müdigkeit, die sie überfällt im Umgang mit Gott, ihre Fragen, ihre Zweifel, ihre Unzulänglichkeit, die sie immer wieder nach dem Hochgefühl von Gotteslust auf den Boden von Glaubensfrust stürzt. Was Johannes empört, ist die Heuchelei, auf die trotz alledem zurückgreifen. Es ist der Stolz auf den eigenen Glauben, ist die zur Schau getragene Tugend, die verlogene Heiligkeit, die Sucht als religiöse Vorbilder gelten zu wollen, die Johannes zornig werden lässt.

Denn nicht Tugendhaftigkeit macht uns zu Gottes Kindern. Er hat keine Stufenleiter zur Vollkommenheit aufgestellt, auf der wir Sprosse um Sprosse zu ihm hinaufsteigen. Auch bestimmte Abstammungsverhältnisse gelten nichts. Wenn ihr euch darauf verlassen wollt, seid ihr blind für die eigene Realität, verdrängt eure Leidenschaften, schiebt eigene Fehler anderen in die Schuhe, fühlt euch überlegen, indem ihr andere klein macht. Vielmehr: „Ändert euch von Grund auf!" (Lukas 3,3; Hfa) Schaut euch an! Nehmt euch ungeschminkt wahr! Dann ist die Zeit gekommen, die Energie, die ihr in eure Tarnungen fließen lasst, umzuleiten in den Mut zur Wahrheit. Wenn ihr da angekommen seid, dann steigt zu mir in den Fluss, dass ich euch taufe. Findet ihr nicht an diesen Punkt, wird euch die innere Spannung zwischen Anspruch und Wirklichkeit zerreißen.

Und wer kann und soll euch dann noch helfen? Fürchtet euch nicht davor, tote Steine zu sein. Denn eben aus ihnen vermag und will Gott sich sei-

ne Kinder erwecken. Wir haben es nicht in der Hand! Gott macht aus Steinen Jünger und Jüngerinnen. Er findet sie unter den Menschen, die sich selbst gegenüber aufrichtig sind. Hier am Jordan kommt es zu keiner Schnelltaufe und zu keiner Generalabsolution für alle Eventualitäten. Ob wir uns nun weigern, auf Gottes Maßstäbe einzugehen, oder uns anstrengen, mehr zu schaffen. Es spielt keine Rolle. Denn in beidem überhören wir das Entscheidende: Gott schafft sich sein Volk aus Steinen. Aus Menschen, die wissen, dass sie selber dazu nichts beitragen können. Die Unsicherheit, in die Johannes uns hineinstürzt, ist keine Angst, die uns zittern lässt, ob es wohl reicht mit unserer Bemühung. Und es ist auch keine Ankündigung, die uns in stummen Protest und kühle Ablehnung treibt. Nein, wenn sich Gott aus Steinen Menschen erweckt, die zu ihm gehören, dann dürfen wir uns zu diesen Menschen zählen. Wir verdanken Gott nicht nur dies und das. Diese Hilfe und jene Führung, diese Heilung und jene Bewahrung, diese Arbeitsstelle und jenes Glück. Wir verdanken Gott uns selbst. Wir verdanken ihm unser Sein. Dass wir atmen, dass wir Menschen sind und Menschen sein dürfen, geliebte Menschen, handverlesene Exemplare. So wie wir Steine an Flussufern aufheben, so sind wir handverlesen in Gottes Hand aufgehoben. Wir sind erweckte Steine.

Erlöst

Der Glaube an Jesus hat befreiende Kraft. Weil er stereotypen Urteilen widerspricht und unsere inneren Kritiker zum Schweigen bringt.

Herzlich willkommen! Wir kennen uns noch nicht, und deswegen ist es sinnvoll, dass wir uns kurz vorstellen. Manches Meeting oder eine erste Gruppenbegegnung beginnt mit dieser Aufforderung. Dann geht es los. Bitte stellen Sie sich vor. Was sagt man dann so? Als Erstes nennt man natürlich seinen Namen. Dann kurz etwas zum Beruf und vielleicht noch etwas zu den eigenen Hobbys. Dann die Erwähnung des Wohn- und Geburtsorts, und wenn es hoch kommt auch noch etwas zum Familienstand. Stellen wir uns vor, Jesus sitzt als 20-Jähriger in einer ähnlichen Vorstellungsrunde. Was wird er sagen? Er wird sagen, ich bin Jesus, der Sohn des Josef. Ich wurde in Bethlehem geboren und bin aufgewachsen in Nazareth zusammen mit meinen Geschwistern. Gelernt habe ich das Handwerk des Zimmermanns.

Perspektivwechsel. Von heute aus gesehen zehn Jahre später, wieder in einer Vorstellungsrunde. Was sagen? Einiges hat sich bei uns geändert. Anderes ist geblieben. Zum Beispiel der Name, zumindest der Vorname. Denn vielleicht wurde zwischenzeitlich geheiratet, und der Nachname ist jetzt ein anderer. Möglicherweise gab es auch berufliche Veränderungen, oder es wurde das Rentenalter erreicht. Als Rentner erzählen wir nicht mehr von den eigenen Kindern, sondern jetzt wird von den Enkeln berichtet. Wir schauen wieder auf

Jesus, nun als 30-Jährigen. In der Vorstellungsrunde sagt er: Ich bin Jesus. Das mit dem Josef spart er sich schon. Er erzählt auch nicht mehr davon, dass er zu Hause bei seiner Mutter und seinen Geschwistern wohnt. Jetzt berichtet er: Ich habe umgeschult. Ich bin nicht mehr Zimmermann, sondern jetzt bin ich als Rabbi unterwegs, also als theologisch-geistlicher Lehrer. Ich nehme einige Jungs mit auf meine Wanderungen, denn ich bin jetzt als Wanderprediger unterwegs und berichte von dem, was Gott Menschen sagen möchte.

Es sind simple Dinge, die wir bei einer Selbstvorstellung sagen. In der Regel geht es dabei um unser Handeln und noch nicht um unser Sein. Wenn die Frage aber lautet, wer wir sind, dann geht es um unsere Einstellungen, unsere Wesenszüge. Dann geht es um unsere Lebensverhältnisse, um unsere Beziehungen zu anderen Menschen. Dann dreht sich alles um das, was unser Leben in Relation zu unserer Umwelt ausmacht. All das gehört zu uns. Etwas anderes aber auch. Wer du bist, das sagen dir häufig andere!

Wir kennen es von Jugend an. Die Bevorzugung eines Geschwisterteils, der herabsetzende Vergleich mit dem Nachbarskind, das eigene Leben als Ergebnis einer ungewollten Schwangerschaft. Mangelhaft, nicht genügend, ungenügend stand mit roter Schrift unter der Klassenarbeit. Auf dem Schulhof warst du entweder der Streber oder der Spaßvogel der Klasse. Später ist man entweder der erfolgreiche Selfmademan oder wird als Beamter, Lehrer und Faulpelz abqualifiziert. Die Alleinerziehende, der Arbeitslose, hören wir weitere Zuschreibungen. Alle Politiker sind Verbrecher. Reich kann nur sein, wer krumme Geschäfte macht. Migranten greifen unser Geld ab. Die nehmen uns unsere Arbeitsplätze weg. Das ist typisch deutsch oder typisch Ausländer. Der ist schwul, die ist eine Lesbe.

Jede Menge Zuschreibungen, die andere auf uns legen und damit beeinflussen, wie wir über uns selbst denken. Bei so viel verspürter Ablehnung verwundern Lügen und Maskerade nicht. Dem entgegengesetzt verkündet Jesus: Bei Gott bist du willkommen!

Das ist schwer zu glauben, wenn zugleich in Familie, Ausbildung und Beruf, unter Bekannten und auch in der Gemeinde deine Defizite gelistet werden. Dein Mangel an Aussehen, Ausbildung, Gesundheit oder ethischer Integrität. Das Empfinden, nicht willkommen zu sein, zu stören, im Weg zu stehen, eine Last zu sein, ist die Not von Kindern, Jugendlichen, Erwachsenen und Senioren. Was lässt sich dem menschlich entgegensetzen, ohne mit jedem Verteidigungsversuch neue Ausgrenzung zu erfahren? In dieser aussichtslosen Situation lehrt uns Jesus, auf Gottes Zusage zu vertrauen, der uns kennt, der weiß, was uns auf der Seele lastet, noch bevor wir es aussprechen. Vor ihm fällt das Gefühl der Scham von uns ab. Aber es braucht Mut, als Armer vor Gott zu stehen. Mit nichts und ohne Opfer in den Händen. Jesus nennt solche Armut glückselig. Das in Matthäus 5,3 gebrauchte Wort der „Armen" bezeichnet die tatsächlich Bettelarmen. Sie stehen mit leeren Händen da, wissend, dass sie ganz auf Hilfe angewiesen sind. Aufrecht stehend vor Gott, nicht mehr gegen sich selbst ankämpfend und nicht mehr für sich selbst kämpfen müssend. Aller Kampf und alle Opfer sind beim Vater im Himmel überflüssig. Das ist das Evangelium, wie es Jesus verkündet. Es braucht dafür nicht einmal eine Entscheidung. Denn Gott hat sich schon längst für uns entschieden. Mit unserer Geburt und seit seinem Entschluss vor Beginn aller Zeit, dass wir Menschen seine Kinder sein sollen. Aber wir entscheiden, in welche Richtung wir schauen. Ob wir Tag für Tag auf unsere inneren und äußeren Kritiker hören – oder darauf vertrauen, von Gott bedingungslos angenommen zu sein. Sehen wir von dieser Zusage ab, sehen wir ganz etwas anderes, nämlich Mangel und Fehlerhaftes. Dann beginnt der Versuch, etwas Besseres aus uns zu machen. Das nie zu erreichende Ziel all dieser Bemühung ist es, uns selbst so weit zu optimieren, dass wir inmitten einer unbarmherzigen Welt einzig an uns selbst Halt finden können. Das dazu gehörende Credo lautet: Verflucht ist, wer schwach ist, wehe dem, der arm ist! Aber wie sieht es aus, wenn es erlaubt ist, das zu sein, was wir sind? Dann haben wir endgültig nichts mehr zu fürchten! Radikal hat sich Jesus darauf verlassen, als er am Kreuz sein Schicksal und Leben in die Hände Gottes zurückgab. Als er betete: Vater, in deine Hände befehle ich meinen Geist. Das war die Erfüllung seiner eigenen Seligpreisung: Glückselig sind die, die wissen, dass sie vor Gott arm sind. Glückselig, die alles nur noch von Gott erwarten, dem erbarmenden, erlösenden, einzig verlässlichen Vater. Denn ihnen gehört das Himmelreich! Für diese Erfahrung müssen wir nicht erst an die Grenze unseres Lebens kommen. Glücklich, wer mitten im Leben eigene Beschränkungen und Grenzen annimmt.

Auch über Jesus hatten die Menschen schnell ein Urteil gefällt, und sie schrieben ihm ihre Meinung zu. Sie sagten zum Beispiel: Du bist der Josef-Sohn. Das geschah in deutlicher Abgrenzung zu dem, was Jesus über seinen Sendungsauftrag von Gott sagte. Einige sagten: Der Jesus, der versteht sich ganz gut mit den Frauen, auch mit den Huren. Er lässt sich sogar von anderen Frauen finanziell versorgen und freihalten. Und er hat ganz gerne die Geldpreller bei sich und Geldeintreiber und andere Leute dieser Art. Jesus ist einer, der mit irgendwelchen Leuten durch die Gegend zieht und keine feste Arbeitsstelle mehr hat. Jesus ist es ergangen wie uns. Jede Menge Zuschreibungen, die ihm erklärten, wer er denn nun war.

Doch ab wann war eigentlich klar, dass Jesus Gott war? Siebenundzwanzig Bücher des Neuen Testaments und zwanzig Jahrhunderte christlicher Tradition und Geschichte umfassen die Erinnerung an Jesus. Christen erinnern sich an eine konkrete, geschichtliche Person. Das gilt es festzuhalten, damit wir uns nicht in ein selbstgezimmertes Glaubensgebäude verirren. Hans Küng weist in seinem Buch „Jesus" darauf hin, dass wir von Jesus unvergleichlich mehr historisch Gesichertes wissen als von allen anderen großen Religionsstiftern. Die Lehren Buddhas sind durch Quellen überliefert, die wenigstens ein halbes Jahrtausend nach dessen Tod niedergeschrieben wurden. Die wichtigsten Überlieferungstexte von Kungfutse sind zwischen vier- und siebenhundert Jahre von dessen Lebenszeit entfernt. Ganz ähnlich verhält es sich mit Handschriften europäischer Meister religiöser und philosophischer Überlieferung. Das älteste Fragment des Johannes-Evangeliums datiert aus dem Beginn des 2. Jahrhunderts und weicht mit keinem Wort von dem heutigen gedruckten griechischen Text ab (a.a.O. , S.30f). Doch weder das Alte Testament noch das Judentum haben je einen Messias erwartet, wie er dann in Jesus von Nazareth erschien. Seine Taten und Worte sprengten das Schema aller messianischen Erwartungen, und seine Lehre und Predigt unterschieden sich so maßgeblich von der Lehre anderer jüdischer Gelehrter, dass die Leute darüber erstaunten. Wiederholt lesen wir in den Evangelien, dass die Meinungen über Jesus weit auseinandergingen. Und auch heute noch besteht ein theologischer Dissens darüber, ob und wie sich Jesus selbst als „Sohn Gottes" verstand. Unter anderem weil mit dem Zitat „Mein Sohn bist du, heute habe ich dich gezeugt" (LÜ) aus Psalm 2,7 bzw. Hebräer 1,5, „nicht eine Abkunft, sondern die Einsetzung in eine Rechts- und Machstellung im hebräisch-alttestamentlichen Sinne gemeint" ist (a.a.O., S.266). Jesus hat sich selbst nicht als Gottes Sohn, Messias, Christus oder Gottesknecht tituliert. Zwar legten ihm andere diese Titel bei, und die Rahmenhandlungen der Wunderberichte legen seine Heilstaten als Zeichen seiner Gottessohnschaft nah; auch Jesu Anspruch, Sünden zu vergeben und die Thora auszulegen, weisen in diese Richtung. Doch von sich selbst sprach Jesus immer in der dritten Person als dem Menschensohn oder als „dem Sohn", womit er seine Unterordnung gegenüber Gott, seinem Vater im Himmel, ausdrückte. Die Hoheitstitel Sohn Gottes und Messias vermied er offensichtlich bewusst, weil sie zu viele festgelegte Erwartungen mit sich trugen, denen Jesus nicht entsprechen wollte. Jesus war „... öffentlicher Sach-Walter Gottes nicht nur in einem äußerlich-juristischen Sinn: nicht nur ein Beauftragter, Bevollmächtigter, Anwalt Gottes. Sondern Sach-Walter in einem zutiefst innerlich-existentiellen Sinn: ein persönlicher Botschafter, Treuhänder, Vertrauter, Freund Gottes. In ihm wurde der Mensch ohne allen Zwang, aber unausweichlich und unmittelbar mit jener letzten Wirklichkeit konfrontiert, die ihn zur Entscheidung über das letzte Wonach und Wohin herausfordert." (Hans Küng, Die christliche Herausforderung, S. 193) Jesus war „der Mensch für Gott". Der Gott menschlicher Zuschreibungen und Erwartungen wollte er nicht sein. Indem Jesus alle geläufigen Etiketten vermied, hielt er das Herz der Menschen, die ihm „begegneten, für seine Botschaft offen. Er will in Herzen einziehen und nicht in ein Bild, das schon geformt ist, bevor er selbst uns begegnet ist.

Jesus war der Mensch für Gott. Er wollte seine Anhänger zu Menschen machen, die Gott gehören. Das traf zusammen mit der alttestamentlichen Verheißung Gottes für sein Volk: Ich bin heilig, und ihr sollt mein Eigentum sein! Dieses Ziel allerdings geriet in weite Ferne. Denn tatsächlich suchten die Leute bei Jesus wie bei Gott zuallererst seine Gaben und Güter, seine Wunder, schlicht das Brot, das satt machte. Und weil die Leute so zu Jesus standen, trafen sie seine warnenden Worte: „… wenn ihr nicht glaubt, dass ich es bin, werdet ihr in euren Sünden sterben." (Johannes 8,24; ZÜ) Kein anderer Prophet hatte Derartiges von sich zu behaupten gewagt. „Ich bin" der eine, der den Unterschied macht. Viele wandten sich deshalb von ihm ab. Zeitweise auch seine Jünger und seine Familie. Johannes der Täufer fragt zweifelnd „Bist du wirklich der, der kommen soll, oder müssen wir auf einen anderen warten?" (Matthäus 11,3; GNB)

Statt eines „Ich bin der Sohn Gottes, nun glaubt es doch endlich", verweist Jesus auf sein Tun und seine Verkündigung. Daran will er gemessen werden. Selbsternannte Messiasse gab es schon genug. An seinen Taten und seinen Worten ist zu erkennen, wer er ist. In keiner Weise geht es ihm um sich selbst, um seine Größe und eigene Herrlichkeit. Er ist kein Jesus neben Gott! Uns liegt es nah, den „Sohn Gottes" zu denken als den, der neben Gott seine eigene

Größe und Macht und Ehre demonstriert und behauptet. Aber so ist Jesus genau nicht Gottes Sohn. Als von seinem himmlischen Vater Geliebter erwidert er diese Liebe. Radikal, bis in die Wurzeln hinein, durch sein ganzes Wesen und Leben, so sehr, dass er nichts für sich selbst will, aber alles für Gott. „Mit einem Satz lässt sich sagen: Die Sache Jesu ist die Sache Gottes in der Welt." (Hans Küng, Jesus, S.105) Und eben darin ist er der Sohn. „Wir selbst haben seine göttliche Herrlichkeit gesehen, wie sie Gott nur seinem einzigen Sohn gibt. In Christus sind Gottes Barmherzigkeit und Liebe wirklich zu uns gekommen." (Johannes 1,14; Hfa)

Es ist der Glaube an Gottes Barmherzigkeit, der uns vor den Zuschreibungen anderer in Schutz nimmt. Der uns Selbstachtung zurückgibt und das Vertrauen in die eigene unaufhebbare Lebensberechtigung. Ansonsten bleibt uns nichts anderes übrig, als das schier Unmögliche von uns zu fordern. Das Absolute. Und uns zu verteidigen gegen jeden Mangel. Da ist nur Scheitern möglich. Denn damit ist anstelle von Gottes unbedingtem „Ja" zu uns ein Maß akzeptiert, das Selbstvervollkommnung fordert. Als angepasste, artige Kinder, als strebsame, erfolgreiche Schüler oder Studierende, als fleißige und aufopferungsvolle Arbeitnehmer, als willige und unkomplizierte Ehepartner sind wir aber immer nur bedingt geliebte Menschen. Diese nur bedingte Daseinsberechtigung ist vielleicht stärkster Ausdruck der Unerlöstheit unserer Zeit. Entsprechen wir nicht den in uns gesetzten Erwartungen, wenden sich viele von uns ab. Das zu erfahren ist bitter. Dann kleben wir an dem Wenigen, das man uns lässt. Dem entgegengesetzt ist die Erlösung durch Christus die bedingungslose Annahme durch Gott. Betrachten wir uns aus dem Blickwinkel der Erlösung durch Christus, räumen wir anderen

Menschen keine solche Macht über uns ein. Die Buttons, die uns Eltern, Kollegen, Vorgesetzte, Kinder und Bekannte angeheftet haben, fallen von uns ab. Das ist die eigentliche Wirklichkeit, zu der uns Christus bestimmt hat. Erlösung bedeutet freier Zugang zu Gott. Bei ihm brauchen wir nichts vorzuweisen, um angenommen zu sein. Hier und nur hier, in Gottes Wirklichkeit, erfahren wir unbedingte Liebe. Darum will uns Christus aus den Fesseln einer Welt befreien, die uns täglich das Gegenteil in den Kopf hämmert und die Seele durch Missachtung vergiftet. Wir brauchen unbeschränkte, unbedingte Liebe. Eine absolute Instanz außerhalb menschlicher Deutung. Gewissheit, dass es eine absolute Realität gibt. Wir brauchen Gott, um wir selbst sein zu können.

Ich habe erlebt, dass im Mittelpunkt meines Lebens die Person des Mannes aus Nazareth steht; wenn ich mich von ihm entferne, bin ich mir selber fremd.
Josef Imbach

Selbstannahme ergibt sich – auch im Alter – nicht von allein. In gewisser Hinsicht wird es sogar schwieriger. Junge Leute können mehr und sind schneller. Die eigene Lebensfrist wird kürzer und der Abstand zu den Erfolgen früherer Zeit größer. So sind wir arm und werden zugleich frei, wie es Jesus meint. Arm sein vor Gott bedeutet das befreiende Gefühl, nicht mehr sein und nicht mehr darstellen zu müssen, als man ist. Wir finden zu uns in dem Raum der unbegrenzten Zuwendung Jesu. In dem Raum von Gnade und Barmherzigkeit. Diese Wirklichkeit besteht darin, dass wir Erwählte sind vor Grundlegung der Welt (1. Petrus 1,2). Das ist unser Zuhause. Selbst wenn Teile unseres Lebensinventars auf dem

Sperrmüll landeten. Selbst wenn die aufgetragene Farbe von der Fassade blättert. Auch wenn uns sonst nichts mehr hält. Was bedeutet das praktisch?

Sprechen wir miteinander so, dass sich die Armut, in der wir uns befinden, auflöst in Glück. Sprechen wir, ohne uns selbst zu verleugnen. Vertrauend auf die Zuwendung des himmlischen Vaters, der uns nicht abschreibt, auch wo unser Leben und Handeln Schatten wirft. Verzichten wir auf die Behauptung, selbst zu haben, was anderen noch fehlt. Glauben wir tatsächlich, dass wir es allein hinbekommen, dass es auf uns ankommt, dass es ohne uns nicht geht oder nur so, wie wir es machen? Schon werden nicht mehr die besten Lösungen gefunden! Schon scheuen wir uns zu sagen, wie es wirklich um uns steht! Gehen wir stattdessen aufeinander zu und sagen wir ganz einfach, wie es ist. So haben wir eine gute Chance einander zu helfen, zu stützen, zu ermutigen und einen gemeinsamen Weg zu finden.

Glücklich sind, die ihre Armut anerkennen.
Glücklich sind, die sich nicht selber verleugnen.
Glücklich sind, die in Gottes Kraft zu sich stehen.
Glücklich sind, die betend Gottes Perspektive für
sich bewahren.

Gegenseitige Zuschreibungen sind immer abhängig von dem sozialen Gefüge, in dem wir uns bewegen. Die Menschen, mit denen wir umgehen, und der Lebensraum, in dem wir stehen, ist entscheidend für das, was wir an Zuschreibungen erfahren. Das soziale Gefüge beeinflusst ebenfalls, in welchen Rollen wir agieren. Im Lexikon der Psychologie lesen wir dazu: „Identität ist ein Akt sozialer Konstruktion [...] Es geht immer um die Herstellung einer Passung zwischen dem subjektiven ‚Innen' und dem gesellschaftlichen ‚Außen' [...] Identität soll einerseits das unverwechselbar Individuelle, aber auch das sozial Akzeptable darstellbar machen. Insofern stellt sie immer eine Kompromissbildung zwischen ‚Eigensinn' und Anpassung dar. Das Problem der ‚Gleichheit in der Verschiedenheit'." (https://www.spektrum.de/lexikon/psychologie/identitaet/6968) Viele sagen: Es ist furchtbar, Rollen zu haben oder Rollen spielen zu müssen. Aber sie sind unvermeidbar. Jeder Mensch nimmt bestimmte Rollen wahr. Beispielsweise die eines Kindes oder die des Elternteils. Wir nehmen auch Rollen im Arbeitsleben wahr, sind Chef oder Mitarbeiter, Student oder Professor, Auszubildende oder Meister. Das ist grundsätzlich für menschliches Sozialverhalten, egal in welchem Sozialgefüge wir stehen, und so auch in Gemeinden oder Kleingruppen. Dass wir Rollen ausüben, ist unausweichlich. Manchmal sagen uns diese Rollen zu, manchmal passen sie uns nicht. Doch weil Rollen unter Menschen immer ausgehandelt werden, können wir sie annehmen oder zurückweisen. Und auch wie wir unsere jeweilige Rolle ausgestalten, liegt dann immer noch an uns. Das ist unser Handlungsspielraum.

Jesus verhielt sich an dieser Stelle anders als wir. Denn Jesus, von Gott gesandt, hatte diesen Handlungsspielraum nicht. Er konnte nicht von sich sagen: Ich bin der Sohn Gottes, oder ich bin es nicht. Entweder war er der Sohn Gottes, oder er war es nicht. Seine Identität und seine Rolle waren unlösbar ineinander verflochten. Es gab viele, die dem widersprachen. Aber Jesus hätte nicht sagen können: Wenn ich es mir genau überlege, heute bin ich der

Messias, morgen mal wieder nicht. Sondern Jesus verstand sich genau als der, der angekündigt war. Als den Christus, als der, den Gott als seinen Sohn zu den Menschen sandte. Jesus konnte seine ihm von Gott übertragene Rolle nicht mit den Menschen klären und aushandeln. Sein Handlungsspielraum war begrenzt, und er lief auf sein Ende zu. Die Schriftgelehrten und Pharisäer fragen ihn: „Sag uns, bist du der Christus, der von Gott erwählte Retter? Bist du der Sohn Gottes?" (Matthäus 26,63; Hfa) Jesus bejaht die Frage, und damit war festgelegt, dass sein Leben am Kreuz endete. Jesus wurde, anders als wir, nicht auf seine Rolle festgelegt. Man nagelte ihn darauf fest. Denn er sagte: „Auch der Menschensohn ist nicht gekommen, um sich bedienen zu lassen, sondern um zu dienen und sein Leben als Lösegeld für alle Menschen hinzugeben." (Markus 10,45; GNB) Jesu Leiden am Kreuz, sein Sterben entsprach seinem Auftrag. Damit war seine Identität aber noch nicht beglaubigt. Gott beantwortete diese Frage für seinen Sohn, indem er ihn von den Toten auferweckte. Damit war klar: Jesus ist tatsächlich der Messias, er ist tatsächlich der Sohn Gottes. Ihn beten wir als den Christus an. Wir verkünden nicht nur sein Evangelium, „sondern Jeus selber als das Evangelium". (Hans Küng, Jesus, S.237) Man kann von vielen Menschen sehr begeistert sein. Etwa ein Fan von Chopin oder von Albert Einstein oder Elvis. Aber gleichgültig, von wem wir begeistert sind, niemand wird Chopin oder Albert Einstein oder sogar Elvis anbeten. Jemanden, den man sehr verehrt, anzubeten macht keinen Sinn, erst recht wenn er tot ist. Da gibt es kein Gegenüber, keine echte Relation. Mit einem Toten kann man keine Beziehung pflegen.

Wie finden wir zu unserer Identität? Wir finden sie immer in Beziehungen und durch Beziehungen. Genau deswegen ist die Auferstehung Jesu von den Toten so entscheidend. Christen sind die, die zu Jesus gehören. Das wird konkret, indem wir ihn ansprechen, unsere Gedanken und Lebensfragen mit ihm teilen, indem wir unsere Bitten zu ihm bringen und ihm für viel Gutes danken. All das macht nur Sinn, wenn Jesus tatsächlich lebt. Lebt er nicht, sind wir mit unseren Gebeten und unserem Glauben an Jesus Narren. Es ist nämlich ganz etwas anderes, über Jesus zu sprechen, als mit ihm zu sprechen. Ersteres mag Philosophie oder Lebenseinstellung sein, aber erst das zweite ist Glaube. Zu solchem Glauben sind wir eingeladen durch den Auferstandenen.

Angenommen und freigesprochen. Etwas zu erbitten ist nicht selbstverständlich. Vielen fällt das schwer. Allein deshalb ist die Begebenheit vom Hauptmann und seinem erkrankten Diener (Lukas 7,1-10; BB) besonders: „Nachdem Jesus seine Rede vor dem Volk beendet hatte, ging er nach Kafarnaum. Ein römischer Hauptmann hatte einen Diener, den er sehr schätzte. Der war schwer krank und lag im Sterben. Der Hauptmann hörte von Jesus und schickte einige jüdische Älteste zu ihm. Sie sollten ihn bitten, zu kommen und seinen Diener zu retten. So gingen die Ältesten zu Jesus und baten ihn nachdrücklich: »Der Hauptmann ist es wert, dass du ihm hilfst. Denn er liebt unser Volk. Er hat uns sogar die Synagoge gebaut.« Da ging Jesus mit ihnen. Aber als er nicht mehr weit vom Haus entfernt war, schickte der Hauptmann Freunde zu ihm. Er ließ ihm ausrichten: »Herr, bemühe dich nicht. Denn ich bin es nicht wert, dass du mein Haus betrittst. Deshalb hielt ich mich auch nicht für würdig, selbst zu dir zu kommen. Aber sprich ein Wort, und mein Diener wird gesund. Denn auch bei mir ist es so, dass ich höheren Befehlen gehorchen muss. Und ich selbst habe Soldaten, die mir unterstehen. Wenn ich zu einem sage: ›Geh!‹, dann geht er. Und wenn ich zu einem anderen sage: ›Komm!‹, dann kommt er. Und wenn ich zu meinem Diener sage: ›Tu das!‹, dann tut er es.« Als Jesus das hörte, staunte er über ihn. Er drehte sich um und sagte zu der Volksmenge, die ihm folgte: »Das sage ich euch: Nicht einmal in Israel habe ich so einen Glauben gefunden!« Die Boten des Hauptmanns kehrten in das Haus zurück. Da sahen sie, dass der Diener gesund war."

Der Hauptmann ist sich seiner Autorität mit Befehlsgewalt über viele Soldaten sehr bewusst. Seine Antwort drückt ein starkes Selbstbewusstsein aus. „Sage ich jemand: ‚Geh dorthin!‘, dann geht er dorthin. Sage ich einem: ‚Tue das!‘, so tut er es." Der Hauptmann begreift seine Befehlsgewalt und Vormachtstellung gegenüber den Soldaten entsprechend der Befehlsgewalt und Vormachtstellung Jesu ihm gegenüber. Selbstbewusstsein bedeutet nicht, stark, unabhängig, selbstherrlich und durchsetzungsfähig zu sein. Es meint, dass wir uns unserer selbst bewusst sind. Darum ist der Glaube der beste Weg, Selbstbewusstsein zu erlangen. Dann erfassen wir nämlich, dass wir Gott nichts vorweisen und uns nichts vormachen müssen. Weil wir etwas sein wollen, vergessen wir manchmal, dass es in unserem Leben um mehr geht als darum, Eindruck zu schinden. Christus ist in unserem Leben nicht dadurch bedeutsam, dass wir ganz etwas Tolles tun oder darstellen. Der Weg zu Gott bleibt verschlossen, wenn wir uns die Wahrheit über uns selbst meinen ersparen zu können. Wenn wir nicht sehen können, was wir sind.

Ein zerknirschter, zur Sündenerkenntnis gelangter Geist und ein zerschlagenes, umkehrbereites Herz (Psalm 34,19) ist dabei etwas anderes als ein gebrochener Mensch.

Zu beten: Herr, ich habe deine Zuwendung, deine Geduld, Hilfe und Vergebung nicht verdient, macht uns nicht zu einem Niemand. Umgekehrt: Sehen wir uns selbst und eigene Schuld ohne den Zuspruch Jesu an, werden wir entweder seelisch erkranken, oder wir werden anderen zum Richter werden. Der Hauptmann macht keine Privilegien für Jesu Hilfe und Zuwendung geltend. Auch seinen Glauben hält er für nicht maßgeblich. Solches Vertrauen sucht Jesus. Ein Glaube, der nichts Eigenes in die Waagschale der Gottesbeziehung legt, sondern auf den Herrn seine Hoffnung setzt, der uns aufrichtet, wenn wir am Boden liegen. Der uns ansieht, wenn wir uns selber nicht mögen. Der uns vergibt, wenn wir uns wegen einer Schuld selbst verfolgen. Erfassen wir das, sind wir keine erniedrigten, sondern erlöste Menschen. Befreit aus beklemmender Bindung. Die Rolle des Kommandierenden mit der des Bittstellers tauschend, zeigt sich das Vertrauen des Hauptmanns darin, dass er Jesus gegenüber keinen Anspruch geltend macht, sondern seine Bedürftigkeit ausdrückt. Der Befehlsgeber gibt die Position der Stärke auf und tauscht sie bereitwillig gegen die der Schwäche ein. Das ist exemplarisch für den Glauben an Jesus. Wir haben kein Anrecht darauf, dass er in unser Leben kommt, dass er uns heilt, dass er sich auf uns einlässt, unsere Bitten erhört. Wie selten sich solche Selbsterkenntnis findet, zeigt Jesu Überraschung: „Nicht einmal in Israel habe ich so einen Glauben gefunden." Der Hauptmann liegt richtig mit seiner Selbsteinschätzung, während die Pharisäer und Juden falsch liegen. Sie sind Gottes erwähltes Volk, aber sie leiten daraus einen Anspruch ab. Das kann auch unsere Beziehung zu Jesus verbauen. Befreiende Kraft hat der Glaube da, wo wir im Herzen frei sind zu sagen: Herr, ich habe es nicht verdient, dass du dich mir zuwendest. Niemand kann dem Gericht Gottes selbstgewiss entgegengehen. Wer sich dabei auf seine eigenen guten Taten berufen will, wird scheitern. Es gibt keine Türklinke auf unserer Seite, die wir herunterdrücken könnten, um in Gottes Welt einzutreten. Christus hat diese Tür für alle Menschen aufgestoßen. Freuen darf sich nicht der Schuldlose oder wer sich selbst herausarbeitet aus seinen Defiziten. Sondern glücklich ist, wem Gott die Schuld verzeihend erlässt. Freuen darf sich, wessen Schuld Gott zudeckt. Befreit sind wir, wenn wir unsere Gefühle, Bedürfnisse und Sünde nicht vor Gott verbergen (Psalm 32,1-5).

Der Hauptmann wünscht sich einen gesunden Diener. Das Wort, das er für ihn verwendet, bedeutet so viel wie „mein Junge". Es geht ihm also nicht um ein wirtschaftliches Interesse im Sinne einer guten, billigen Arbeitskraft. Sein Diener liegt dem Hauptmann als Mensch am Herzen. Und Jesus verspricht sofort, mit ihm zu gehen, um nach dem Kranken zu sehen. „Ich werde kommen und ihn heilen!" Super gelaufen, mag man denken. Ziel erreicht, Ende der Geschichte. Der Charakter des Hauptmanns wird jedoch bald sichtbar. Er scheut sich nicht, den Mangel, der ihm aus Sicht der Juden anhaftet, auszusprechen. „Herr, es steht mir nicht zu, dich in mein Haus zu bitten." Ich weiß, dass du dafür von deinen Volksgenossen schief angesehen wirst. Denn ich bin ein Nichtjude, ein Römer, in ihren Augen ein Soldat der Besatzungskräfte und daher grundsätzlich zu meiden. Die Aussage des Hauptmanns erschreckt zunächst.

Wie sehr sind heute Psychologen und Therapeuten darum bemüht, uns ein gesundes Selbstwertgefühl zu vermitteln. Bereits im Kindesalter sagen wir unseren Kleinen, dass sie groß

Menschen sind wie Kirchenfenster. Wenn die Sonne scheint, strahlen sie in allen Farben; aber wenn die Nacht kommt, kann nur ein Licht im Innern sie voll zur Geltung bringen.
Elisabeth Kübler-Ross

sind und wichtig und bedeutsam. So möchten wir von uns denken, weil wir sehen, wohin ein geringes Selbstwertgefühl und geringes Selbstbewusstsein führen. Sicheres Auftreten, entschiedene Gesten, klare Ansage. Das ist, versichern Kriminalbeamte, die beste Strategie, um Übergriffen auf der Straße entgegenzuwirken. Wer kleine Brötchen backt, wird viel häufiger Opfer von Gewalt als jemand, der von sich überzeugt ist und sich zu behaupten weiß. Doch bei Jesus ist das anders. Die Christusbeziehung vertieft sich, wenn wir zu der Haltung des Hauptmanns finden. Wenn wir aus der Beziehung zu ihm Selbsterkenntnis gewinnen. Mit Psalm 51,3-5 (Hfa) beten: „Du großer, barmherziger Gott, sei mir gnädig, hab Erbarmen mit mir! Lösche meine Vergehen aus! Meine schwere Schuld – wasche sie ab, und reinige mich von meiner Sünde! Denn ich erkenne mein Unrecht, meine Schuld steht mir ständig vor Augen."

Angefochten und mutlos haben wir uns alle schon einmal gefühlt. Innerlich so sehr zerrissen, dass wir Jesus aus den Augen verlieren. Dann stehen wir in Gefahr, den Glauben als eine Beschäftigung mit religiösen Themen zu begreifen. Christen unterscheiden sich dann von Nichtchristen nur noch dadurch, dass sie in Kirche und Gemeinden Ehrenämter wahrnehmen und Gottesdienste besuchen. Der Autor des Hebräerbriefes macht in dieser Situation Mut. Jesus hat uns den Weg in das Heiligtum, in den Bereich der Wirklichkeit Gottes geöffnet (Hebräer 12,1). Er ist der Anfänger und Anführer unseres Glaubens, und wer ihm folgt, den verändert das. Leistungsträger erschöpfen sich, und die Gedanken der Schwachen kreisen um ihre Erkrankung. Doch erschlaffte Hände, die nicht mehr zupacken wollen, werden wieder stark. Ermüdete Knie, die nicht mehr weitergehen möchten, werden wieder fest. Mit dem Leben als Christ setzen wir ein Zeichen, dass der Glaube Böses durch Gutes überwindet. Wir zeigen Widerstand gegenüber zerstörerischen Einflüssen. Wir sind Licht im Dunkel. Wir glauben für solche, die nicht mehr glauben können.

Wie das? Zuallererst, indem wir das Leben bereitwillig mit anderen teilen, wie Jesus bereit war, das Leben mit uns zu teilen. Das Einverständnis mit der Wirklichkeit ist der dafür entscheidende Schritt. Jesus ist „kein Hohepriester, der nicht mit unseren Schwachheiten mitleiden könnte. Er wurde genau wie wir in jeder Hinsicht auf die Probe gestellt. Nur war er ohne Sünde." (Hebräer 4,15; BB) Jesus stempelt niemand als Versager ab. Das ist ganz und gar nicht sein Anliegen, und Gott ist kein Voyeur unserer Schwächen und Blößen. Jesus ist jemand, der mit unseren Schwächen Mitleid hat. Geringschätzigkeit ist ihm fremd. Der Zugang zum Thron Gottes ist im Hebräerbrief ein Bild der Erlösung. Gottes Wirklichkeit erlöst aus Bitterkeit und glühendem Zorn. Und sie bewirkt eine weitere Veränderung. Sie ermöglicht Vergebung und gibt verlorene Würde zurück.

München 1972. Terroristen nehmen israelische Sportler als Geiseln. Der Polizeieinsatz endet im Chaos. Am Ende sind 17 Menschen tot. Die Terroristen haben sich bestens vorbereitet. Der Polizeieinsatz in München stolpert hingegen von einer Fehlentscheidung in die nächste. Verantwortung will dafür später keiner der Politiker und Führungsoffiziere der Polizei übernehmen. Von den Verantwortlichen sind mit einer Handvoll junger, kaum ausgebildeter Polizisten die „Feiglinge", die angeblich das Scheitern des Befreiungsversuches verursachten, schnell ausgemacht. Einer dieser Männer ist der 21-jährige Gustl Schlosser. Der Tod von siebzehn Menschen lässt ihn nicht los. War es seine Schuld? Hätten er und die anderen Freiwilligen die Maschine damals nicht verlassen dürfen? Hätte er das Desaster verhindern können, wenn er wie befohlen den Terroristen „i denna Kopf neigeschossen hätt"? Andererseits war die Lage aussichtslos. Der Entschluss, die zur Flucht der Terroristen bereitgestellte Maschine zu verlassen, bevor diese an Bord kamen, hat Gustl und seinen Kollegen das Leben gerettet. Vater und Tochter Schlosser, die einen Podcast zum Jahrestag des Attentats von München produzierten, besuchen Ankie Spitzer. Sie ist die Witwe eines der getöteten Opfer aus dem israelischen Sportkader. Anuk Spitzer ist auch dabei. Sie ist die Tochter, mit der Ankie vor 50 Jahren schwanger war, als ihr Mann von einer Handgranate zerrissen wurde.

Vor dem Besuch fragt Patrizia ihren Vater Gustl: „Was ist, wenn die Witwe und Tochter kein Verständnis für deine damalige Entscheidung zeigen, das Flugzeug zu verlassen?" „Sie ist die Stimme Israels zu diesem Punkt", erwidert daraufhin ihr Vater. „Dann bleibt ein ewiger Dorn in meinem Fleisch zurück." Seine Hoffnung ist, bei Ankie Spitzer Verständnis für sein Verhalten und das der anderen Polizisten, die das Flugzeug verließen, zu finden. Und dann kommen die erlösenden Worte von ihr: „Nicht Sie sind Schuld! Sie mussten das Flugzeug verlassen. Sonst säßet ihr beide uns heute nicht gegenüber." Aber Ankie wartet immer noch auf eine offizielle Entschuldigung der damals Verantwortlichen, die nie gekommen ist. (https://www.ardaudiothek.de/sendung/himmelfahrtskommando-mein-vater-und-das-olympia-attentat/10475841/)

„Wir betrügen uns selbst, wenn wir behaupten: »Uns trifft keine Schuld!« Dann ist die Wahrheit nicht in uns am Werk", schreibt Johannes im ersten seiner drei Briefe (1. Johannes 1,8; BB). Deshalb behaupten wir nicht, sündlos zu sein. Tun wir das, betrügen wir uns selbst. Das spürt Patrizia Schlosser sehr deutlich. Ihr Vater leidet an der ungeklärten Schuldfrage, aus der er sich selbst nicht entlassen kann. Andere scheinen das hinzubekommen. Sie sind besser im Verdrängen, haben es regelrecht professionalisiert, ihr Gewissen zum Schweigen zu bringen. Doch um uns selbst vergeben zu können, braucht es oftmals ein Gegenüber. Zugesprochene Vergebung hilft, sie anzunehmen und glauben zu können. „Wenn wir aber unsere Schuld eingestehen, ist Gott treu und gerecht: Er vergibt uns die Schuld und reinigt uns von allem Unrecht" (1. Johannes 1,9; BB). Dass Johannes das in seinem Brief an Christen schreibt, wirkt zunächst merkwürdig. Weil ja gerade der Glaube an Jesus dazu anhält, Böses im eigenen Leben nicht zuzulassen. Aber es ist Teil unserer Wirklichkeit, und dem tragen Johannes und die ganze Bibel wahrheitsgemäß Rechnung.

Kritisch wird es, wenn wir diese Wahrheit verschweigen, leugnen oder ausradieren wollen. Was Schulderkenntnis und

Schuldbekenntnis bedeuten, verdeutlicht das Kreuz, an das Jesus genagelt wurde. Jesus starb am Kreuz durch die Hand und Schuld von Menschen, wie wir es sind. An Jesus glauben bedeutet, davon nicht wegzuschauen. So sehr es uns auch abstoßen mag. Denn das Kreuz, an das Jesus von Menschen wie uns geschlagen wurde, steht für unseren Schuldfreispruch. Der Vater Jesu ist der, der dennoch vergibt. Weil der Irrsinn am Mord des schuldlosen Jesus nicht zu überbieten ist, finden wir darin die Gewissheit, dass jede Schuld vergeben wird. Diese Erfahrung des Glaubens ist kein Freifahrtschein für Fehlverhalten, sondern ganz im Gegenteil Ermahnung, davon zu lassen. Weshalb Ankie Spitzer nie aufgegeben habe, den Sachverhalt aufzuklären, wird sie von Patrizia Schlosser gefragt. Ihre Antwort: „Weil du kein Kind mit Hass im Herzen großziehen kannst." Mit dem Besuch von ihr und ihrem Vater Gustl hat sich für sie der Kreis geschlossen. Zur Begegnung mit sich selbst gehört die Annahme persönlicher Verantwortung für eigene Fehler. Erlösung erfahren bedeutet christlich gesprochen, die eigenen Grenzen, die eigene Ohnmacht ertragen, sie akzeptieren, die Schuld des eigenen Lebens annehmen und sie Gott und Menschen bekennen. Deshalb ist das Thema der Vergebung in der Bibel so zentral.

Auf's Dach gestiegen. „Ein paar Tage später kam Jesus nach Kafarnaum zurück. Es sprach sich herum, dass er wieder zu Hause war. Daraufhin strömten so viele Menschen herbei, dass der Platz nicht ausreichte – nicht einmal draußen vor der Tür. Jesus verkündete ihnen das Wort Gottes. Da brachten Leute einen Gelähmten zu

Jesus. Er wurde von vier Männern getragen. Aber wegen der Volksmenge konnten sie nicht bis zu ihm vordringen. Deshalb öffneten sie das Dach genau über der Stelle, wo Jesus war. Sie machten ein Loch hinein und ließen den Gelähmten auf seiner Matte herunter. Jesus sah, wie groß ihr Glaube war, und sagte zu dem Gelähmten: »Mein Kind, deine Sünden sind dir vergeben.« Es saßen aber auch einige Schriftgelehrte dabei. Die dachten: »Wie kann er so etwas sagen? Das ist Gotteslästerung! Nur Gott allein kann Sünden vergeben.« Doch Jesus wusste sofort, was sie dachten. Er sagte zu ihnen: »Warum habt ihr solche Gedanken? Was ist einfacher? Dem Gelähmten zu sagen: ›Deine Sünden sind dir vergeben‹, oder: ›Steh auf, nimm deine Matte und geh umher‹? Aber ihr sollt sehen, dass der Menschensohn von Gott Vollmacht bekommen hat. So kann er hier auf der Erde den Menschen ihre Sünden vergeben.« Deshalb sagte er zu dem Gelähmten: »Ich sage dir: Steh auf, nimm deine Matte und geh nach Hause.« Da stand der Mann auf, nahm rasch seine Matte und ging weg – vor ihren Augen. Sie gerieten außer sich, lobten Gott und sagten: »So etwas haben wir noch nie erlebt.«" (Markus 2,1-12; BB)

Stellen wir uns vor, die beschriebene Geschichte wäre im eigenen Haus passiert. Wie wäre sie dann ausgegangen? Wenn uns jemand derart aufs Dach steigen würde, die Sonnenkollektoren abbaut, Ziegel abdeckt, die Teerpappe durchstößt und alle Isolation entfernt, hätten wir ihn sicher verscheucht, bevor er sein Werk vollendet hätte. Vielleicht nicht einmal wegen des Drecks, der uns während der ungewöhnlichen Dacharbeiten ins Auge rieseln würde, sondern aus theologischer Überzeugung. Kann man, darf man so aufdringlich von Jesus ein Wunder verlangen? Die Schriftgelehrten hatten ähnliche Gedanken. Sie erhoben theologischen Einspruch: „Wie kann der Schuld vergeben? Darf der das?" Schauen wir hin, was hier geschieht. Worum geht es? Wir sind überrascht. Jesus beginnt mit der Schuld des Gelähmten, indem er ihm dafür Vergebung zuspricht. Was ist leichter, fragt er die misstrauischen Gesetzeslehrer, diesem Gelähmten Vergebung zuzusprechen oder zu sagen: „Steh auf und geh umher!"? Schuldvergebung behaupten kann man leicht. Aber wer will das prüfen? Und überhaupt: Was hat Lähmung mit Schuld und Sünde zu tun? Es besteht da kein zwingender Zusammenhang. Aber Jesus verknüpft die Lähmung dieses Mannes mit einer Schuld, die ihn gefangen hält und regungslos macht. Ungelöste Schuld wirkt lähmend. Wie eine Sperre, die verhindert, dass sich das Leben weiterentwickelt und seinen Sinn findet.

Schuldgefühle, derer wir uns schämen, die zuzulassen oder auszusprechen wir uns nicht trauen: Davon gebannt, bleiben wir regungslos. Die Freunde im Gleichnis wollen ihren Freund von seiner Lähmung erlöst sehen. In der Begegnung mit Jesus ergeben sich dafür vielleicht ungeahnte Möglichkeiten. Deshalb wollen sie ihren Freund ganz nah an ihn heranbringen. So ergreifen sie die Initiative. Sie nehmen den Kranken, wie er ist. Wie oft hatten sie ihn schon getragen? Hier- und dorthin. Jetzt zu Jesus. Etwas Neues kann und wird hier anbrechen! Nicht durch die Freunde wird das Entscheidende geschehen, sondern durch diesen Rabbi. Mit der Zuversicht, gehört und verstanden zu werden, verbindet sich für die Freunde die Hoffnung auf Heilung des Lähmungszustandes. Bei Jesus werden Dinge sagbar und aussprechbar, die sonst nur vernichtend wirken. Das ist der Glaube, den die Männer für den Kranken haben.

Die Erfahrung unbedingter Annahme ist es, die helfen kann. So tut Jesus das Entscheidende und beginnt mit dem Vorrangigen. Er spricht den Gelähmten als Sohn an und spricht ihn damit frei von Versäumnissen, Fehlern und Fehlverhalten. Wir können so sehr an Selbstvorwürfen leiden, dass wir uns damit selbst in Ketten legen. Was wir uns selbst nachtragen, ist wie ein Gefängnis, aus dem es kein Entkommen gibt. Eine Art Selbstbestrafung, die die Kraft für einen Neuanfang nimmt. Darüber verlieren wir uns selbst immer mehr und die Beziehungen, in denen wir stehen. Kennzeichnend dafür sind endloses Klagen über die anderen, über die Gesellschaft, die Eltern, die Familie, den Partner, die Gemeinschaft oder – auch gerne genommen – die Gemeinde. Finden sich diese destruktiven Kräfte in Relation zu Jesu Vollmacht, verlieren sie ihre bindende Kraft. Glauben wir, dass uns vergeben ist, müssen wir nicht bleiben, wie wir sind. Es geht weiter. Steh auf! Geh umher! Wer Bestrafung fürchtet, der verteidigt sich, mauert sich ein, grenzt sich ab. Was der Geheilte in der Geschichte durch Jesus erfuhr, soll daher unsere Erfahrung sein.

„Als er ihren Glauben sah …" Das ist zunächst der Glaube der Jünger. Es ist dann aber auch der Glaube der Gemeinde. Haben wir diesen Glauben, werden wir niemanden hindern, zu Jesus zu kommen. Es ist dann vielmehr unser Wunsch, als Gemeinschaft heilend zu wirken. Aber das hat einen direkten Bezug zu unserem eigenen Gottesverständnis und dazu, ob wir uns selbst „grün", ob wir uns selbst gegenüber gut gesonnen sind. „Wer vom Letzten bejaht ist, kann auch sich selbst bejahen" und auch seinen Nächsten. (Paul Tillich, Das neue Sein, S.21). Ablehnung ist genug in der Welt, und darum soll sie in Jesu Leuten nicht auch noch herrschen. Jesus nimmt die Lähmung der Selbstverurteilung von uns: „Mein Kind, dir ist vergeben!" Da müssen wir schweigen und dürfen keinen Einspruch erheben wie die Schriftgelehrten. Sie fragten: Wie kann der Schuld vergeben? Darf der das? Ja, denn genau dazu ist Jesus in die Welt gekommen! Der Geheilte steht auf. Nicht nur seine Freunde, er selbst hat dem Zuspruch Jesu geglaubt. Erlöst aus Lähmung beginnt neues Leben.

Lähmende Gefühle können sehr unterschiedlich sein. Oft sind sie wechselhaft, und vielfach vermischen sich unterschiedlichste Bedürfnisse zu einem ziemlichen Durcheinander. So erlebte ich es bei einer mehrwöchigen Seelsorgegruppe, an der ich teilnahm. Praktisch jede Gruppeneinheit begann mit der Frage: „Wie geht es dir, was fühlst du?" Im Laufe der Gruppengespräche tauchte dann eine weitere Frage immer wieder auf: „Was macht das Gehörte oder was macht die Situation mit dir?" – Tatsächlich, Gefühle machen etwas mit uns. Sie beeinflussen das eigene Wohlempfinden. Gefühle beeinflussen unser Verhalten und Denken, unsere Beziehungen und das Miteinander. Gefühle haben so große Macht, weil wir persönlich Empfundenes für objektiv wahr halten. Darum ist es wichtig, danach zu fragen. Ein anderer mag ganz anderes fühlen. Doch alles eigene Empfinden ist für uns definitiv wahr. Es gibt daher keine richtigen oder falschen Emotionen. Es gibt nur tatsächliche Gefühle, und der Austausch darüber ist wichtig für ein gutes Miteinander. Aber wenn sie nicht aufgefangen, austariert oder ausgehalten werden, können sie zerstörerisch wirken.

Liegen die Empfindungen von Menschen weit auseinander, endet dies oft in nichts Gutem. Ein Wort gibt das andere. Wir re-

110

den aneinander vorbei. Wir fühlen uns noch unverstandener als zuvor. Einzelne verstummen ganz. Neue Verletzungen entstehen, und Antipathie steigert sich bis zum Hass. Die Geschichte von Josef und seinen elf Brüdern berichtet davon. Erzählt wird (1. Mose 37-50) der Ursprung der zwölf Stämme Israels und wie das Volk Israel nach Ägypten kam. Erzählt wird auch eine dramatische Familiengeschichte und die spannenden Abenteuer des Hauptdarstellers Josef. Drei große unausgesprochene Fragen begleiten ihn: Hat das Leben einen Sinn? Wem kann ich vertrauen? Und wo gehöre ich hin?

Hat das Leben einen Sinn? Was ist uns schon alles begegnet. Wir tragen gute und schlechte Erinnerungen mit uns. Die Kindheitserlebnisse vor allem sind es, die uns nachlaufen. Das Verhältnis zu den Eltern, zu Vater und Mutter, zu Angehörigen und Geschwistern. Was hat das mit uns gemacht? Was wurde dir aufgeladen, und was haben wir selber falsch gemacht? Josef steckt in der Pubertät, und sein Gehabe nervt die älteren Brüder ganz furchtbar. Vor allem seine Träume verärgern seine Brüder, weil sich Josef darin über seine älteren Brüder und sogar über den Vater Jakob gestellt sieht. Und das behält er nicht für sich. Er erzählt es allen, die es hören wollen, und auch denen, die es nicht hören wollen. Josef ist eine Petze, vom Vater auf seine Brüder angesetzt. (1. Mose 37,14) Er hinterbringt seinem Vater alles, was seine Brüder treiben. Das macht ihn zu des Vaters Liebling und seine Brüder eifersüchtig. Die Eifersucht steigert sich zum Hass. Die Brüder schmieden einen Plan, Josef endgültig loszuwerden. Sie entsorgen ihren Bruder in einer Zisterne, werfen ihn in den ausgetrockneten Wasserspeicher, holen ihn später wieder dort heraus und verkaufen ihn an Sklavenhändler. Die bringen ihn nach Ägypten und verkaufen ihn an den dortigen Hofbeamten Potiphar. Der entdeckt Josefs Geschick, macht ihn zu seinem ersten Verwalter und persönlichen Sekretär. Bei all dem Geschehen ist von Gott lange Zeit keine Rede. Erst spät wird er erstmals erwähnt: „Gott aber half ihm, so dass ihm alles glückte, was er tat." (1. Mose 39,2; GNB) Macht all das, was schiefgelaufen ist, am Ende doch irgendwie Sinn?

Wem kann ich vertrauen? Kann Josef Potiphar vertrauen? Mehr als seinen Brüdern und mehr als seine Brüder ihm? Und was war mit den anderen Männern und Frauen im Haus seines Herrn? Es dauert nicht lange, da wird das Vertrauen Josefs abermals enttäuscht. Die Frau des Potiphar will ihn zu sich ins Bett ziehen. Josef will seinen Chef nicht hintergehen, wie er es bei seinen Brüdern tat. Aber im Ergebnis wird er von dessen Frau der Vergewaltigung bezichtigt und kommt dafür ins Gefängnis. Merkwürdig ist, dass weder hier noch sonstwo in der Erzählung sich ein Hinweis darauf findet, dass Josef sich im Gebet an Gott gewandt hätte. Vielleicht hast auch du noch nie oder sehr lange nicht gebetet oder auch nur an Gott gedacht. Und doch war Gott mit Josef, wie wir es hier zum zweiten Mal erfahren: „Aber der Herr in seiner Treue stand ihm bei. Er verschaffte ihm die Gunst des Gefängniswärters." (1. Mose 39,21; GNB) Die Frage, wem er vertrauen kann, findet eine vorläufige Antwort. Doch wenig später wird Josefs Vertrauen abermals missbraucht. Zwei Mitgefangenen deutet er ihre Träume. Für den einen eine gute Nachricht. Er kommt heraus aus dem Gefängnis, der andere fällt in Ungnade und wird getötet.

Auf den befreiten Mundschenk ist aber kein Verlass. Er vergisst Josef und legt kein gutes Wort für ihn beim Pharao ein. Hört das Gefühl, vergessen zu sein, nie auf? Es fehlt die Kraft zu neuem Vertrauen. Natalie Imbruglia drückt den Schmerz darüber in ihrem Song „Torn" so aus: „Ich dachte, ich sähe einen Mann in mein Leben treten, warmherzig und würdevoll. Nun, du konntest dieser Mann nicht sein … Du scheinst nicht zu wissen oder dich nicht darum zu scheren, wofür dein Herz da ist. Anstelle deiner ständigen Lügen gibt es jetzt gar nichts mehr. Unsere Gespräche sind verstummt. Das ist es, was los ist. Nichts ist in Ordnung. Ich bin zerrissen. Ich habe jedes Vertrauen verloren, so fühle ich mich. Mir ist kalt, und ich schäme mich. Die Illusion, der ich mich hingab, hat sich nie in Wirklichkeit verwandelt …"

Wo gehöre ich hin? In seiner Ursprungsfamilie gehörte Josef nicht wirklich dazu. In Potiphars Haus war auch kein Platz für ihn. Ist das Gefängnis der für Josef bestimmte Platz? Erst Jahre später denkt der Mundschenk an Josef zurück, der ihm damals im Gefängnis seinen Traum deutete. Wird Josef auch dem Pharao seine Träume deuten können, die ihn zutiefst beunruhigen und die niemand zu erklären vermag? Josef ist das gegeben. Gott lässt ihn erkennen, was die Seele des Pharaos umtreibt und welche Entscheidungen jetzt für die Zukunft zu treffen sind. Für sieben satte Jahre guter Ernte und sieben Folgejahre von Dürre und Hunger in Ägypten und allen umliegenden Ländern. Josef kommt frei und wird neben dem Pharao der erste Mann im Staat. Mit Geschick und Umsicht versteht es Josef, die Katastrophe des Hungers im Volk zu mildern. Josefs Weg in Ägypten, seine Arbeit im Hofstaat des Pharaos an führender Stelle ist ein Musterbeispiel für Integration. Auch aus anderen Ländern kommen die Menschen, um bei Josef Getreide einzukaufen. Unter den Käufern sind eines Tages auch seine Brüder. Als Migrant hat es Josef geschafft, er hat eigene Familie im fremden Land gegründet. Aber wirklich zu Hause ist er dort nicht. Kann Josef nach all den Jahren, nach all dem, was er erlebte, nach all den bitteren Erfahrungen, die er mit seinen Brüdern machte, doch noch ein Teil seiner Familie sein? Oder soll er sich an seinen Brüdern rächen? Die Möglichkeit ist gegeben.

Gefühle entfalten enorme Kräfte. Zum Guten und zum Schlechten. Darum dürfen wir uns ihnen nicht blindlings überlassen. Weil Gefühlen Worte folgen. Weil Gefühle unser Verhalten bestimmen. Darauf achtet Jesus. Zunächst schaden ungeklärte Gefühle, die wir in uns tragen, nur uns selbst. Aber weil wir damit unmittelbar und sichtbar noch niemand anderem Schaden zugefügt haben, messen wir dem lange keine Bedeutung zu. Vergleichbar einem gefährlichen Virus in einem abgekapselten Labor, richtet es noch keinen sichtbaren Schaden an. Wenn es allerdings in die Atmosphäre gelangt, ist seine Wirkung verheerend. Verletzte Gefühle beeinträchtigen unseren Kontakt zur Außenwelt. Oder lassen ihn sogar ganz abreißen.

Gekränkte Gefühle bedürfen der Versöhnung. Wir müssen uns ihnen zuwenden. Denn wenn wir sie aus unserem Herzen in die Atmosphäre unserer Umwelt, unserer Familie oder Gemeinde entlassen, bewirken sie nichts Gutes. Darum ermahnt uns Jesus: Achtet auf euer Tun! Wie macht man das? Indem wir uns unserer Emotionen bewusst sind, sie annehmen, aber nicht über unser Reden und Handeln herrschen lassen. Das ist die geistliche Herausforderung,

in die uns Jesus in seiner Gemeinde stellt. Es ist ein Stück der Nachfolge Jesu.

Glauben

Das Evangelium wird Literatur, das Prophetenwort ein Kalender-spruch, der Gottesdienst ein Event, Jesu Kreuz ein sakraler Gegen-stand, die Gemeinde ein Selbstzweck. Lässt sich dieser Trend um-kehren? Von der Feier der Gemeinden zurück zu Christus?

Viele Menschen, darunter viele Christen, sind in ihrem Lebensge-fühl verunsichert. Durch Pandemie, Globalisierung und Migration, durch Geldentwertung und Kriege, politischen Radikalismus und sexuellen Missbrauch in der Kirche. Durch Gewaltverbrechen im-mer jüngerer Täter und Täterinnen, durch Terrorismus, Kriege und das Erstarken des Islamismus. Luther wollte in der tiefen Verun-sicherung seiner Zeit den Kern des Evangeliums retten, indem er ihn von der Schale verirrter Erscheinungsformen trennte. Das ist auch heute notwendig. Denn nicht die Schale bewahrt den Kern des Evangeliums – ohne den Kern, ohne Christus, ist und taugt aller Glaube nichts. Und täuscht der Eindruck, dass das gegenseitige Ur-teilen, Beurteilen und Verurteilen auch unter Christen in dem Maße zunimmt, wie die allgemeine Verunsicherung in der Gesellschaft wächst? Dazu das Unbehagen, der Glaube verschlampe im Alltags-trott wie die Bibellese in der Feiertagsrezitation und das Gemein-deleben in immer wiederkehrendem Ritus. Wir müssen uns davor hüten, den Glauben an den Nagel zu hängen, weil Jesus – schein-bar ohnmächtig und für heutige Menschen irrelevant – mit Nägeln durchbohrt am Kreuz hängt. Das Dunkel in der Welt und das Emp-finden eigener Unterlegenheit verführen dazu. Jesus wusste, zumindest erahnte er, was ihm an Leiden bevorstand. Dreimal kündigt er sein Leiden den zwölf Jüngern an. Dennoch zog er mit den jubelnden Menschen in Jerusalem ein. Wenn Jesus also nicht mit Triumph rechnete, warum sagte er den Leuten, die ihn feierten, nicht, was bevorstand? Weil Menschen begeistert werden wollen? Weil es nichts gebracht hätte, weil sie ohnehin nichts verstanden? Weil er selbst hoffte, es könne gut ausgehen?

Aufsehen erregende Taten und triumphale Ereignisse verstellen den Blick auf Jesus. Die jubelnde Menge ließ Jesus fallen, als sie ihre Hoffnung auf bessere Zeiten begruben, wie die Jünger ihre Ambitionen auf Regierungsämter im Kabinett Jesu. Was sich ihrem Auge bot, war alles andere als begeisternd. Stattdessen entsetzliches Grauen. Da taten sie nicht, was sie hätten tun können. Das war nicht, dem Soldaten, der den Hammer schwang, heroisch in den Arm zu fallen. Aber unter dem Kreuz ausharren. Bleiben. Das hätten sie tun können. So wie Maria und weitere Frauen. Was war ihr Motiv? Begeisterung? Nein. Die Überzeugung von der eigenen Kraft? Auch das nicht. Sondern Liebe zu dem Christus, der am Kreuz hängt. Solche Liebe vertreibt alle Angst.

In der biblischen Urgeschichte (1. Mose 1-11) werden uns vier Urängste vorgestellt: die existentielle Angst, die religiöse Angst, die seelische Angst und die soziale Angst des Menschen (Arne Völkel, Moderne Formen der Spiritualität). Fundamental ist dabei die Erkenntnis: Der Mensch hat keine Seele, er ist eine lebendige Seele. Das charakterisiert uns als bedürftige Wesen (1. Mose 2,7.19). Hinausgeworfen ins Leben, realisieren wir die damit verbundene Tragik. Wir sind hineingezwungen in vielfältige Notwendigkeiten und Zwänge, von denen wir die wenigsten selbst wählen konnten. Unsere Möglichkeiten sind begrenzt, wenngleich wir uns unbegrenzte Möglichkeiten wünschen und unbegrenzte Machbarkeit anstreben.

> *„Zum vollen Menschenleben gehört ein Seinsverständnis, das vor den letzten Dingen nicht die Augen verschließt."*
> Edith Stein

Wir erleben uns einsam, wie vor die Tore des Paradieses gestoßen. Als Ausgestoßene haben wir Angst, physisch, sozial, religiös und emotional unversorgt zu bleiben. Die Todesgewissheit und ihre Vorboten der Lebensnot werden uns zum Problem. Angesichts dessen ist allen Religionen und Philosophien die Frage nach dem Sinn gemeinsam. Die Religionen antworten auf unser Wissen um die eigene Sterblichkeit unterschiedlich, aber doch alle mit der Aussicht auf Eliminierung der menschlichen Endlichkeit. Der Hinduismus mit einer polytheistischen Vorstellung und Reinkarnationsglauben. Der Buddhismus mit einer Lebensphilosophie der Selbstüberschreitung. Das Judentum, Christentum und der Islam mit einem personalen Monotheismus und dem Glauben an ein Fortleben nach dem Tod. Dabei wurde ein Religions-Gen bisher nicht gefunden und für die Seele konnte keine Hirnregion festgestellt werden. Die Seele ist kein menschliches Organ. Religion ist offensichtlich ein sehr komplexes menschliches Phänomen, das es mit menschlicher Selbstreflexion zu tun hat. Das Selbstbewusstsein und der Glaube gehen miteinander Hand in Hand. Das unterscheidet uns vom Tier. Wir erfahren, dass wir an uns selbst nicht genug haben. Wir wissen darum, dass wir einmal nicht waren, und auch, dass wir einmal nicht mehr sein werden. Mit uns nimmt es ein Ende. Diese Disposition provoziert die Frage, weshalb der Glaube diesen Stellenwert für uns hat. Ist der Glaube an ein höchstes Wesen anerzogen? Ist Gott vielleicht nicht mehr als das Produkt menschlicher Ängste, Wünsche und Sehnsüchte? Eine menschliche Projektion, ein Hilfsmittel zur Bewältigung bedrückender Erfahrungen? – „Wir können die Gewißheit der Reformatoren und Apostel dann erlangen, wenn es uns gegeben ist, mit dem Grund unserer Existenz in Berührung zu kommen und über uns selbst hinauszublicken." (Paul Tillich, Das neue Sein, S.81).

Die existentielle Angst setzt uns dem Tod aus. Er ist unser unausweichliches Ende. Dazu die Tatsache, dass sich der Mensch selbst der größte Feind ist, sogar bereit, den gewaltsamen Tod seines Mitmenschen zu wollen. Die existentielle Angst lässt sich nicht verleugnen, und sie kann auch nicht vertröstet werden, etwa durch Pedanterie im religiösen Detail. Wir müssen uns ihr stellen. Sie ist wesentlich für bewusstes Leben. Das Hervorbrechen der existentiellen Angst und des Vertrauensverlustes ist das Thema unserer Zeit in den Industriestaaten. Paul Tillich schreibt: „Ich bin überzeugt, daß kein einziger unter uns ist, der sich nicht manchesmal gewünscht hätte, das Leben von sich zu werfen, um sich von der Last seiner Existenz zu befreien." (Paul Tillich, In der Tiefe ist Wahrheit, S. 41). Dem gegenüber hilft kein bloßes Kommentieren, Besserwissen oder Dozieren. Ist die stärkste Angst die, sich unserer Endlichkeit bewusst zu sein, sich vor der eigenen Freiheit zu fürchten (Erich Fromm), und der Wunsch in uns mächtig, dem Ungewissen ausweichen zu wollen (Gabriel Marcel), kommt der Glaube als Lösungsansatz gegen die existentielle Angst in Sicht. Freilich nicht in der apologetischen

Manier eines christlichen Fundamentalismus, der weder Klarheit bewirkt noch die Herzen erreicht. Wir wissen, dass wir in der Falle sitzen, denn die sichtbare Welt beantwortet uns unsere Fragen nicht. So unangreifbar diese Wahrheit ist, so unbegreiflich hart ist sie. Es ist das Eingeständnis, dass wir leben, um dem Tod auszuweichen. Der Tod stellt alles in Frage, was wir tun. Er ist das unakzeptable und doch unausweichliche Problem des Menschseins. Weil wir den Grund unseres Daseins nicht in uns selbst tragen, haben wir so viel Angst. Nichts, was uns umgibt, sind wir selbst, und alles, was ist, ist bedroht, abhängig und vergänglich. Je mehr wir uns unserer Lage bewusst werden, desto mehr wächst die Angst. Diesem empfundenen Mangel gibt der Glaube eine Stimme.

Das Vertrauen auf Jesus ist der felsenfeste und bleibende Lebensgrund, der auch durch das Sterben hindurch bleibt. Nichts kann die durch ihn begründete Lebensgemeinschaft zerstören. Der Apostel Paulus fasst es in Römer 8,31-39 in die Worte: „Gott ist für uns; wer kann uns da noch etwas anhaben? Er hat ja nicht einmal seinen eigenen Sohn verschont, sondern hat ihn für uns alle hergegeben. Wird uns dann zusammen mit seinem Sohn nicht auch alles andere geschenkt werden? Wer wird es noch wagen, Anklage gegen die zu erheben, die Gott erwählt hat? Gott selbst erklärt sie ja für gerecht. Ist da noch jemand, der sie verurteilen könnte? Jesus Christus ist doch für sie gestorben, mehr noch: Er ist auferweckt worden, und er sitzt an Gottes rechter Seite und tritt für uns ein. Was kann uns da noch von Christus und seiner Liebe trennen? Not? Angst? Verfolgung? Hunger? Entbehrungen? Lebensgefahr? Das Schwert des Henkers? Mit all dem müssen wir rechnen, denn es heißt in der Schrift: »Deinetwegen sind wir ständig vom Tod bedroht; man behandelt uns wie Schafe, die zum Schlachten bestimmt sind.« Und doch: In all dem tragen wir einen überwältigenden

Sieg davon durch den, der uns so sehr geliebt hat. Ja, ich bin überzeugt, dass weder Tod noch Leben, weder Engel noch unsichtbare Mächte, weder Gegenwärtiges noch Zukünftiges, noch gottfeindliche Kräfte, weder Hohes noch Tiefes, noch sonst irgendetwas in der ganzen Schöpfung uns je von der Liebe Gottes trennen kann, die uns geschenkt ist in Jesus Christus, unserem Herrn." (NGÜ)

Genau darum geht es, um das Leben nach dem Tod. Ist Jesus von den Toten auferstanden, werden auch wir vom Tod auferstehen. Wurde Jesus aber nicht vom Vater auferweckt, können wir uns den Glauben getrost sparen. So fasst Paulus die Bedeutung des Osterereignisses zusammen: „Wenn die Toten nicht auferweckt werden, dann halten wir uns doch lieber an das Sprichwort (1. Korinther 15,32; GNB): »Lasst uns essen und trinken; denn morgen sind wir tot«" Zweifelsfrei steht und fällt der Glaube an Jesus Christus für die ersten Christen mit dem Zeugnis von Jesu Auferweckung. Damit erscheint Ostern, ob bequem oder unbequem, als Keimzelle und Kern des christlichen Glaubensbekenntnisses. Für das gesamte Neue Testament gilt: Seit Ostern kann Jesu Sache nicht mehr von seiner Person getrennt werden. Denn es geht dem christlichen Glauben nicht um eine bleibend gültige Idee oder um ein großartiges Lebensideal, dem wir nachstreben. Es geht vielmehr ganz real um die Person Jesu, um den Jesus Christus. „Ostern entschärft nicht das Kreuz, sondern bestätigt es." (Hans Küng, Jesus, S.260) Die Auferweckungsbotschaft ruft zur Nachfolge. Sie ruft zum glaubenden Vertrauen an diesen Jesus und fordert auf, sich auf ein Leben einzulassen, das sich an der Haltung des Gekreuzigten gegenüber dem Leben und seiner Menschlichkeit orientiert. Es ist der Ruf, sich nicht für die Sicherung eigenen Wohlstands aufzureiben und den persönlichen Lebensinhalt im eigenen Wohlergehen zu suchen. Das vergeht! Mit Jesus verbunden, gewinnen wir ewiges Leben.

Christus allein. In der existentiellen Angst ist uns der Mensch Jesus von Nazareth ganz nah. Wir lassen von uns ab, überlassen uns ihm und erfahren darin die Gewissheit, dem im Leben und Tod verbunden zu sein, der als Erster von den Toten auferstand.

Die religiöse Angst. Auffälligerweise gründete Jesus keine Ordensgemeinschaft und kein Kloster. Er nahm seinen Jüngern und Jüngerinnen keine Gelübde ab, verpflichtete sie nicht auf die Ehelosigkeit, gab keine gottesdienstlichen Anweisungen, legte seine Anhänger auf keine Askese oder vorgeschriebenen Frömmigkeitsübungen fest. Im Gegenteil. Man kann sagen, dass Jesus seine Gefolgsleute in religiöser Hinsicht ziemlich auf sich allein gestellt ließ. Keine rituellen Waschungen, keine Kleider- oder Reinheitsvorschriften, kein Armutsgebot, keine Verpflichtung auf den Zehnten, keine Eide oder geforderte Unterordnung unter geistliche Oberhäupter, keine überschüssigen guten Werke, wie sie die Pharisäer vor sich her trugen. Religiöses allein macht noch keinen Sinn! Wir „seufzen unter einem Gesetz, das uns die Religion auferlegt, und unter der Religion, die sich selbst zum Gesetz macht." (Paul Tillich, In der Tiefe ist Wahrheit, S.91). Die Richtung muss stimmen, das Ziel muss klar sein. Wann ist genug getan? Diese Frage treibt die Menschen zur Zeit Luthers in ganz Europa um, wie heute viele Christen auch. Durch Reue, Liebe und Buße, gab die Kirche zur Antwort. Doch wann war von alledem genug getan? Diese Not der Menschen bildet, neben handfesten finanziellen Interessen, den religiösen Hintergrund des Ablassstreites. Der Ablasshandel wirkte auf die damalige Bevölkerung wie eine Befreiung aus der religiösen Verunsicherung. Er war dem Volk durchaus lieb und billig, denn er versprach Sicherheit. Mit dem Kauf eines Ablassscheines war aller geistlichen Notwendigkeit Genüge getan. Für den Augenblick konnte man sich seines Heils sicher sein und sogar für die Zukunft vorsorgen und selbst für Verstorbene die Qualen im Fegefeuer verkürzen. Luther entfaltet demgegenüber (Römer 1,17/10,4.10) sein Konzept von der freien und unverdienten Gnade Gottes. Du sollst dich Christus „mit festem Glauben ergeben und frisch auf ihn vertrauen; dann sollen dir um dieses Glauben willen alle deine Sünden vergeben, all dein verderbtes Wesen überwunden sein." (Martin Luther, Von der Freiheit eines Christenmenschen, Bd. 2, S. 165)

Hinter ihren unzähligen Regeln erkennt Jesus die beabsichtigte Herrschaft von Menschen über andere Menschen. In freikirchliche Gemeinden trägt dazu (unbeabsichtigt, aber wirksam) der Grundsatz der freiwilligen Mitarbeit aller Gemeindemitglieder bei, der vielerorts aus theologischer Überzeugung zu ihren Gemeindeaufnahmekriterien zählt. Von Außenstehenden und Neuzugängen wird das oftmals als die einzige und ausschlaggebende Legitimation empfunden, sich der Gemeinschaft zugehörig fühlen zu dürfen. Manche empfinden das als unerträgliche Enge. Es gibt viele, die das nicht bekümmert. Und viele andere, denen das sogar lieb ist. Leistungsdenken zieht in die Gemeinden ein. Sie stabilisieren sich durch fortwährende Betriebsamkeit und Rotation um die eigene Achse. Konsequent wird das Thema Mitarbeit zum zentralen Thema der Glaubensgemeinschaft. Angestrebt wird Perfektion in allen Abläufen von Veranstaltungen und Angeboten der Gemeinden. Exzellenz avanciert zum Markenzeichen wirklich ernsthaften Glaubens. Und weil die Ansprüche ständig steigen, wird ständig mehr von den Mitarbeitern verlangt.

Gemeinden unterwerfen sich den Handlungsgesetzen, die sie sich selbst geben. Für Luther sind sie so überflüssig wie die levitischen Gesetze des Alten Testaments, die den religiösen Tempelbetrieb in Jerusalem regelten. Über diese Vorschriften urteilt er: Sie „sind viel mehr darum gegeben, dass es der Sünden recht viele würden und sie sich über die Maßen häuften, um das Gewissen zu beschweren, damit die verstockte Blindheit sich erkennen und ihr eigenes Unvermögen und Untauglichsein zum Guten fühlen müsste. Und so sollte sie durchs Gesetz genötigt und gezwungen werden, etwas Weiteres zu suchen als das Gesetz und eigenes Können, nämlich Gottes Gnade, die in dem kommenden Christus verheißen ist." (Martin Luther, Confitemini, Bd. 7, S. 45+46) Doch das Erbarmen Gottes aufzusuchen ist nicht einfach. Die Menschen fliegen nicht darauf. Es muss in uns eine gewaltig große Angst überwinden. Die Psychodynamik, die zur Ermordung Jesu führte, beruhte auf dieser Angst. Denn Jesus stellte alles in Frage, was seinen Kritikern und Feinden Sicherheit versprach. Persönlicher Glaube ist unvertretbar durch andere und unabhängig von anderen. Nur insofern ist der Glaube eigenständiger und selbst verantworteter Glaube. Das geht mit der Erfahrung des immer wieder einmal angefochtenen eigenen Glaubens einher. Unvermeidlich ist die Passage durch das sich ängstigende Herz, die schuldbehaftete Existenz und den inneren Zweifel. Äußerlichkeiten geben keine Freiheit. Was wir selbst tun und Gemeinden gestalten, kann uns den Glauben nicht gewiss machen. Es könnte auch auf dem Gaukelspiel unserer Hirnströme beruhen oder purer Eitelkeit entspringen. Der Grund der (evangelischen) Freiheit ist daher allein die Gnade.

Allein die Gnade. Jesu Botschaft hat gegenüber dem Vertrauen auf eigene religiöse Verdienste eine maximal entsichernde Wirkung. Das erst macht sein Schicksal verständlich. Das Kreuz Jesu ist Beleg dafür, dass religiöse Konventionen eigenständige Menschen und befreiende Gemeinschaft nicht dulden. Im christlich motivierten Kontrast dazu stehen Gemeinden, die ihren Halt nicht in Größe und Programmen und nicht in Gesetzen und Vorschriften zu finden hoffen, sondern sich allein auf Gottes Zusage verlassen.

Die seelische Angst ist ein Phänomen westlicher Wohlstandsgesellschaften. Mit zunehmender Individuation und der ihr zugehörigen Selbstbehauptung und Vereinzelung von Menschen ist die Zahl innerlich verunsicherter Menschen in allen sozialen Schichtungen stark angewachsen, besonders unter der „Generation Z" und auch unter Christen. In einer Welt, die fordert, fertig sein zu müssen, perfekt, makellos und ohne Fehler, droht vielfaches Scheitern. Der

Angst vor Ablehnung und Zurückweisung, vor unbarmherzigem Urteil und vernichtenden Kritiken in sozialen Netzwerken folgen unausweichlich Versagensängste. Das Lebensgefühl schreit nach Halt, Schutz und findet oft genug Geborgenheit

Wir haben Angst davor, getröstet zu werden, da ist unsere religiöse Armut, da ist uns die langsame Verwesung schon lieber. Getröstet kann nur einer werden, der die eigene Trostlosigkeit erkennt und der aufgehört hat, sich das eigene Unglück oder die eigene Leere zu verschleiern.
Dorothee Sölle

in einem durch Regeln und Vorschriften enggeführten Schwarz-Weiß-Denken. In Familien oftmals repräsentiert durch die Eltern, in christlichen Gemeinschaften durch einzelne Personen oder das Gruppenverhalten. Stellt sich dann jedoch das Gefühl erzwungener Anpassung ein, formt sich Widerstand gegen die Übermacht des Göttlichen beziehungsweise seiner Repräsentanten. Wie oft baut die Gemeinde ihre Argumentation für Christus und ihre Überzeugungskraft des Evangeliums auf einer Art Tugendlehre auf oder auf die Bereitschaft anhaltender Mitarbeit. Wie oft fordert sie normiertes Verhalten ein! Und wie selten hält die Gemeinschaft von Christen das Versprechen umfänglicher Akzeptanz für jede sexuelle Veranlagung, für unterschiedliche Prägungen und vielfältige Behinderungen von Menschen! Wie sehr beweist sie damit ihre der Weite der Erlösung entgegengesetzte Enge! Und wenn Christen die gute Nachricht mit der schlechten Nachricht beginnen, dass sie auch nicht besser als alle anderen Menschen sind, aber wegen ihres Glaubens besser vor Gott zu stehen kommen, missverstehen das Nichtchristen als menschliche Tat, zu der sich Christen durchgekämpft haben. Eine Leistung, die sie, die Nichtglaubenden, erst noch erbringen müssen. Das alles entscheidende göttliche Wort, der Zuspruch der Erlösung, bleibt dabei ungehört. Freilich, „Wenn Sünde nur als Übertretung von Geboten verstanden wird, erfährt sich der Mensch heute nicht als Sünder. Aber er weiß auch heute, daß er sein Leben verfehlen kann, daß er oft genug im Zwiespalt zu seinem innersten Wesen lebt, daß er oft genug das Leben verweigert und sich gegenüber der inneren Stimme und gegenüber den Menschen verschließt… Heute ist die Schuldangst wohl nicht zentral, dennoch werden auch heute zahllose Menschen von Schuldgefühlen gemartert. Der Mensch fühlt sich heute nicht als Übertreter von Geboten, aber er findet sich ständigen Selbstvorwürfen ausgesetzt." (Anselm Grün, Bilder von Erlösung S.27)

Das Gegenteil der seelischen Angst ist die empfundene Liebe Gottes. Mit dem Grundsatz der Reformation gesprochen, ist das Leben des Christen eine Existenz aus Glauben. „Hieraus ist leicht zu erkennen, warum der Glaube so viel vermag und dass keine guten Werke ihm gleich zu sein vermögen. Denn kein gutes Werk hängt so an dem göttlichen Wort wie der Glaube ... Die Art, die das Wort hat, nimmt auch die Seele von ihm an, gleichwie das Eisen dadurch glutrot wird wie das Feuer, dass es sich mit dem Feuer vereinigt. So sehen wir, dass ein Christenmensch am Glauben genug hat; er bedarf keines Werkes, um rechtschaffen zu sein. Bedarf er nun keines Werks mehr, so ist er gewiss von allen Geboten und Gesetzen entbunden; ist er davon entbunden, so ist er gewiss frei. Das ist die christliche Freiheit: der Glaube allein." (Martin Luther, Von der Freiheit eines Christenmenschen, Bd. 2, S. 167f)

Gottes Geben ist allem menschlichen Tun vorgeordnet. Wenn ein Christ am Glauben genug hat und es keiner guten Werke mehr bedarf, um gerecht zu sein, so ist er von allen Geboten und Gesetzen entbunden und wirklich frei. Das bewirkt, dass wir uns in keiner Weise mehr als unwert, schlecht und mangelhaft erleben. Der Glaube vereint die menschliche Seele mit Christus. Luther nennt es den „fröhlichen Wechsel". Christus gestaltet sein Wesen in uns. Der Glaube ist der uns angesteckte Brautring (1. Korinther 15,27). Ein Herz, das in dieser Weise auf Christus hört, muss von Grund auf fröhlich werden, Trost empfangen und herzliche Liebe zu Chris-

…dann sollten wir, nicht ohne Atem zu holen, einmal sagen: „Ehre sei dem Vater und dem Sohn und dem Heiligen Geist, wie es war im Anfang, jetzt und immerdar und von Ewigkeit zu Ewigkeit." Das gibt Distanz und Frieden.
Helmut Thielicke

tus haben. „Willst du alle Gebote erfüllen, und wie es die Gebote fordern, deine böse Begierde und Sünde los werden, siehe da, glaube an Christus, in welchem ich dir alle Gnade, Gerechtigkeit, Frieden und Freiheit zusage. Glaubst du, so hast du; glaubst du nicht, so hast du nicht." (Martin Luther, Von der Freiheit eines Christenmenschen, Bd. 2, S. 167) Dazu kann es nie durch Gesetze und Werke kommen, also durch nichts, was wir selbst tun oder andere von uns fordern.

Allein der Glaube. Darauf den Fokus gerichtet, ist der Glaube frei und gewiss. Gott sein Wort zu glauben, gibt ihm die größte Ehre! Der Glaube vermag so viel, weil der Glaube allein am Wort der Zusage Gottes hängt. Und seine Zusage ist so stark, verlässlich und wahr, dass sie von niemandem bestritten und in Zweifel gezogen werden kann.

Die soziale Angst. Nach Luther ist der wahrhaft freie Christ einer, der sich nichts auf sich selbst einbildet, nach keinem Beweis Gottes verlangt und Gottes augenscheinlicher Abwesenheit keinen Glauben schenkt. Im Gegensatz dazu erleben wir heute in Gemeinden das Bemühen, den Glauben an Jesus durch intensive Gemeinschaftsbildung zu festigen. Die Sache des persönlichen Glaubens aus dem Wort tritt hinter das Gemeinschaftserleben zurück. Vielfältige Gruppen und gemeindliche Angebotesollen Menschen auf den Glauben neugierig machen, sie an eine christliche Gemeinschaft binden und schließlich persönlichen Glauben finden lassen. Im Idealfall ist es so. Die Regel ist es jedoch nicht. Bei allem guten Willen rutschen Konflikte in der Gemeinschaft in versteckte oder offene Angriffe ab. Neid und Unterstellungen mischen sich unter bemühte Sachlichkeit. Noch näher liegt es, bei Dritten Dampf über das unmögliche Verhalten oder die unzumutbare Meinung Nichtanwesender abzulassen. Aus dem Gesprächsgegenüber wird so der Gesprächsgegner.

Wir müssen miteinander reden! Mit dieser Erkenntnis resümiert eine Frau ihre Überlegungen zu den zwischen ihr und ihrer Freundin aufgetretenen Spannungen. Die beiden sind sich uneins, weil jene das Verhalten der anderen für unangemessen hält. Bisher ist sie aber dem Gespräch und der Klärung dieser für sie sehr unangenehmen Situation aus dem Weg gegangen. Einerseits will sie den Kontakt und die Nähe zu ihrer Freundin nicht verlieren. Andererseits will sie aber auch für Klarheit sorgen und nicht länger schweigen. Der schwelende Konflikt soll gelöscht werden, bevor es zu lodern beginnt und mit dem Zerwürfnis der beiden Frauen endet. Bevor aus der Freundin die Feindin oder in der Gemeinde aus Bruder und Schwester Fremde werden. Schon geht es im Disput um Regeln und Verhaltensnormen, und das eigene Tun und Denken rückt über oder zumindest gleichwertig neben den „Eckstein" Christus.

Vielfältige Wechsel in andere Gemeinden sind davon die spürbare Folge. Vielleicht standen bei den Adressaten, an die Petrus schrieb, ähnliche Befürchtungen und Entwicklungen im Raum. Woran Petrus in seinem ersten Brief an die Gemeinden im nördlichen und westlichen Kleinasien genau denkt, wissen wir nicht. Seine Mahnung lässt nur Vermutungen zu. Doch die hat es in sich: „Hört also auf mit aller Bosheit und aller Unwahrheit, mit Scheinheiligkeit, Neid und übler Nachrede." (1. Petrus 2,1; BB) Der Apostel verknüpft die Bindung an Christus mit dem Erhalt der Gemeinschaft in der Gemeinde. Spannend ist, dass Petrus angesichts dieser Herausforderung nicht in die Schatzkiste bzw. den Werkzeugkasten ausgefeilter Gesprächstechniken greift. Stattdessen fährt er fort: „Wie neugeborene Kinder nach Milch schreien, sollt ihr nach der unverfälschten Nahrung von Gottes Wort verlangen. Durch sie wachst ihr im Glauben heran, sodass ihr gerettet werdet." (1. Petrus 2,2+3; BB) Das soll die Lösung sein?

Petrus leitet zu einem Verständnis von Umkehr an, das uns nach dem Scheitern hilfreicher Gesprächsregeln wieder wichtig sein muss. Umkehr ist die Hinwendung einzelner Christen zu den

Inhalten der Botschaft Jesu. So gewiss wir den Lebenssinn nicht im isolierten Selbst finden, sondern nur inmitten menschlicher Beziehungen, so sehr ist die geistliche Heimat des einzelnen Christen nicht die Gemeinde. Denn keine Gemeinschaft hält das Versprechen unbedingter Verlässlichkeit und Vertrautheit, keine schenkt die Geborgenheit und Stabilität, die wir uns wünschen. Es mag so viel und laut und oft propagiert werden, wie es will: Gemeinden sind nicht die Zukunft und Hoffnung der Welt! Die Heimat, die wir suchen, ist die Gemeinschaft mit Christus, zu der wir uns mit der Gemeinde als Weggemeinschaft aufgemacht haben. Werden Gemeinden als Heilsbringer verstanden, führt dieses Versprechen mit all den damit verbundenen und mitgedachten Erwartungen zu unerfüllbaren, massiv überfordernden Ansprüchen innerhalb der christlichen Gemeinschaft. Und es gefährdet den Glauben all jener, die, euphorisiert durch das Glück christlicher Gemeinschaft, Freundschaft und Nähe, die Mahnung Dietrich Bonhoeffers überhören: „Wer mehr haben will, als das, was Christus zwischen uns gestiftet hat, der will nicht christliche Bruderschaft, der sucht irgend welche außerordentlichen Gemeinschaftserlebnisse, die ihm anderswo versagt blieben …" (Dietrich Bonhoeffer, Gemeinsames Leben, S. 17)

Christen sind wir nicht durch das, was wir aus uns machen, sondern Christen sind wir, weil Jesus sich uns zum Eigentum gemacht hat (Epheser 1,3-7/11-14). „Was einer als Christ in sich ist, …vermag unsere Gemeinschaft nicht zu begründen, sondern was einer von Christus her ist, ist für unsere Bruderschaft bestimmend." (Dietrich Bonhoeffer, Gemeinsames Leben, S. 17) Gemeinde nach dem Neuen Testament ist keine menschliche Möglichkeit! Das ist eindringlich zu sagen. Christus und nicht die Gemeinde ist die Hoffnung der Welt. „Menschen, die sich an Jesus gebunden haben, sind auf dem Weg in eine Heimat, in der sie nie waren – und die doch ihr Zuhause ist." (Ulrich Müller, Heimat finden, S. 45) Heimat ist für Christen nicht an Menschen gebunden, sondern an Gott. Wir „sind die, die noch nicht angekommen sind. Ja: Eine Gottesdienstgemeinschaft ist nicht mehr und nicht weniger als eine Rast auf dem Weg nach Hause, eine gemeinsame Station." (a.a.O, S. 48)

Die Vergewisserung Gottes im Veranstaltungswesen und der Eventerfahrung ist auf diesem Hintergrund nicht Lösung, sondern kann zum Problemfall der Mission und des Gemeindezusammenhalts werden. So sehr uns das gemeindliche Zusammensein und ihre Zusammenkünfte guttun, und so sehr wir die Gemeinschaft mit Mitchristen schätzen und brauchen auf dem Weg: Die in Gemeinden viel zitierte Sehnsucht nach Gemeinschaft

> *Gott weiß, dass ich da bin. Das genügt mir, auch wenn sonst kein Hahn nach mir kräht.*
> *Johannes XXIII.*

ist im Horizont Bonhoeffers und Luthers Ausdruck eines Mangels an Glauben im eigentlichen Sinn. Das Evangelium lässt sich nicht durch soziale Interaktion in Menschen pflanzen und dort bewahren. Denn weder entspringt christlicher Glaube daraus noch gründet er darin. Die Gabe des Glaubens ist eine Lebensform und ein Verständnis des Daseins, das sich uns in unverfügbarer Weise aus Gottes Wort erschließt. Wir glauben nicht aus uns selbst und nicht an uns selbst und nicht an die Kraft unserer Gemeinschaft. Was uns den Mut gibt, uns ins Leben zu wagen, ist Jesu Vertrauenswürdigkeit. „Es hat die Seele nichts anderes, weder im Himmel noch auf

Erden, worin sie lebt und gerecht, frei und Christ ist, als das heilige Evangelium, das Wort Gottes, von Christus gepredigt." (Martin Luther, Von der Freiheit eines Christenmenschen, S. 164) Die Erlösungslehre, ja das ganze Christentum wäre ohne die Autorität seines Freispruchs Lug und Trug.

Allein das Wort. Mit sich auflösender Angst vor Autoritäten und wachsendem Selbstbewusstsein gegenüber theologischer Lehrbildung wächst die Notwendigkeit, eigene, neue Antworten zu finden. Woraus notwendig eine Vielzahl von Meinungen und Äußerungen resultiert, die miteinander im Streit stehen. In dieser Situation machen wir uns umso mehr an Gottes Wort fest. Indem wir es nicht wörtlich, aber beim Wort nehmen. Gott will Recht und Gerechtigkeit. Jesus will vergeben und versöhnen. Der Heilige Geist will lieben und verbinden.

Leidbewältigung als Lebensphilosophie. Das Empfinden, seelisch zu verhungern, das Gefühl, allein, verloren und nicht akzeptiert zu sein, ist weit verbreitet und muss heute so radikal formuliert werden wie seinerzeit die Verkündigung der drohenden Verlorenheit bei Paulus oder das Rechtfertigungsdefizit zur Zeit Luthers. Wir sind begrenzt und endlich! Doch Begriffe wie Sünde und Erlösung werden von der Mehrheit der Bevölkerung nicht verstanden. Sie rufen infolge der Säkularisierung, anders als im Mittelalter und noch im 19. Jahrhundert, bei sehr vielen Menschen keine Betroffenheit hervor. Anders sieht es mit Themen aus, die das menschlich Lebendige ansprechen. Im Alten Testament finden wir es vorgemacht. Das in rhythmischer Sprache verfasste Buch Hiob steht in der Bibel für eine neue Theologie inmitten des Alten Testaments. Der Autor dieses Buches ist ein Philosoph des Lebens. Er kann nicht von den Realitäten absehen und nicht wegschauen vom Elend der Welt. Sein scharfer Blick hat ihn nicht zum gedankenlosen Narren werden lassen. In der Dichte des ihn treffenden Unglücks steht Hiob erkennbar als Sinnbild für alle menschlichen Enttäuschungen und existentiellen Erschütterungen. Darum ist das Buch zeitlos aktuell. Denn was es schildert, geschieht auch uns. Ob Hiob eine historische Person war oder seine Freunde literarische Figuren, und ob sich all die geschilderten Unglücke tatsächlich im Leben des Hiob wie geschildert zugetragen haben, ist für das Verständnis dieses hoch spannenden Buches unerheblich und nach literarischen Gesichtspunkten unwahrscheinlich.

Die Hauptfigur Hiob legt sich die Welt nicht zurecht, wie es ihm und uns gefallen mag. Seine Familie wird ihm genommen sowie seine wirtschaftlichen Sicherheiten. Dazu seine Unabhängigkeit. Krankheiten zerstören seinen Körper und quälen seine Seele. Was Hiob das Leben nahm, kann es auch uns rauben, und was es ihm vorenthielt, entbehren auch wir. Der Autor des Hiob-Buches macht sich nichts mehr vor. Er gibt sich nicht länger Illusionen hin. Hiob ist der Urtyp des religiösen Realisten. Alle Menschen sind Sünder und können Gottes Anspruch nicht genügen. Doch warum lässt er nicht endlich von uns ab? Quält der Glaube an Gott nicht mehr, als dass er hilft? Schläft der Fromme ruhiger als der Gottlose? Lässt sich irgendein Sinn im Leben und im Leiden erkennen? Solche Fragen sind gefährlich. Doch der Autor des Hiob-Buches glaubt leidenschaftlich an Gott. Darum leidet er an ihm! Er nimmt

Gott ernst und den Menschen auch. Darum muss er Altvertrautes hinterfragen. Menschen sind hinfällig, Gottes Souveränität ist unanfechtbar. Unsere Würde besteht darin, dass uns Gott anschaut und keinem Schicksal überlässt. Biblische Spiritualität und Lebensphilosophie verbrüdern sich.

Gebete und Lieder. Greifen wir aus der reichen Sammlung der Psalmen die Verse 2+3 des 22. Psalms (GNB) heraus. Jesus betete sie am Kreuz: „Mein Gott, mein Gott, warum hast du mich verlassen? Warum hilfst du nicht, wenn ich schreie, warum bist du so fern? Mein Gott, Tag und Nacht rufe ich um Hilfe, doch du antwortest nicht und schenkst mir keine Ruhe." Manche fragen: Was bringt es, sich diesem Gott anzuvertrauen, wenn das gilt? Andere fühlen sich gerade in diesen Zeilen Jesu unendlich verstanden und geborgen. Die Psalmen nehmen uns den Spielraum abgewogen-distanzierter Reaktionen, sie rufen persönliche Betroffenheit hervor. Wenn uns Menschen hineinschauen lassen in ihr Innerstes, Könige ihre Ohnmacht beklagen und Trauernde nach Trost ringen, wenn traumatisierte Männer und Frauen ihrem tiefsten Schrecken und Hass vor Gott Ausdruck verleihen, dann können wir uns dem nicht entziehen. Es sind herausfordernde Gebete und Lieder, die uns Worte geben, wo uns die eigenen fehlen. Die Psalmen verwickeln uns in ein Gespräch, beziehen uns ein in die Lebenssituation anderer Menschen. In den Psalmen haben wir Teil an ihren Freuden und ihrem Leiden, an ihren Zweifeln und Jubelrufen. Sie erfüllen uns mit tiefem Trost und verstören uns mit heftigen Emotionen.

In alledem wenden sich die Beter an Gott, und das macht dieses Buch für uns vorbildlich. So sieht das Gespräch mit Gott praktisch aus, so singt man ihm Lob- und Klagelieder. So unmittelbar, ungekünstelt und ungeschminkt. Mit den Psalmen erfassen wir unsere eigene Geschichte. Unser Wesen und unser Gewordensein. Unsere Gegenwart und unsere Zukunft. Wir begegnen unseren Ängsten und aller Hoffnung, zu der wir fähig sind, selbst wenn uns das Wasser bis zum Hals steht. Frömmigkeit, wie sie uns in den Psalmen begegnet, ist kein Theaterspiel. Wo Gottes Anrede und Anruf trifft, durchfährt es Herzen! In solcher Gottesbegegnung wird uns bewusst, wer wir selbst sind. Die Psalmen decken Sünde auf und sprechen Vergebung zu. Sie legen Verletzungen offen und heilenden Balsam auf. Biblische Spiritualität singt und betet Gott zur Ehre.

Im Buch der Sprüche spricht die Weisheit. Hier geht es nicht um die zusammenhängende Abhandlung oder die theologische Erörterung eines Themas. Die Spruchsammlung fasst Lebensweisheiten zusammen. Wie die Weisheitsbücher zumeist, ist das Buch in kurze Sinneinheiten gefasst und kann daher auch versweise verstanden werden. Doch Vorsicht ist geboten, jede Spruchweisheit als gesetzte Wahrheit zu begreifen. Die Weisheitssprüche der biblischen Philosophen und Weisheitslehrer taugen nicht als Grundlage einer ganzen Theologie und eignen sich nicht für Verallgemeinerungen. Zu ihrem Verständnis benötigen wir einen gesamtbiblischen Blick. Alles, was ist, das Gute wie das Böse, die Freude wie das Leid, das Glück wie die Verzweiflung, fordern den Glauben heraus. Greifen wir aus den vielen Facetten der biblischen Spruchsammlung noch einmal die aktuelle Frage des Hiob und des Predigers auf: Was macht Sinn (Sprüche 4,20-27)? Zum Leben gehören neben Freude und Glück auch Schmerz und Not. Der Tod ist unausweichlich und

Krankheit oft übermächtig. Da taugt der Glaube als Betäubungsmittel nicht und auch keine Empörung Gott gegenüber. Vom Neuen Testament her gelesen, müssen und können wir angesichts menschlichen Leids und hinsichtlich aller Grausamkeit und allen Hasses in der Welt nicht Gottes Anwalt sein. Denn nicht wir haben ihn zu beurteilen, sondern er stellt uns vor sein Gericht. Nicht unser Urteil erhebt oder erniedrigt Gott, sondern er spricht sein Urteil über uns. Er spricht uns an, er nimmt uns in die Pflicht, er fordert Antwort. Was ist die gute Nachricht, was ist das Evangelium dieser Einsicht? Alle Geschichte ist Gottes Geschichte mit uns. Biblische Spiritualität leidet und feiert das Leben.

Ungeschminkter Realismus. Die Philosophen der Bibel denken über die dramatische und unbegreifliche Lebenswirklichkeit nach. Das Buch Prediger stellt dabei teilweise Altgewohntes radikal in Frage und wagt neue Gedankengänge. So wird der Tun-Ergehen-Zusammenhang kritisch reflektiert und als universales Interpretationsmuster für das Glaubensleben abgelehnt. „Ein Mensch kann das, was Gott tut und geschehen lässt unter der Sonne, niemals in seinem Zusammenhang erfassen. Er mag noch so angestrengt danach suchen ..." (Prediger 8,17; GNB) Darin folgte ihnen später Jesus, wenn er einen unbedingten Zusammenhang zwischen Krankheit, Unglück und Sünde zurückweist. Das Leben mit Gott ist undurchsichtiger, als viele es wahrhaben wollen, und Gott ist rätselhafter, als es uns lieb ist. Sein Handeln geht nicht in unseren Erklärungsversuchen auf. Bis hin zum erklärten Widerspruch gegen überkommene Überlieferung und Glaubensdeutung steigert sich der Protest der philosophischen Denker des Alten Testaments. Damit werden sie zu Wegbereitern neuer theologischer Ansätze in veränderter Zeit. Angesichts persönlicher Schicksalsschläge und unfassbarer Ungerechtigkeit in der Welt finden wir uns von ihnen verstanden. Biblische Spiritualität lebt mit offenen Fragen und findet zu neuen Antworten.

Das Geheimnis des Glaubens. Vordergründig geht es bei der in Johannes 4,1-30 (GNB) geschilderten Begebenheit um die Frage nach Jesu Messianität. Dann um Vergebung, um Gebet, um Wahrheit und um den Geist Gottes. Doch eine Betrachtung des Textes, die lediglich nach dem fragt, was sich in Glaubensbekenntnissen fassen lässt, greift zu kurz. Johannes' Eigenschaft ist es, den Glauben auf einer vertieften Ebene zu bedenken und zu verstehen. Betrachten wir den Bericht unter diesem Aspekt und mit dieser Erwartung, entdecken wir, was das zentrale Bemühen Jesu um die Frau am Jakobsbrunnen ist. Er will sie zurück ins Leben bringen. Er gibt, was ihren Durst dauerhaft löscht, indem er in ihr eine sprudelnde Quelle erschließt. Das ist das Anliegen Jesu für jeden Menschen. Das ist das Ziel des Glaubens an ihn. Die Begegnung Jesu mit der Frau am Jakobsbrunnen nimmt dabei einige überraschende Wendungen. Wie die Stufen auf einer Leiter kommt die Samaritanerin ihrer persönlichen Wahrheit immer näher. Schließlich führt es sie zurück in ihr Dorf als glaubhafte Zeugin für den Weg, den ihr Jesus erschlossen hat.
Jesus sieht die Frau, schaut sie an. Er wendet sich ihr zu und erkennt ihre Lebensthematik. Sie ist eine übersehene und aus der eigenen

Volksgemeinschaft Ausgestoßene. Von dieser Scham, die sie in der Hitze des Tages allein und nicht zusammen mit den anderen Frauen des Dorfes zum Brunnen treibt, will sie befreit sein. Die Frau leidet, woran so viele andere leiden: nicht gesehen zu werden, sich nicht zeigen dürfen, sich verbergen müssen. Mitten unter ihren Nachbarn erlebt sie sich als isoliert und ausgegrenzt. Deshalb überrascht sie Jesu Bitte. Zwischen Juden und Samaritanern wurden beidseitig intensiv Vorurteile gepflegt, Unterschiede groß- und Feindschaft festgeschrieben. Die Samaritaner hielten sich vom Tempel in Jerusalem fern und widersetzten sich der Priesterherrschaft im Süden des Landes. In solchen Kategorien denkt die Frau. In der Kategorie sozialer und religiöser Über- und Unterordnung. Jesus ist daran nicht die Spur interessiert. Weil es ihm gleichgültig erscheint im Vergleich zu seinem eigentlichen Anliegen, mit der Frau wie mit uns ins Gespräch zu kommen.

Für einen anständigen Juden und Mann ist es nicht erlaubt, ungeschützt mit einer Frau und erst recht nicht mit einer Samaritanerin zu sprechen. Dass die Jünger sich scheuen nachzufragen, weist darauf hin. Jesus überschreitet im Auftrag Gottes von Menschen gezogene Grenzen. Diese namenlose Frau denkt, bestenfalls könnte es so sein, dass sie dem fremden Mann Wasser schöpft. Doch Jesus steigert die Umkehrung, indem er sie nicht nur um Wasser bittet, sondern der Frau damit dienen will, dass er ihr Wasser gibt. Ein Wasser, einen Quell will er in der Frau freilegen, aus dem sie zu jeder Zeit und in jeder Lebenssituation trinken kann. Zunächst versteht sie Jesu Vergleich nicht. Aber mehr und mehr, Schritt für Schritt findet sie ihre eigene Spur, lernt sie sich selbst besser zu verstehen. Nach und nach löst sie sich von der Meinung anderer. Es gibt kein Seil, das lang genug wäre, damit sie Wasser aus von Menschen gegrabenen Brunnen schöpfen könnte. Kein von Menschen gegrabener Brunnen reicht zu dem lebendigen Wasser hinab, auf das sie, ebenso wie wir, unbedingt angewiesen ist. Damit es dazu kommt, knüpft Jesus an das Leben der Frau an. Er begegnet ihr genau da, wo sie sich aufhält. „Hole nicht Wasser, sondern ruf deinen Mann", sagt er ihr. Damit führt Jesus das Gespräch auf eine tiefere, auf die entscheidende Ebene.

Bei Jesus muss die Frau nicht erst Theologie studieren und die Bibel halb auswendig kennen, um zu Gott vorzudringen. Selbst wenn sie Wasser, wie sie es versteht, in Hülle und Fülle hätte – wahrgenommen von den Menschen, glücklich in ihrer Mitte, wohlversorgt und von allen Sorgen frei –auch dann wäre ihr Durst nicht wirklich gestillt. Ihr Verlangen nach Liebe ist größer! Sie sucht ein Gegenüber, das sie in die Arme schließt, mehr als ein Mensch es je tun kann. Denn fünf Männer hat sie gehabt, und der, den sie jetzt hat, ist nicht ihr Mann. „Das hast du ganz richtig gesagt", antwortet Jesus, „einen Mann hast du nicht." Hier erreicht das Gespräch seinen Höhepunkt. Jesus hilft durch seine verstärkende Wiederholung dieser Tatsache, dass sich die Frau nicht überhastet. Er hilft ihr, sich selbst zuzuhören, in sich hineinzuhören. Es ist keine fremde Wahrheit, auch keine theologische Wahrheit, die an die Frau zu richten wäre. Jesus hilft ihr, ihre eigene Wahrheit selbst auszusprechen, um sie in ihrer ganzen Tragweite zu erfassen. Sie darf ihr Bedürfnis nach Begegnung und Liebe nicht weiter verleugnen. Erst wo das geschieht, begegnet sie Jesus in dem, was er für sie sein kann und will.

Es gibt nichts Fertiges im Umgang mit Gott. Es geht um das Gegenwärtige. Da ist Gott kein Fremder mehr, über den man herrlich lang und ergebnislos diskutieren kann, wo er denn nun sei und wie anzubeten. Es gibt so viel vergebliches Theoretisieren. Es gibt so viele löchrige Schöpfgefäße, mit denen Menschen nach ihrem Lebenssinn schöpfen. Jesus, so stellt die Frau fest, hat keines davon. Er braucht auch nichts dergleichen. Denn die Begegnung mit ihm setzt etwas frei, das den Quell des Lebens nicht von außen an sie heranträgt, sondern eine Quelle in ihr offenlegt. Das ist das Wunder, die Gabe, das Geschenk des Glaubens. Das ist „Wiedergeburt", von der Jesus ein Kapitel zuvor zu Nikodemus, einem frommen Mann aus dem jüdischen Lager, spricht. Jesus führt die Frau zurück ins Leben! Nicht zurück in eine Traumwelt, in der sie nie mehr die Anstrengung des Wasserschöpfens und die Entbehrungen des Alltags erfahren muss, sondern zurück in ihr Dorf. Zurück ins alltägliche Leben. Das ist der Ort und die Art der Anbetung in Geist und Wahrheit. Wahr ist, dass Gott uns kennt. Wahr ist, dass unsere Seile allemal zu kurz reichen, lebendiges Wasser aus allerlei Quellen zu schöpfen. Wahr ist, dass wir Jesus dienen können, wenn wir uns von ihm dienen lassen. Dafür genügt es, bei sich selbst einzukehren. Weil Jesus uns da abholt, wo wir uns aufhalten.

Handeln

Alle Christen sind gleich. Aber wie es aus, wenn wahre Christen an ihrer Frömmigkeitspraxis erkannt werden sollen? Wahlweise gemessen an ihrer sexuellen Orientierung, ihrem Spendenverhalten, ihrer Mitarbeit in der Gemeinde und anderem mehr.

Die Anrede der Christen als Heilige findet sich in allen neutestamentlichen Briefen. Ob in Rom, Ephesus oder Philippi: lauter Heilige. Doch sind das keine Menschen, wie wir sie uns vorstellen mögen, mit Heiligenschein und tadellosem Führungszeugnis. Das trifft auch auf Paulus zu, der die Gemeinde Jesu bis aufs Blut verfolgte. Sogar er ist ein Heiliger. Heilig genannt zu werden ist keine moralische Auszeichnung, sondern eine von Gott zuerkannte und zugesprochene Qualität. Darauf spricht Paulus die Christen in Rom an. „Dieser Brief ist für alle in Rom, die Gott liebt und dazu berufen hat, ihm als sein heiliges Volk zu gehören. Gnade und Friede sei mit euch von Gott, unserem Vater, und von Jesus Christus, dem Herrn." (Römer 1,7; GNB) Überall in der Gemeinde Jesu treffen wir also bis zum heutigen Tag auf unheilige Heilige, unter denen Paulus einer der ersten war. Nicht jeder Christ ist ein Apostel, aber jeder Christ ist ein Heiliger, eine Heilige. Wir mögen uns selbst anders erleben. Doch Gott hat uns von jeder Verurteilung freigesprochen. Das ist unerschütterlich wahr. Im Umgang mit dem eigenen schlechten Gewissen ist das besonders wichtig. Denn im schlechten Gewissen sind wir uns selbst der erste und nächste Feind. Anders ist es, wenn wir Gott als feste Burg und Schutz begreifen. Darauf verließ sich Martin Luther, als er am 31. Oktober 1517 in Wittenberg seine 95 Thesen an die Schlosskirche heftete. Die Burgen zur Zeit Luthers, wie der Tempel zu Jesu Zeit, waren Asylstätten. Fielen kriegerische Heere in die umliegenden Orte ein, so floh die Landbevölkerung in die Trutzburgen. Waren dann die Zugbrücken eingezogen, war dies für die Landbevölkerung das Todesurteil. Jesus ist die Asylstätte aller Menschen, weil alle seine Hilfe nötig haben. Eine Fliehburg für Menschen, die schutzbedürftig sind an Leib und Seele. In der Gemeinde Jesu darf es deshalb keine innerbetriebliche Sperrklausel für Neuzugänge geben. Burg und Tempel sind nicht gebaut für Volksmannschaftstreffen christlich etablierter Burgfräuleins und Burgherren oder für Traditionsfeste von Rechtgläubigen und Schriftgelehrten. Die Reformation lehrt die Einsicht, dass der Glaube nicht in der Tradition von Gemeinden überlebt, sondern durch die Fürsprache Jesu. „Mit unserer Macht ist nichts getan. Da wären wir gar bald verloren." Glaube heißt, sich selbst vergessen, weil „der rechte Mann für uns streitet, den Gott selbst hat erkoren. Fragst du, wer der ist? Er heißt Jesu Christ, der Herr Zebaoth, und ist kein andrer Gott; das Feld muss er behalten." (EG, 362)

Wie lebensentscheidend der Zugang zu sauberem Trinkwasser ist, zeigen uns die spannungsreichen Auseinandersetzungen von Ländern in klimabedingten Trockenzonen. Für die kriegsbedrohte Bevölkerung im Mittelalter war das nicht anders. Der Burgbrunnen der Stadt Bingen am Rhein wurde 54 m tief durch den Fels gegraben. Er garantierte die beständige Wasserversorgung aller, die sich innerhalb der Wehrmauern befanden. Nach einer wechselvollen Geschichte wurde die Burg dann jedoch im Pfälzischen Erbfolgekrieg 1689 durch französische Truppen zerstört. Im Jahr 1711/12 sprengte die Mainzer Besatzung die Reste, um die Nutzung durch den Gegner zu verhindern. Der Brunnen wurde zugeschüttet, damit das Leben auf der Burg, ihr Wiederaufbau und Schutz unmöglich wurden. Wird der Brunnen der unverdienten Gnade Gottes seitens der Gemeinden mit Gesetzen, Vorschriften und Anpassungsforderungen zugeschüttet, stirbt das Leben in ihren Gemäuern ebenfalls. Denn kein Mensch kann frei sein im Gesetz, er kann es nur durch die Gnade Gottes werden. Hier gibt es für Luther keinerlei Bereitschaft, auch nur einen Deut nachzugeben. Bewirkte tatsächlich das Befolgen von Gesetzen oder persönliche Glaubensstärke Gottes Zuwendung, würde der Heilige Geist mit all seiner Kraft und Ausschließlichkeit überflüssig. Dann wäre der eigene Glaube mitwirkender Faktor am persönlichen Heil. Der Glaube würde zum persönlichen Verdienst, zur Leistung, die der Mensch selbst zu erbringen hat. Jedes aufweichende Zugeständnis in diese Richtung lehnt Luther kategorisch ab. Weil nicht eigenes Vermögen den Glauben an Christus bewirkt, sondern Gottes Geist (Matthäus 16,13-18), ist jede Mitwirkung und damit jedes Elitedenken ausgeschlossen. Kompromisslos. No way!

Es war fast ein Tag wie jeder andere. In Jerusalem feierte man das Laubhüttenfest. Was diesen Tag zu einem besonderen machte, war der Einzug Jesu in Jerusalem. Die Szene lehnt sich an Psalm 118,25f an. Der Sieg über die Feinde des Hauses Aarons ist dort das Thema, und die erwähnten Palmzweige sind das nationale Wappenzeichen Palästinas. So verstanden, setzen die Leute ihre Hoffnung auf Jesus. Sie rufen es laut hinaus: Gepriesen sei der Nachkomme des Königshauses David! Er kommt im Auftrag Gottes, um uns zu erlösen. Im 11. Kapitel berichtet Markus von dem Esel, der für Jesus herbeigebracht wird. Seine besondere Rolle erfährt er durch Sacharja 9. Der Esel war das Reittier des Königs bei seiner Inthronisation. Es ist das Bild eines unumschränkten Friedenskönigs. Doch in Sacharja ist der Sieg mit viel Gewalt erkauft. Sacharja 9,15 beschreibt, wie die siegreichen Kinder Israels unter Führung ihres Königs sich am vergossenen Blut ihrer Feinde berauschen. Indem sich Jesus gemäß der alttestamentlichen Verheißung auf ein Eselfohlen setzt und in Jerusalem einreitet, nährt er die religiös-national motivierte Sieges- und Friedenssehnsucht der Menge.

Aber er läuft auch Gefahr, im Sinne eines zu erwartenden gewaltsamen Umsturzes der römischen Besatzungsmacht missverstanden zu werden. Jesus hatte, wie der Fortgang seiner Passion zeigt, kein Interesse an einem politischen Umsturz der Verhältnisse. Der Tempel war sein Ziel und die Reinigung des Gottesvolkes von einer korrupten Herrscherclique. Was Jehu, der König über Israel, in einer anderen alten Überlieferung (2. Könige 9,12f) mit gewalttätigen Mitteln unternahm, das wollte Jesus innerlich, am Herzen der Menschen tun. Er kommt daher nicht zur Durchsetzung seiner Macht, sondern in der Kraft Gottes. Die Liebe, ist Jesus überzeugt, ist die einzige Macht, um Frieden zu bewirken. Es ist die einzige Kraft, die Herzen zu verändern vermag. Und schließlich auch das Miteinander unter Menschen und Völkern. Deshalb schreitet Jesus nicht zum Königspalast des Herodes oder zum Amtssitz des römischen Statthalters. Seine Erneuerung setzt bei jedem einzelnen Menschen an.

Gesinnungsprüfungen lehnen wir ab, und den medizinischen Zufallsbefund, der das ganze Leben verändert, wünscht sich niemand. Kaum jemand, der gerne geröntgt wird. Fast lieber wäre uns, eine böse Erkrankung bliebe unentdeckt. Auch wenn nur Bekanntes und Aufgedecktes behandelt werden kann, werden wir nicht gerne durchleuchtet. Es lebt in uns eine mächtige Angst davor, von anderen beobachtet und beurteilt zu werden. Denn wer uns durchschaut, dem sind wir ausgeliefert. Peinlichkeiten, Versäumnisse, Fehlverhalten und Schuld sollen verborgen bleiben. Um böse Gedanken, Unterstellungen, Neid und Missgunst soll lieber niemand wissen. Deshalb verunsichert das Wort des auferstandenen Herrn. „Ich kenne euer Tun!" (Offenbarung 3,8; GNB) Das hören wir nicht so gerne. Häufig wollen wir nichts weniger gerne als eben dies, dass jemand all unser Tun kennt. Eine kleine Änderung dieses kurzen Satzes macht es deutlich: „Dich kenne ich!", sagt da jemand und bedeutet damit unheilvoll, mich durchschaut zu haben. „Ich kenne euer Tun", spricht Jesus seine Gemeinde an. Ich kenne deine Werke, deine Pläne und Absichten, ich kenne dein Tun. Weil Jesus seine Gemeinde kennt, kennt er auch jeden Einzelnen von uns. Er weiß um jede Lüge, um jeden Betrug und die Verheimlichung böser Absicht. Denselben Umstand hat uns Jesus aber auch positiv zugesagt. „Die Haare auf eurem Haupt sind alle gezählt. Fürchtet euch nicht!" (Lukas 17,7; BB). Jesu Wort an die Gemeinde in Philadelphia ist so gemeint. „Ich kenne euer Tun." Ich kenne deine Leiden, deine Not, die Schwierigkeiten, mit denen du zu kämpfen hast, sagt er seiner Gemeinde. Ich weiß um deine Machtlosigkeit, dein Bemühen und deine Treue. Ich kenne euer Tun. Und ich habe dir eine Tür aufgeschlossen, die niemand zuschließen kann. Was fällt auf? Jesus beurteilt nicht Gefühle, sondern Handlungen!

Heiligung ist nichts Kompliziertes. Es ist ein kurzer Weg zur Vollkommenheit, sagten die Heiligen vergangener Tage. Ein kurzer Weg, nicht weil er leicht zu gehen ist, sondern naheliegend, zweckdienlich und klar. Es verlangt von uns zuallererst nichts weiter, als unsere täglichen Pflichten und Routinen zu erfüllen. Es ist eine wirklich gute Nachricht, durch Arbeit die eigene Familie versorgen zu dürfen. Es ist eine gute Nachricht, Steuern zu zahlen, die unserem Staat Rechtsfrieden und anderen sozialen Bestand ermöglichen. Es ist eine gute Nachricht, beim Mittagstisch auf den Nachtisch zu verzichten, damit ein anderer nochmals zuschlagen kann. Denn es sind die Kleinigkeiten,

> *Nicht wir bringen Christus in die Welt, sondern er ist schon da und wirkt in der Kraft seines Geistes. Unsere Aufgabe ist es, ihn zu bezeugen und im Miteinander sichtbar zu machen, was es heißt, dass das Reich Gottes schon angebrochen ist.*
> *Fulbert Steffensky*

die uns glücklich machen. Es sind die selbstverständlichen Dinge, die uns heiliger, die uns christusähnlich werden lassen. Wann tat uns jemand zuletzt etwas Gutes? Etwas, worüber wir uns gefreut haben, das Mut machte, Spaß vermittelte, Glück bescherte? Etwas, das dankbar sein ließ, das klärend wirkte, aufmunternd, verständnisvoll war und wohltat. Wo immer das geschieht, ist es eine gute Nachricht. Wir sehnen uns danach. Heiligung bedeutet, solch gute Nachrichten zu leben! Die gute Nachricht Gottes ist die glücklichste Sache der ganzen Welt, und deshalb will Jesus, dass wir damit bei den Menschen ankommen. „Vergesst nicht, Gutes zu tun und mit anderen zu teilen", schreibt der Autor des Hebräerbriefes (13,16; GNB) „Das sind die Opfer, an denen Gott Gefallen hat." „Euer ganzes Tun soll ausgerichtet sein an dem heiligen Gott, der euch berufen hat", lesen wir in 1. Petrus 1,15 (GNB). Weil Gott heilig ist, sollen wir es auch sein. Was wir denken, was wir wollen und wie wir uns verhalten ist dafür der Maßstab.

Heiligung ist nichts Heroisches. Viel häufiger ist es wenig aufsehenerregend und oft mühsam. Ein Vater, der für sein Kind oder mit ihm in die Schule geht und Dinge klärt, dem Nachwuchs den Rücken stärkt und zur Seite steht, gerade dann, wenn das Kind einen Fehler gemacht hat. Auch wenn die Kraft einer Mutter von der Familie stückchenweise verbraucht wird, ist diese schweigende, unauffällige Hingabe eine Frucht ihrer Heiligung. Wer heilig lebt, wird deshalb nicht beachtet und fällt damit auch nicht unbedingt auf. Ein Leben in der Heiligung lässt Eltern ihre pubertierenden Kinder aushalten, wenn sie quer im Stall stehen oder sich wie ein Kaktus anfühlen, der umarmt werden will. Umgekehrt gilt das Gleiche. Es ist eine gute Nachricht für Eltern, wenn Kinder sie einladen zu einem Spiel, auf einen gemütlichen Kaffee, zu einem Gespräch unter vier Augen. Was könnte wertschätzender und schöner für (alternde) Eltern sein? Heiligung ist nichts Heroisches. Heiligung bedeutet, für andere da zu sein. Anderen Freund zu sein ist ein Stück Gott zugewandten Lebens. Es ist ein Stück Heiligung, Freude und Kummer zu teilen und sich für andere einzusetzen. Als junger Mensch schmeckte ich etwas davon, weil es da einen Mann in der Gemeindeleitung gab, der zuhörte. Er erkundigte sich und zeigte ernsthaftes Interesse an mir. Und er ist, wie ich viel später erfuhr, für mich eingetreten, als andere wegen meines Verhaltens die Stirn in Falten legten. Jedes ermutigende Wort, ein dezenter Hinweis, eine freundliche Ermahnung ist Frucht der Heiligung, die Gottes Geist bewirkt. Der Weg der Einkehr ist nicht der an sich vollkommenere und bessere Weg zu Gott, wusste Meister Eckhart. Offensichtlich auch nicht der sichere, wenn Petrus daran erinnert, dass Gott jeden Menschen als unbestechlichen Richter für seine Taten – nicht für seine Gefühle, Erfolge oder Zweifel – zur Rechenschaft ziehen wird. (1. Petrus 1,17) Wenn Jesus von der Gemeinschaft mit sich spricht, dann geht es ihm darum, seine Gebote zu halten, den Willen des Vaters zu tun und wachsam zu sein für Gottes überraschendes Kommen (Matthäus 25). Stille und Andacht stehen dem sicher nicht entgegen, aber wer nicht an Gottes Werk gefunden wird, verpasst das Ziel.

Heiligung lässt gute Vorsätze Wirklichkeit werden. Wie bleiben wir in solcher Liebe? Oft schon haben wir Jesus die Treue geschworen und sind ebenso oft weit hinter unseren guten Vorsätzen zurückgeblieben. Da geht es uns wie den Jüngern im Garten Gethsemane. Die Jünger wollten nicht einschlafen und vermochten doch nicht mit Jesus zu wachen. Dreimal weckte Jesus seine Jünger aus ihrer Schlaftrunkenheit, und sie spürten, wie bedrängt und voller Angst er war. Aber trotzdem schafften sie es nicht, ihren Vorsätzen nicht treu zu sein. Um die eigene Entschlusskraft ist es häufig nicht gut bestellt. Da tröstet ein Petrus, der im Garten einschläft und seinen Herrn wider beste Absicht verleugnet. Ein Mensch wie wir, der scheinbar nicht anders kann, als sich selbst immer wieder zu viel vorzunehmen. Doch ist das sehr erstaunlich. Denn von Christus in seine Nachfolge gerufen, hatten die Jünger ihre Netze am See zurückgelassen und waren Jesus gefolgt. Zudem waren sie begabt, ausgesandt und ausgerüstet, Kranke zu heilen, Wunder zu wirken und das angebrochene Reich Gottes zu verkünden. Verunsichert stellen wir uns die Frage: Gibt es im Christsein überhaupt eine Art inneren Regiewechsel, bei dem wir das Ruder Jesus überlassen und nicht mehr länger die Kapitäne unser selbst sein wollen? Ist Heiligung überhaupt dauerhaft möglich?

Heiligung ist Kapitänswechsel. In der Dreigefährtenlegende des Franz von Assisi ist nachzulesen, dass Franziskus nicht wusste, welcher Frau er sein Leben schenken sollte. Darum hatte er mehr als eine. Es trieb ihn von Festgelage zu Festgelage, und er gab das Geld seines wohlhabenden Vaters mit vollen Händen aus. Andererseits war er aber ein frommer Mann. Er spendete reichlich, gab viel Geld an die Armen. Er ersehnte die arme Welt, er wollte mit den Armen solidarisch sein. An seinem Herzen zerrte der Wunsch, ihnen zu helfen und gleich zu sein. Einmal tauschte er sein Gewand mit den Lumpen eines Bettlers. Er setzte sich unerkannt auf die Straße und bettelte um Almosen. Doch danach zog er die Lumpen wieder aus, die eigenen Kleider an und kehrte nach Assisi zurück. Schließlich erfuhr Franz von Assisi eine zweite Bekehrung in der Begegnung mit einem Leprakranken. „Bisher hatte er ihnen Geld gegeben und sich ihnen gegenüber großzügig erwiesen. Aber er hatte ihr Elend nicht wirklich mit ihnen geteilt. An jenem Tag aber stieg er von seinem Pferd, überwand seinen Ekel, gab dem Aussätzigen einen Gulden in die Hand und küsste ihn. Von da an fand Franziskus zu innerer Eindeutigkeit, indem er fortan sein Leben mit den Armen und Kranken teilte." (Michael Schneider, Das neue Leben, S. 118f) Er hatte seine zweite Bekehrung erfahren und wurde frei von der Angst, mit der er um sich selbst kreiste.

Unheilige Heilige heiligen sich. Heute wie damals erschweren Missverständnisse und Vorurteile unter Christen den Dialog über das Verhältnis von Rechtfertigung und Heiligung. Einigkeit besteht darüber, dass die Liebe konkrete Ausdrucksform des Glaubens ist. Unbestritten ist auch, dass Menschen allein durch das gerettet sind, was Gott durch den Versöhnungstod

> *Die Stunde ist kostbar. Warte nicht auf eine spätere, gelegenere Zeit.*
> *Katharina von Siena*

Jesu am Kreuz bewirkt hat. Aber die betonte Hervorhebung allein des Glaubens zur Erlangung des Heils hat seit jeher viel Kritik auf sich gezogen, insbesondere von der römisch-katholischen Kirche. Im Konzil von Trient (1547) wirft sie Luthers Rechtfertigungslehre leichtfertige Absichten vor. Bis heute ist diese Kritik nicht ganz verstummt. Denn betonen wir in der Gefolgschaft der Reformation, dass „allein der Glaube" rechtfertigt, so ist es ebenso wichtig, die katholische Stimme zu hören, dass der Glaube nie „allein" ist. Auch innerhalb der evangelischen Theologie gibt es Mahner, die auf Gefahren des „allein aus Glauben" hinweisen, obwohl der reformatorische Grundsatz nicht bestritten werden soll. Theologen wie Dietrich Bonhoeffer und Adolf Schlatter bezeichneten es als unheilvoll, wenn durch Überbetonung des Glaubens eine Verkürzung des Lebens vollzogen wird, die das Handeln aus dem Glauben ausscheidet und nichts als Glauben übrig bleibt. Allerdings trug die scharfe lutherische Definition des Menschen als totaler Sünder zu dieser Fehlentwicklung bei.

Die Behauptung der grundsätzlichen Unfähigkeit des Menschen zum Guten musste Entmutigung und eine Erlahmung des christlichen Eifers hervorbringen. Die Größe des Versöhnungswerkes Christi ließ in der Glaubenspraxis ernsthaftes Mühen um die christlichen Werte und Gebote erlahmen. Die völlige Gnade neutralisierte quasi die Gottesfurcht und sein Gericht. Diese Aussage ist natürlich sehr allgemein und sicherlich nicht differenziert genug dargestellt, doch findet sie namhafte Unterstützung bei Dietrich Bonhoeffer. Im Blick auf derartigen pseudo-frommen Unglauben spricht er in seinem Buch „Nachfolge" von „billiger Gnade". Schneidend scharf seine Kritik: „Wie die Raben haben wir uns um den Leichnam der billigen Gnade gesammelt, von ihr empfingen wir das Gift, an dem die Nachfolge Jesu unter uns starb." „Das Wort von der billigen Gnade hat mehr Christen zugrunde gerichtet als irgendein Gebot der Werke." (Dietrich Bonhoeffer, Nachfolge, S. 24.26)

Glaube existiert nur im Gehorsam, sonst ist er frommer Selbstbetrug. Zwar rechtfertigt allein der Glaube, doch ist dieser Glaube nie ohne die Liebe. „Also, der Christ folge nicht nach, aber er tröste sich der Gnade! Das ist billige Gnade als Rechtfertigung der Sünde, aber nicht als Rechtfertigung des bußfertigen Sünders, der von seiner Sünde lässt und umkehrt; nicht Vergebung der Sünde, die von der Sünde trennt. Billige Gnade ist die Gnade, die wir mit uns selbst haben. Billige Gnade ist Predigt der Vergebung ohne Buße, ist Taufe ohne Gemeindezucht, ist Abendmahl ohne Bekenntnis der Sünden, ist Absolution ohne persönliche Beichte. Billige Gnade ist Gnade ohne Nachfolge, Gnade ohne Kreuz, Gnade ohne den lebendigen, menschgewordenen Jesus Christus." (Dietrich Bonhoeffer, Nachfolge, S. 14)

Welche Auswirkungen das hat, kann die Begegnung von zwei Geistlichen verdeutlichen. Die beiden waren im Gespräch über die Frage, was sie mit ihrem Leben eigentlich wollen. Dieser: Ich möchte ein Heiliger werden. Der andere: Ich möchte glauben lernen. Der Unterschied dieser beiden Antworten ist bedeutsam. Ich möchte ein Heiliger werden! Durch Christus gerechtfertigt ist dieses Ziel bereits Realität. Dazu kann nichts Weiteres getan werden. Die Rechtfertigung durch Christus versetzt in den Stand der Heiligen. Das von Schuld freisprechende Urteil Gottes ist mit der Erwählung zum Glauben bereits gesprochen, besiegelt durch die Taufe. Der Wunsch, einen Heiligen erst noch aus sich machen zu wollen, übersieht diese Tatsache. Ich möchte glauben lernen, das meint etwas anderes. Das heißt erstens: Ich will bereit sein umzukehren, wann immer mich Jesus darauf hinweist. Das heißt zweitens: Ich bin überzeugt, dass mich Jesus durch seinen Heiligen Geist verändert, ohne dass ich mir ständig den geistlichen Puls fühlen muss. Ich möchte glauben lernen meint drittens: Ich stelle mich nicht ängstlich selbst in Frage und löse mich von ständigen Selbstvorwürfen. Liebe ist niemals Verdienst. Sie ist Gottes Werk, das er in uns vollbringt. Daraus geht ein Verständnis christlichen Glaubens hervor, das im Unterschied zu dem Wunsch steht, ein Heiliger erst noch werden zu müssen. Es ist die Erfahrung: Schon jetzt bin ich als Christ vollendet und zugleich noch unterwegs, noch nicht am Ziel.

Mehr als Willensstärke. Das Alte Testament beschreibt die Not des Glaubens häufig als ein Hinken auf zwei Seiten. Das Volk ist Gott zugeneigt und auch wieder nicht. Sie rufen ihn an und lassen es beizeiten auch wieder sein. Sie haben Glauben, aber dann auch wieder nicht. Sie vertrauen auf sein Eingreifen, aber dann besinnen sie sich auf die eigenen Machtmittel. Sie opfern Jahwe und dienen gleichzeitig ihren Götzen. Von „Gott und Abgott" spricht Luther und von dem Herrn, der unser eigentlicher Herr ist und der sagt: „Niemand kann zwei Herren gleichzeitig dienen. Wer dem einen richtig dienen will, wird sich um die Wünsche des anderen nicht kümmern können." (Lukas 16,13; Hfa) Alle anderen Götter erlauben ein geteiltes Herz. Jesus nicht. Vergleichen wir in diesem Zusammenhang die Versuchung Jesu mit dem Jünger Petrus und weiteren bedeutenden Personen der Kirchengeschichte.

Zunächst fällt auf: Nicht Entschlusskraft zeichnet Jesu Kampf in Gethsemane aus, sondern mühselig und angstvoll ringt er sich jedes Einverständnis mit Gottes Willen ab. Er wirft sich hin, das Gesicht zur Erde. Er zittert, er fleht. Nicht nur seine Jünger sind schwach. Jesus war es auch. „Ich bin mit meiner Kraft am Ende!", bittet er sie, mit ihm zu wachen. Und doch besteht er den Kampf, durch sein Einverständnis mit jedem Willen Gottes. Manche geistlichen Schriftsteller haben solches Einvernehmen mit Gottes Willen als eine Art zweiter Bekehrung beschrieben, als Ausbruch aus dem Gefängnis ihres korrumpierten Eigenwillens. Michael Schneider (Das neue Leben, S. 113) führt dafür als Beispiele Johannes Tauler (*1361), Katharina von Siena (*1380), Franz von Assisi (*1181) und Teresa von Ávila (*1515) an. Graf Ludwig von Zinzendorf (*1700) und Watchman Nee ließen sich als weitere Zeugen nennen. Was ihre biografischen Berichte verbindet, ist, dass sie ihre neu gewonnene Freiheit nicht aus sich heraus bewerkstelligten, sondern sie in ihnen durch Gott geschaffen wurde. Dem voraus ging ein Sehnen und Bitten zu Gott in der Bereitschaft, sich jeden Weg führen zu lassen. Wie Jesus betete: „Abba, Vater ... alles ist dir möglich! Erspare es mir, diesen Kelch trinken zu müssen. Aber es soll geschehen, was du willst, nicht was ich will." (Markus 14,36; GNB) Angst und Schrecken befallen Jesus. Er weiß sich in die Versuchung der Macht und Angst gestellt. Er sieht sich Nacht und Dunkel, Müdigkeit und Nachstellungen, Schrecken und Einsamkeit ausgesetzt. War bislang der Garten für ihn ein Ort der Gottesbegegnung, so erhoffte er an diesem Ort Kraft und Durchhaltewillen zu erfahren. „Bleibt wach und betet, damit ihr in der kommenden Prüfung nicht versagt." (Markus 14,38; GNB). Vermeiden wir also, soweit es an uns liegt, alles, was die inneren Widerstandskräfte lähmt. Beleidigungen, finanzielle Sorgen, körperliche Verausgabung, übermäßiger Alkoholgenuss und vieles mehr gehören dazu. Das ist das praktische Training aufmerksamer Lebensführung.

Die Mittel Gottes nutzen. In der Lukasüberlieferung der Versuchungsgeschichte Jesu findet sich die Einfügung, dass Engel kamen und Jesus stärkten. Diese Ergänzung ist wirkungsgeschichtlich interessant, weil sie widerspiegelt, was Teresa aus ihrer Erfahrung berichtet. Im Jahre 1554 erfuhr sie eine tiefe innere Erschütterung, als ihr Auge zufällig auf die Büste des Gekreuzigten fiel. „Ich sank weinend vor ihm auf die Knie und flehte ihn an, mir ein für allemal die Kraft zu verleihen, dass ich ihn fortan nicht mehr kränkte." Schon oft war ihr der Herr begegnet, doch jeder Anflug der Reue war bisher schnell wieder vergangen: „Was mir fehlte, war offenbar, dass ich nicht seiner Majestät mein volles Vertrauen schenken und dafür das Vertrauen in mich selber verlieren konnte." „Jetzt (aber) machte der Herr mich davon frei und gab mir die Kraft, zu vollbringen, was ich vorher nicht vermochte. Gott sei in Ewigkeit dafür gepriesen. Er gab mir in einem Augenblick die Freiheit, die ich in vielen Jahren trotz aller Anstrengung nicht erreichen konnte ..." (Michael Schneider, Das neue Leben, S. 123ff)

In Gethsemane wie bei seiner Versuchung in der Wüste lesen wir von Jesu Empfindungen. Von seiner Angst, seiner Kraftlosigkeit, von seinem Zittern und Zagen. In alldem ist keine Spur von Selbstvertrauen zu erkennen. Erinnern wir uns, welche Macht Jesus zur Verfügung hatte, welche Wunder er wirkte. Er, der übers Wasser ging, dem Sturm und Wellen gehorchten, der Dämonen austrieb und Aussätzige heilte, der Tote auferweckte und tausende Menschen mit wenigen Fischen und etwas Brot satt machte – auf den Lippen dieses Mannes findet sich nicht die Spur einer Andeutung von Vertrauen in die eigene Kraft. In Gethsemane kämpfte er ohne Vertrauen in sich selbst, sondern mit den Mitteln, die allein in Gottes Kraft und Macht stehen. Wir gehen häufig leichtfertig mit Versuchungen um, weil wir immer noch und immer wieder neu glauben, ihnen aus eigener Kraft und eigenem Vermögen widerstehen zu können. Das ist ein Irrtum! „Vermochtest du nicht eine Stunde zu wachen?" (Markus 14,37; LB). Die Jünger Jesu wussten ihm nichts darauf zu antworten. Wir vermögen es auch nicht! Diese Erkenntnis ist also nicht die schlechteste aller Einsichten in uns selbst.

Was die Heiligung als Geschenk Gottes bewirkt, können wir uns am Verhalten eines Steins beziehungsweise eines Schwamms verdeutlichen. Wie unterschiedlich verhalten sie sich, wenn sie in das Wasser hineingetaucht werden! Der Stein nimmt vom Wasser nichts an. Das Wasser dringt nicht in ihn ein. Hebt man ihn aus dem Wasser heraus, ist das offensichtlich. Anders verhält es sich bei dem ins Wasser getauchten Schwamm. Hebt man ihn aus dem Wasser, fließt Wasser heraus. Ohne Druck auszuüben. Vollgesogen mit Wasser, gibt er es ganz von allein wieder ab. Die Einladung ist, heilig im Sinne von Franz von Assisi, Teresa von Ávila und Dietrich Bon-

> *Gott zu lieben, heißt nicht: Ich leiste dir den richtigen Glauben und komme dafür in den Himmel. Es heißt, sich Gott geben, ohne Versicherung, ohne Rückzahlung.*
> *Dorothee Sölle*

hoeffer zu sein. Glaubende sind wie Schwämme im Wasser. Einmal dort hineingetaucht, setzt die Veränderung wie von selbst ein. Ganz ohne Anstrengung. . Dabei hat der Glaube auch Werke. Sie sind keine zweite Stufe des geistlichen Lebens neben dem Glauben oder ihm nachfolgend. Glaube ist Beziehung, ist Bewegung zu Christus hin. Ein nicht endender Prozess, der sein Ziel darin findet, dass wir verwandelt werden in das Ebenbild Christi, ohne dass damit ein Endpunkt der Heiligung anvisiert wäre. Es ist ein wirklicher Weg. Wir ordnen uns dem Anspruch, den Christus an uns stellt, unter, weil er die Realität, die lebendige Kraft ist, die uns dazu befähigt. Er ist es, der den Anfang gesetzt hat. Diesen Anfang lassen wir niemals hinter uns. Neues Leben ist nichts anderes, als das Versprechen Gottes ernst zu nehmen, die tragende Wirklichkeit des uns geschenkten Glaubens und Lebens zu sein. Du sollst Gott lieben von ganzem Herzen, von ganzer Seele, mit ganzem Willen und mit all deiner Kraft – das bedeutet in der Jesusbeziehung: Du sollst dich nicht um deine Gerechtigkeit sorgen, weil du dich nicht zu sorgen brauchst! Heiligung ist die Art und Weise, wie man auf dem Weg des eigenen Lebens das Geschenk Gottes annimmt (Kolosser 1,1-10). Dabei lautet das Grundmodell nicht: Du hast Gott erkannt, dich ihm unterworfen, also halte nun auch seine Gebote. Sondern: Du bist von Gott beschenkt, also wirst du doch nicht anders als so handeln. Als eine Beschenkte, als ein Beschenkter, der und die davon weitergeben. Das ist die Frucht guter Taten. Durch Gottes Geist erkennen wir Gottes Willen. Ursprünglich empfand Israel das alttestamentliche Gesetz nicht als lästige Pflicht oder gar Zwangsmaßnahme. Dem Schreiber des 119. Psalms etwa und vielen anderen ist die Gabe der Thora ein außerordentliches Vorrecht. Jahwe hatte seinem Volk gute Gebote gegeben. Sich daran zu halten bedeutete, einen geraden Weg für das eigene Leben zu finden. Verschenke die Liebe Gottes an andere weiter, lautete der Auftrag. Aber dann lief etwas schief. Das Geschenk der Gebote Gottes wurde Israel zur Last. Aus dem glaubensstarken Dank dafür wurde ein ängstliches: Hüte dich gegen Gottes Willen zu handeln. Nicht mehr Gestaltung des Glaubens, sondern Verweigerung und Verneinung Gott gegenüber war die Folge. So kann es uns auch mit dem Geschenk des Glaubens an Jesus gehen. Statt der Liebe, die der Geist Gottes weckt, wird das Gottesverhältnis durch unser Bemühen um Heiligkeit als Last empfunden.

An dem Tag, als die Israeliten erstmals das Blut der geschlachteten Passahlämmer an die Türbalken und den Türsturz ihrer Häuser strichen, bereiteten sie ihren Auszug aus Ägypten vor. Dieser Tag war der Beginn einer Reise, auf die Gott sie schickte (2. Mose 12,11). Mit der Bekehrung zu Jesus und mit der Taufe beginnt eine vergleichbare Reise. Wie Gott Israel aus der ägyptischen

Gefangenschaft befreite, befreit Jesus auch uns. Das verheißene Land, in das uns Gott durch den Glauben an Jesus brachte, ist die Gemeinschaft mit dem Heiligen Geist. Und zwar nicht irgendwann und nicht erst im Himmel, sondern jetzt und hier. Um dieses Erlösungswunder geht es. Christus ist uns von Gott zur Rechtfertigung, zur Heiligung und zur Erlösung gemacht (1. Korinther 1,30). Jesus macht unseren Alltag zu seiner Werkstatt. Mit dem Glauben an ihn stellt uns Gott an die Werkbank seiner Welt.

Aber ist die Selbstverständlichkeit der Heiligung des neuen Handelns, die Frucht der guten Taten und das darin ständige Fortschreiten nicht allzu optimistisch gedacht und wirklichkeitsfremd? Das immerwährende Tätigsein des Glaubens, wie Luther es nannte, ist das nicht eine Utopie? Und weist nicht auch Paulus darauf hin, wenn wir beispielsweise in Kolosser 1,10 (GNB) lesen: „Denn ihr sollt ja so leben, wie es dem Herrn Ehre macht und stets tun, was ihm gefällt." Bestehen hier nicht doch eine Forderung und der Appell an die Bereitschaft zur Anstrengung? Wie passt der Glaube, den wir als Geschenk empfangen haben, zu der Aufforderung christlicher Aktivität? Ist das „Du musst!" in Wahrheit nicht doch unvermeidlich?

Aus der Gefangenschaft befreit, verweigerte Israel Jahwe die Nachfolge. Infolgedessen durchwanderten sie vierzig Jahre lang die Wüste. Von den Früchten des verheißenen Landes zu kosten, davon konnte das Volk im Wüstensand nur träumen. Durch seine wiederholte Abkehr von Gott blieb das Thema der Umkehr und Heiligung auch später dauerhaft akut. Deshalb reift bei den Propheten des Alten Testaments die Einsicht, dass durch Gesetzesgehorsam keine echte Umkehr zu Gott möglich ist, und Israel aus eigener

Kraft nicht zu seinem Gott umkehren kann. Im Neuen Testament verspricht das Kommen des Heiligen Geistes diese Möglichkeit. Denn der Geist ist der Geber des Lebens, der Schöpfung wie der Neuschöpfung. Der Heilige Geist ist die einzigartige, neue Signatur der Christen. Das wirklich Neue an den Christen und am Christentum sind nicht neue Lehren – es ist die Wirklichkeit des Heiligen Geistes.

Im Alten Testament meint Bekehrung meist die Hinwendung des ganzen Herzens zu Gott und Abkehr von Götzenverehrung, vom Vertrauen auf eigene Macht und von Unrecht. Das Neue Testament differenziert die zwei Aspekte der Umkehr ebenfalls: die Abwendung vom Bösen (griech. metanoia) und die Hinwendung zu Gott (griech. epistrepho). Es kommt aber noch eine dritte, wesentliche Komponente hinzu: die Wende, von Christus herkommend, zurück in die Welt. In den Briefen des Paulus kommt vielleicht deshalb das Wort Buße kaum vor und bei Johannes gar nicht. Beide verwenden für die gleiche Sache andere Ausdrücke, die den dritten Aspekt der Umkehr mit ihrer befruchtenden Auswirkung auf die Welt einschließt. Dafür stehen die Formulierungen „zum Glauben kommen", „gläubig werden" oder „Wiedergeburt". Damit verbunden das „Sein in Christus", das „Anziehen des neuen Menschen", die „neue Schöpfung", das „Sterben und Auferstehen mit Christus". Wie bleibt der Glaube lebendig und die Gemeinde angesteckt von Jesu Wunsch und Ziel, Menschen Gutes zu tun? Wie entkommen wir drohender Gleichgültigkeit dem Glauben gegenüber? Wie bleibe ich Christ angesichts der Erfahrung, dass sich meine Erwartungen von Gott nicht erfüllen? Von selbst geschieht hier gar nichts.

Und auch nichts aus purer Begeisterung. Gutes tun durchbricht die Gewohnheit, sich erstrangig um die eigenen Belange und Interessen zu kümmern, Liebe und Aufmerksamkeit von anderen zu erwarten und eigene Vorlieben für das Maß der Gemeinschaft zu halten. Was wir denken, was wir wollen und wie wir uns verhalten, setzt den Maßstab für ein Leben in der Nachfolge Jesu. „Euer ganzes Tun soll ausgerichtet sein an dem heiligen Gott, der euch berufen hat", lesen wir in 1. Petrus 1,15 (GNB). Ist das zu hoch gegriffen?

In Matthäus 25 verdeutlicht Jesus, dass Gutes zu tun für Nachfolger Jesu offensichtlich so sehr selbstverständlich ist, dass sie ihn im Jüngsten Gericht fragen werden, wann sie dergleichen taten. Weil es naheliegend war, zweckdienlich, schlicht und einfach. Es sind die selbstverständlichen Dinge, die uns Christus ähnlich werden lassen. Und also: Wenn wir Gutes tun, Menschen unterstützen, beten, spenden, machen wir davon kein Aufheben. Suchen wir das Gute in besonderen Aktionen, geht es häufig darum, Aufsehen zu erregen. Im Gegensatz dazu lässt sich die alltägliche Liebe nicht vermarkten. Einem alten Menschen zuhören, der zum x-ten Mal das Gleiche erzählt.

> *Wir sind keine Menschen, die eine spirituelle Erfahrung machen, sondern wir sind spirituelle Wesen, die erfahren, Mensch zu sein.*
> *Pierre Teilhard de Chardin*

Eine zupackende Hand für die schweren Wasserkästen. Ein paar hilfreiche Klicks auf dem Rechner. Sich für den Erhalt der Schöpfung investieren. Sich politisch engagieren, sich für Homosexuelle oder Flüchtlinge einsetzen. Dafür hängt man niemandem einen Kranz um, und dafür wird kein Bundesverdienstkreuz verliehen. Denn Heiliges geschieht alltäglich. Nachgefragt wird Lebensnähe. Diese überraschende Übereinstimmung ergab eine Umfrage unter Nichtchristen und regelmäßigen Kirchgängern. Die meisten der Befragten erhofften sich von Kirche und Gottesdienst vor allem Lebenshilfe. Was sich ans Herz wendet, bedeutet darum im geistlichen Leben nicht Gefühlsbetonung, sondern emotionale Betroffenheit, die sich durch Realitätssinn auszeichnet. Solches getroffen und betroffen sein kann mit starken Gefühlsregungen einhergehen, muss es aber nicht. Denn das Herz ist nach biblischem Verständnis nicht das Lust- und Gefühlszentrum, sondern die Mitte des Menschen in seinem Gewissen, Willen und Urteilsvermögen. Es ist die Schaltzentrale, die Wille und Verstand, Gefühl und Lebenskraft zusammenbringt. Es müssen nicht immer spezifisch religiöse Erlebnisse sein. Viel häufiger sind es ganz normale Erfahrungen, die uns viel über Gott und unser Verhältnis zu ihm lehren. Es mag die Langeweile des Alltags oder der Schock eines Unfalls sein, die Geburt eines Kindes oder der Tod eines lieben Menschen, es mögen Krieg oder Frieden sein, die uns Gottes unmittelbare Nähe lehren. Die Bibel sagt, dass Gott jedem von uns darin näher ist, als wir denken (Apostelgeschichte 17,27f). Und dass uns sein Wort eher erreicht, als sich Worte aus dem eigenen Mund bilden (Römer 10,8). So ist Gott unter uns gegenwärtig. Und vielfältig sind die Wege, auf denen er sich uns vermittelt. Eines jedoch gehört immer dazu: die Begegnung mit uns selbst und mit den anderen.

Vielfach wurde das geistliche Leben geradezu in Gegensatz zur psychischen Verfasstheit des Menschen gestellt. Demnach galt es, gegen seine seelischen Antriebe und Umtriebe anzukämpfen, statt sie anzunehmen und in die eigene Persönlichkeit zu integrieren. Doch Psalm 139,23 beschreibt, worum es geht: „Erforsche mich, Gott, und erkenne mein Herz; prüfe mich, und erkenne, wie ich's meine. Und sieh, ob ich auf bösem Wege bin, und leite mich auf ewigem Wege." (Psalm 139,23+24; LB) Vorausgesetzt ist also, dass Gottesbegegnung zur Selbsteinsicht führt. Denn wie soll die Erforschung des Menschen durch Gottes Geist von Nutzen sein, wenn wir daran nicht bewusst teilhaben? Ein spannender Film, ein anregendes Buch, ein intensiver Vortrag bringen den Resonanzboden unserer Seele zum Schwingen. Dann melden sich Empfindungen wie Klage und Trauer, Wut und Ärger, Enttäuschung oder Angst. Wenn David betet: „Prüfe mich und erkenne, wie ich's meine", erwartet ihn die Antwort auf diese Bitte auf dem Weg der Begegnung mit sich selbst. Dabei fallen Schatten und Licht ins Auge. Darauf hat sich David eingelassen, und er ermutigt uns, es ihm gleichzutun. Diesem Prozess ist jene Freiheit verheißen, die nur die Wahrheit zu schenken vermag. Im Vertrauen auf Gott stoßen wir beim Lesen der Bibel und der Betrachtung von uns selbst zu den ehrlichen Belangen und unbewussten Antrieben unseres Lebens und Glaubens vor. Alles soll versöhnt werden. Dem gilt es sich zu öffnen. Da ist etwas abhanden gekommen, und wir können es wiederfinden.

Hoffen

Was macht den Glauben gewiss? Zuversicht stellt sich paradoxer-weise dort ein, wo Christen Sicherheit nicht zum Ziel der Gottes-begegnung machen.

„Wes' Brot ich ess', des Lied ich sing": Dieses Sprichwort ist seit dem Mittelalter belegt. Es stammt von Michel (Michael) Beheim, der von 1420 bis ca. 1477 lebte. Er war Minnesänger, Berufsdichter und Liedermacher am Hofe der Adligen. Dabei war er für ständig wechselnde und teilweise untereinander verfeindete Dienstherren tätig. Für sie alle reimte und dichtete er schmeichelnde Verse und Lieder. Ganz nach dem Geschmack der jeweiligen Auftraggeber und ihrer Eitelkeit entsprechend. „Wes' Brot ich ess', des Lied ich sing": Das trifft auch ziemlich gut auf das zu, was die Hörer Jesu von ihm erwarten. Sie fragen ihn: „Was sollen wir tun, damit wir so handeln, wie Gott es erwartet? Jesus gibt ihnen zur Antwort: Das bewirkt und erwartet Gott von euch: Glaubt an den, den er gesandt hat … Ich bin das Brot des Lebens. Wer zu mir kommt, wird nie mehr hungern. Und wer an mich glaubt, wird nie mehr Durst haben. Aber ich habe es euch ja schon gesagt: Obwohl ihr mich gesehen habt, glaubt ihr nicht." (Johannes 6,28.35+36; BB)

So vielfältig sich Menschen Gottesbilder stricken und variieren mö-gen, gemeinsam ist ihnen der Wunsch, Gott kalkulieren zu können. Er soll eine berechenbare, verlässliche Größe im Wechselspiel und Zufall des Lebens sein. Gerne hätten wir einen Gott nach unseren Erwartungen, Wünschen, Hoffnungen und Ansprüchen. Doch genau das widerspricht dem Verhältnis zwischen Schöpfer und Geschöpf und Jesus und uns. Christlicher Glaube ist nie verfügbarer Besitz. Wenn Jesus seine Hörer weiterhin mit Brot versorgen wird, so wie bei der Speisung der 5000 geschehen, dann wollen sie ihm gerne angehören und ihn ehren. Jesus, das Brot des Lebens, münzen sie auf das Versprechen eines gesicherten Auskommens. Zugegeben, es ist verständlich, die Bedeutung Jesu für das eigene Leben darin finden zu wollen. Aber Jesus entzieht sich unserem Kontrollbedürfnis. Er gibt sich nicht in unsere Hand. Gewissheit empfängt, wer von dem Streben nach Sicherheit lässt.

Drei Lobgesänge und eine Frage. Zu Jesu Lebzeiten gab es unterschiedliche Erwartungen an den kommenden Messias. Im Zusammenhang mit Jesu Geburt geht der Evangelist Lukas darauf ein. Maria hoffte auf die Umkehrung der sozialen und politischen Verhältnisse. Die Mächtigen entmachtet und die Unterdrückten emporgehoben. Reiche würden Arme nicht mehr ausbeuten, und der Hunger würde besiegt sein (Lukas 1,51-55). Zacharias ersehnte eine national-religiöse Erneuerung Israels. Der Gott Israels würde sein Volk von der römischen Besatzung befreien, und Gottes Volk ihm treu sein (Lukas 1,68-75). Simeon sah internationalen und persönlichen Frieden kommen. Gottes rettendes Werk für alle Welt und eigenes, friedvolles Sterben (Lukas 2,28-35). Welche dieser Erwartungen waren berechtigt, und welche würde Jesus enttäuschen?

Johannes der Täufer hat so seine Zweifel Er sitzt zu dieser Zeit im Gefängnis und erfährt dort von den Taten, die Jesus vollbringt. So schickt er seine Jünger zu ihm und lässt ihn fragen: „Bist du wirklich der Retter, der kommen soll, oder müssen wir auf einen anderen warten?" (Matthäus 11,2+3; Hfa) Bist du es? Bist du der verheißene Messias? Auch wir haben Erwartungen an Jesus. Dein Leben wird bereichert sein!, lautet beispielsweise eine weit verbreitete Verheißungsformel. Aber lesen wir in der Bibel nicht auch von erlittener Distanz zu Partnern und Kindern, von Familiendramen wie dem bis aufs Messer geführten Konflikt zwischen Joseph und seinen Brüdern oder dem Eifersuchtsdrama zwischen Sara und Hagar? Wir wissen auch um dauerhaft versehrte christliche Lebensbiografien. Geh unbeirrt deinen Weg! Alles, was du erreichen willst, kannst du erreichen, wenn du nur bei Jesus bleibst. Darin erfüllen sich der Sinn und das Glück des Vertrauens auf Gott, lautet eine andere Verheißungsformel. Ist das wirklich das Versprechen Gottes? Andere sagen: Mit deiner Entscheidung für Jesus lebst du fortan mit ihm in enger Gemeinschaft. Doch erlebten sich nicht viele biblische Gestalten, Männer und Frauen, zeitweise ziemlich gottverlassen? Wie der Prophet, der Gott mit einem versiegten Bach vergleicht, und den Tag seiner Geburt verflucht (Jeremia 15,10.18). Und resultieren aus dem Glauben an Gott nicht manch neue unbeantwortete Fragen? Du kannst mit dem Glauben an Jesus nur gewinnen. Auch damit wird für den Glauben geworben. Jedoch: Du bist Gemeindestreitigkeiten und die fruchtlosen Diskussionen um Themen und Positionen leid, mit denen du dich als Nichtchrist nie beschäftigen würdest. So wird die Frage des Johannes zu unserer: Jesus, bist du es? Eine nachvollziehbare Frage, die Johannes stellt. Denn er ist „nah dran" an Gott. Doch die Situation, die sich daraus für ihn ergibt, ist nicht beneidenswert. Ihm kommt alles falsch vor. Sein Weg endet im Gefängnis, und sein Lebensende droht. War also alles umsonst? Verglichen mit der erlebten Wirklichkeit, klingen Johannes die Lobgesänge von Maria, Zacharias und Simeon sehr verzerrt. Von sozialem Ausgleich, nationaler Einheit, internationalem Frieden und religiöser Erneuerung ist bis heute nichts zu sehen. Ist daher Zurückhaltung gegenüber Jesus nicht angemessen? Jesus warnt Johannes den Täufer, sich nicht an ihm zu ärgern. Seit hunderten von Jahren hat sich daran nichts geändert und gilt in unsicherer Zeit auch uns. Denn das Leben mit dem Schöpfer ist widersprüchlicher, inhaltsreicher und tiefer, als es mancher wahrhaben will. Künstler und Propheten haben oftmals ein feines Gespür für die Fragen und Zweifel ihrer Zeit. Asaph war ein solcher Mensch. Levit und Chorleiter am Hofe Davids, ein Musiker und Prophet (2. Chronik 29,30). Er spürt und dichtet dem Leben nach, und was er davon wahrnimmt, empört ihn. Die Mühsal des Lebens kennen die Gottlosen nicht. Böse Pläne bestimmen ihr Herz. Selbstgerecht, hochmütig, von oben herab reden sie. Darum wendet sich das Volk ihnen zu! Man schlürft gierig ihre protzigen und weltüberlegenen Worte. Skrupellose Menschen setzen sich durch. Ihre Taten beweisen, dass ihr Herz eine Quelle des Bösen ist. Ihre schrankenlose Hybris fasziniert die Leute. Dass das ungestraft bleibt und Gott sich nicht darum zu kümmern scheint, ist Asaph eine fürchterliche Anfechtung. Warum haben es die Spötter und Gottlosen so gut? Das hat er vor Augen. Sein Psalm beschreibt aber auch noch eine andere, eine geglaubte Wirklichkeit: „Lauter Güte ist Gott gegen den Frommen, der Herr gegen die, die reines Herzens sind." (Psalm 73,1; ZÜ) Wie gelangt Asaph von seiner niederschmetternden Analyse zu der Hoffnung, von Gott Gutes zu erwarten? Was er nicht sagt: Gott nah, habe ich Glück im

Leben. Und auch nicht: Gott nah, bin ich glücklich. Sondern: „Gott nahe zu sein, ist mein Glück." (Psalm 73,28; EÜ) Den Unterschied erläuternd, beginnt der Psalm mit der Erzählung der schweren Bedrohung und Anfechtung seines Glaubens. Asaph stand kurz davor, das Vertrauen auf Gott an den Nagel zu hängen. Es fehlte nicht viel. Doch etwas anderes geschah. Der erste Vers des Psalms setzt auch den finalen Akkord seiner Hoffnung. „Lauter Güte ist Gott gegen den Frommen, der Herr gegen die, die reines Herzens sind."

Das Glück definitiv und garantiert wäre uns lieb. Vergleichbar der präzisen Berechnung eines Versicherungsanbieters. Entsprechend des Investierten ergibt sich eine garantiert zu erwartende, fest kalkulierte Finanzausschüttung. Das kommt dem Sicherheitsbedürfnis entgegen. Aber Unfall, Steuerdiskussion, Haushaltslöcher, Renten- und Krankenversicherungsproblematik, Wertpapierturbulenzen – wer weiß heute schon mit Sicherheit, was morgen sein wird? Unerschütterliche Sicherheit gibt es nicht! Noch so viel Geld bewahrt nicht vor Krankheit, Familie nicht vor Einsamkeit, Glaube nicht vor Unglück. All das und von Hitze und Wind ausgedorrte Böden sowie durch Starkregen überflutete Landstriche stehen uns lebendig vor Augen. Ausgetrocknete oder überflutete Landschaften sind zudem Abbilder unserer Seele. Hoffnungen, die wir uns machen, Träume, an denen wir festhalten, Erwartungen und Denkweisen, die wir pflegen, erschöpfen sich oder sind bereits weggespült. Und mit ihnen die Hoffnung auf Heilung der Natur und Friede unter Menschen und Völkern. Und doch versucht jeder Mensch, sein Leben vor Schaden zu schützen. Unser Interesse gilt dem Selbsterhalt.

Bemühungen, dem Leben Halt zu geben, gibt es viele. Durch konsequentes, zielgerichtetes Handeln, durch Leistungsnachweis am Arbeitsplatz oder Vermögensverwaltung. Durch gesunde Ernährung, Nachhaltigkeitsmaßnahmen, soziales Networking und manches mehr. Was sich ungewollt damit verbindet, ist oftmals eine furchtsame Lebensstatik. Vorsicht bei dem, was du isst und trinkst. Wachsamkeit im Umgang mit den Kollegen. Fixierung auf die Geldanlage.

> *Zum Bittgebet gehört beides: die Gewissheit der Erhörung und der restlose Verzicht, nach eigenem Plan erhört zu werden.*
> *Karl Rahner*

Festhalten am Gewohnten. Misstrauen gegenüber Veränderung. Wir möchten erklären, wissen, versichern, behalten, verdienen, begründen können. Dabei nimmt die Risikobereitschaft in dem Maße ab, wie das Sicherungsbedürfnis wächst. Und ist der Glaube am Ende nichts anderes als ein positives Denken, nach dem Motto: „Träume werden wahr!"? Das ist der Glaube an Jesus nicht! Und er verspricht auch nicht fraglose Sicherheit. Die Gewissheit des Glaubensgründet in einer Wirklichkeit, die nicht wir erschaffen, und auf einem Fundament, das nicht wir legen. Gottes Sohn, Jesus Christus, wurde Mensch, ist das christliche Bekenntnis. Jesus hat so viel Mitgefühl mit unserem Sehnen nach Geborgenheit, dass er sich selbst aller Kälte dieser Welt aussetzte. Das haben wir uns nicht selbst ausgedacht: Die Liebe Gottes in unsere Herzen ausgeschüttet! Mit dem Bild der Ausgießung von Wasser oder Wein in einen Krug, wie Liebe in das Gefäß unserer Herzen (Römer 5,5), ergänzt Paulus die theologische Einsicht durch seine praktische Erfahrung.

Hoffnung ist kein leerer Wahn, weil sie in Jesus begründet ist. Diese Hoffnung erfassen wir mit unseren Herzen. Hoffnung ergibt sich nicht aus vermuteten Sicherheiten. Das ist die Verheißung und das Versprechen Jesu bei seinem Weggang von der Erde gewesen (Johannes 16,33; LB): „In der Welt habt ihr Angst" – Ursache menschlichen Sicherheitsbedürfnisses – „aber seid getrost, ich habe die Welt überwunden." „Das habe ich mit euch geredet, damit ihr in mir Frieden habt." Die Gewissheit des Glaubens ist identisch mit dieser Verheißung Jesu und vielen anderen. Aus ihnen schöpfen wir Kraft und Zuversicht. Ist uns solche Gewissheit geschenkt, leben wir hoffnungsvoll gegen die Angst und vielfältigen Ungewissheiten des Lebens an. Wohin sind wir unterwegs? Für was haben wir uns auf den Weg gemacht? Was wollen wir auf die noch leeren Zeilen und Seiten kommender Lebensjahre schreiben? Gegen alle Sorgen und Verunsicherung sind wir aufgefordert weiterzugehen. Plötzlich meldet sich bei den ersten Christen nach Jesu Tod dieser rückhaltlose Mut. Die Gemeinde, die sich aus Furcht eingeschlossen hat, bekennt sich zu ihrer Hoffnung (1. Petrus 3,15). Weil in dieser Welt Gottes Wirklichkeit nicht nachgewiesen werden kann, wird ihnen die Gegenwart Gottes durch Jesu Eintritt in ihre Mitte erhellt. So steht es im Glauben auch klar vor unserem geistigen Auge und nistet sich als Gewissheit im Herzen ein: Ich mache mich auf den Weg, denn stillstehen kann ich nicht. Ich wage es. Mit veränderter Perspektive in die Zukunft. Nicht meine Absicherungen und auch nicht meine Glaubensstärke halten mich, sondern Gottes Güte!

Wir fragen nach der Wahrheit und merken, unser eigenes Wollen und Entscheiden genügt zum Glauben nicht. Wir fragen nach dem, was wir sollen, und erkennen, wie oft wir hinter eigenen Ansprüchen zurückbleiben. Wir fragen nach dem Sinn und spüren, wie Erhofftes trügt. Was folgt daraus? Eine plausible Erklärung möchten wir finden und stellen überrascht fest, dass wir über unser Leben weit weniger verfügen, als man uns weismachen möchte. Viele andere rühren mit in unserer Lebenssuppe, und ehrlich haben wir nichts im Griff. In Wahrheit verfügt nur einer über alles. Das ist Gott. Und eben das macht es so herausfordernd, mit ihm umzugehen. Ob wir nun stolz sind auf das eigene Durchhaltevermögen oder annehmen, ungelöste Lebensrätsel vertieften unseren Charakter, ob wir aus Trotz Unheil stoisch ertragen oder uns der Vorstellung hingeben, den Arm Gottes durch mehr Gebet bewegen zu können. Mit alldem arbeiten wir uns an dem unfassbaren Gott ab. Und dann, was können wir dann tun? Wie kommen wir heraus aus dieser Zwickmühle? Auch hier lohnt ein Blick auf Martin Luther.

Es ist Sommer Juli 1505. Mit seinem Vater liegt Martin Luther überquer. Der bedrängt ihn hart, Jura zu studieren und den elterlichen Betrieb weiterzuführen. Da gerät Martin, so die Überlieferung, in ein furchtbares Unwetter. Der Wind knickt Bäume wie Streichhölzer, Äste und Knüppel stürzen herab, knapp neben Martin schlägt ein Blitz ein. Der ohnehin seelisch aufgewühlte junge Mann schreit in Panik und Todesangst einen Schwur heraus. Gott, verschone mich! Dann gehe ich für dich ins Kloster! Luther kämpft gegen die Autorität seines leiblichen Vaters, um sich sogleich der Autorität des himmlischen Vaters zu unterwerfen. Nicht freiwillig, nicht aus Liebe, nicht mal aus Überzeugung. Martins Motiv ist die pure Angst. Von nun an wird Luther alles daransetzen Gott zu gefallen, sich nichts zuschulden kommen zu lassen, auch wenn er sich dabei selbst an Leib und Seele zugrunde richtet. Das Opfer sollte Gott gebracht sein! Denn für den Mönch war klar, Gott war hinter ihm her und wollte ihn strafen. Nirgends konnte er sich vor ihm verstecken.

Zu Luthers Zeit predigte die Kirche einen unerbittlichen, zürnenden Gott. Der drohte, Fegefeuer und Höllenstrafen über die Menschen auszuschütten, wenn sie nicht der kirchlichen Obrigkeit gehorchten und ihren Anweisungen unbedingt Folge leisteten. Im Mittelalter sah man in Christus vor allem den Rächer, der bald zum Jüngsten Tag vom Himmel herabsteigen werde und ihm voraus den schwarzen Tod schickte, die Pest, die Luthers Kommilitonen das Leben nahm. Heute sehen wir in Jesus eher das Vorbild eines moralisch guten Lebens: „Was würde Jesus tun?" Das ist zweifellos sympathischer, aber letztlich ein weiteres Missverständnis, wenn wir Jesu Verkündigung nicht aus der Beziehung zu ihm begreifen.

„Von der Freiheit eines Christenmenschen". Diese kleine Schrift Martin Luthers prägt das Verständnis vom evangelischen Glauben und Leben. Zentral ist dabei die Betonung der Schriftgebundenheit und damit die Zurückweisung jeder Bevormundung durch Papst und Kirche. Das ist das typisch Protestantische. Die Wahrheit muss vom Einzelnen gelebt werden. Kein Mensch darf sich maßgebend an anderen Menschen orientieren. Jeder Einzelne und jede Einzelne muss sich selbst finden im Gegenüber Gottes. Denn in allgemeiner Form ist der Glaube und die Wahrheit nicht zu haben, und Tradition beweist überhaupt nichts. Dieser Standpunkt drückte sich bereits in den 95 Thesen aus, die Martin Luther 1517 gegen den Ablasshandel formuliert hatte. Ursprünglich als Diskussionsgrundlage für theologische Gelehrte gedacht, verbreiteten sie sich rasch. Zwei Monate später wird Anzeige gegen Luther wegen Ketzerei erlassen. 1518 wendet er sich mit einem ausführlichen Brief an Papst Leo X., um seine Thesen zu erläutern. Bis dahin ist er überzeugt, die gegen ihn ausgesprochene päpstliche Anzeige könne nur auf einem Missverständnis beruhen.

Im Oktober 1520 folgte ein zweiter Brief Luthers an Leo X., mit eben der ihm gewidmeten Schrift „Von der Freiheit eines Christenmenschen". Darin legt Luther seine Anschauung vom christlichen Leben dar. Luther stellt seiner Schrift, 1. Korinther 9,19 und Römer 13,8 folgend, zwei Thesen voraus. Erstens: „Ein Christmensch ist ein freier Herr über alle Dinge und niemand untertan." „Ich bin frei in allen Dingen und habe mich zu jedermanns Knecht gemacht.", Und zweitens: „Ein Christmensch ist ein dienstbarer Knecht aller Dinge und jedermann untertan." „Ihr sollt niemand gegenüber zu etwas verpflichtet sein, als dazu, dass ihr euch untereinander liebet." (Martin Luther, Von der Freiheit eines Christenmenschen, Bd. 2, S. 162)

Luther hoffte lange Zeit, alle gegen ihn vorgebrachte Kritik ausräumen zu können. Aber seine Darlegung bewirkte keine Annäherung der strittigen Positionen. Im Gegenteil. Im Rahmen des Reichstags zu Worms wurde der Mönch am 17./18. April 1521 angehört. Luther weigerte sich unter Berufung auf die Bibel, der kaiserlichen Aufforderung zu folgen und seine Ansichten zu widerrufen. Das betraf hauptsächlich die 1520 erschienenen Bücher „Von der Freiheit eines Christenmenschen", „An den christlichen Adel deutscher Nation" und „Von der babylonischen Gefangenschaft der Kirche". Berühmt ist Luthers Antwort auf die Aufforderung Karls V. zu widerrufen: „… wenn ich nicht durch Zeugnisse der Schrift und klare Vernunftgründe überzeugt werde; denn weder dem Papst noch den Konzilien allein glaube ich, da es feststeht, dass sie öfter geirrt und sich selbst widersprochen haben, so bin ich durch die Stellen der Heiligen Schrift, die ich angeführt habe, überwunden in meinem Gewissen und gefangen in dem Worte Gottes. Daher kann und will ich nichts widerrufen, weil wider das Gewissen etwas zu tun weder sicher noch heilsam ist. Gott helfe mir, Amen!" (https://de.wikipedia.org/wiki/Martin_Luther_auf_dem_Reichstag_zu_Worms_1521)

Karl V. fällt darauf hin sein Urteil, es wolle ihm nicht erscheinen, wie ein einzelner Mönch recht haben könnte gegen die ganze Christenheit. Über Luther wurde die Reichsacht verhängt, die ihn zum Vogelfreien erklärte. Damit wäre ein Mörder Luthers straffrei ausgegangen. Doch am 4. Mai 1521, auf dem Heimweg vom Reichstag, wird er im geheimen Auftrag seines Landesherrn, des Kurfürsten Friedrich von Sachsen, entführt und auf der Wartburg in Eisenach in Schutzhaft genommen. Die Reformationsbewegung nimmt derweil Fahrt auf. Dabei ist der unbedingte Schriftbezug ihr Dreh- und Angelpunkt. Die Bibel als einzige Autorität in Glaubensfragen. Als Mitte des Evangeliums erkannte Luther die Rechtfertigungsbotschaft. „Wenn es aber wahr ist, dass ich von neuem geboren werde, wie Christus sagt, so muss ich nichts dazu tun, sondern leiden und stille halten, damit der mich zu seinem Kind macht, der mein Vater und mein Schöpfer ist. Wenn ich mitwirke, dann ist nicht

Gott mein alleiniger Gott, sondern ich bin es auch. Wenn er's aber allein ist, dann bin's nicht ich, wie Ps 100,3 heißt: »Er hat uns gemacht und nicht wir selbst zu seinem Volk und zu Schafen seiner Weide.«" (Martin Luther, Weg der Kirche, Bd. 6, S. 29)

Du meine Seele, singe, wohlauf und singe schön
dem, welchem alle Dinge zu Dienst und Willen stehn.
Ich will den Herren droben hier preisen auf der Erd;
ich will Ihn herzlich loben, solang ich leben werd.

Wohl dem, der einzig schauet nach Jakobs Gott und Heil!
Wer dem sich anvertrauet, der hat das beste Teil,
das höchste Gut erlesen, den schönsten Schatz geliebt;
sein Herz und ganzes Wesen, bleibt ewig ungetrübt.

Hier sind die starken Kräfte, die unerschöpfte Macht;
das weisen die Geschäfte, die Seine Hand gemacht:
der Himmel und die Erde mit ihrem ganzen Heer,
der Fisch unzähl'ge Herde, im großen wilden Meer.<
(EG 302, Paul Gerhardt,1653)

Was Hoffnung genannt wird, erfährt vom Glauben her eine neue Deutung. Wie Jesus für Petrus bittet, dass sein Glaube nicht aufhöre (Lukas 22,32), so bittet er auch für uns. In der Bibel gründet die Hoffnung in der Wirklichkeit, die Gott schafft. Sie lebt aus dem Glauben, den er schenkt. Beides erschafft kein menschliches Bemühen und keine menschliche Entscheidung. Wir können weder Gott noch die Ewigkeit beweisen. Wir können Gott nicht verstehen, wie wir andere Menschen verstehen. Wir erfahren den König der Welt nur, wenn er sich uns selbst erschließt. Denn „Das Endliche kann nicht das Unendliche begründen..." (Paul Tillich, In der Tiefe ist Wahrheit, S.130) und die Verwirrung nicht die Wahrheit. Niemand versteht Gott, wie Jesus es tat, weil wir anders als er durch die Sünde aus der Wahrheit herausgefallen sind.

Der Auferstandene, der sich so vielen Menschen offenbart hat, zeigt sich selbst gerade da, wo wir uns nicht mehr bewähren und nicht mehr glauben können. Das Ende unserer Möglichkeiten ist nicht das Ende seiner Möglichkeiten. Von biblisch begründeter Hoffnung auf Gott sprechen wir deshalb erst da, wo seine Wirklichkeit Unmögliches ermöglicht. Es ist eine Hoffnung gegen alle Hoffnung. Wir müssen auf den Anfang der Schöpfung aus dem Nichts sehen und auf unser Ende, das Gott aus dem Tod wiederauferstehen lässt. Das ist die Zukunft Gottes, die der Grund aller Hoffnung ist. Das ist sein letztgültiger Wille. Wenn der Psalmist erklärt, er begehre auf Erden nichts neben Jahwe, ist das gegen die uns bedrängende Wirklichkeit gesprochen. Die Lebensfäden bleiben verworren und ineinander verknotet. Alle irdischen Segnungen sind relativiert. Alle intellektuellen Bemühungen, das Rätsel des Lebens zu lösen, bleiben erfolglos. Schließlich bleibt nur ein „doch" du hast meine rechte Hand erfasst (Psalm 73,23), ganz ohne ein selbstmächtig gesprochenes Dennoch. Das ist unsere Situation.

Bei Jesus finden sich Treue und Verlässlichkeit, Hilfe und Barmherzigkeit, Liebe und Zuwendung. Er musste ins Leben kommen, und zwar ins echte Leben, wie wir es erfahren. So kam er ins

Verworrene unserer Welt und unseres Alltags. Jesus war dabei so überzeugend anders, dass man sich nur darüber ärgern konnte. Oder sich ihm anschließen und von ihm lernen. Der Evangelist Johannes drückt es so aus: Das Licht kam in eine dunkle Welt. Zu diesem Dunkel gehört die Ungewissheit, die kein Argument und kein Erleben zu vertreiben vermag. Wir sind Zeugen widersprüchlicher Erfahrungen des religiösen Lebens. Wollen wir uns auf unsere Ideale, Ziele, Gedanken und Gefühle verlassen, empfinden wir ihre Schwäche und ihre Anfälligkeit gegenüber jedem kritischen Gedanken und jedem beängstigenden Ereignis.

Und doch: Als Christen stehen wir in einem exklusiven Verhältnis zu ihm, der nicht nur Wahres sagt, sondern der die Wahrheit ist. Gott lässt uns nicht allein mit der Aufgabe, ihn zu suchen und zu finden. Er kommt aller Welt durch seinen Heiligen Geist entgegen. Der Heilige Geist bereitet im Menschen die gewisse Überzeugung seiner Gegenwart und Fürsorge. Der Geist Gottes ist quasi der Übersetzer dessen, was Gott aus seiner jenseitigen Welt in unser Herz und in unseren Verstand einpflanzen will. Wenn wir beten, wenn wir in der Bibel oder andernorts etwas Hilfreiches lesen, etwas Ergreifendes erleben, wenn wir uns in einem Gottesdienst seiner Botschaft aussetzen, dann ist unser größter Lehrer der Heilige Geist selbst. Er ist es, von dem Jesus sagt, dass er ihn zu uns sendet, damit er uns alles Gute lehrt und wahre Erkenntnis schenkt (Johannes 14,26).

Wenn wir wählen könnten, würde unser Leben dann anders aussehen? Vielleicht siegreich, kraftvoll und unbelastet? Manche Christen behaupten, der Glaube an Jesus trage über alle Schlaglöcher des Alltags hinweg. Bist du ganz nah bei Jesus, schwärmen sie, sind alle Widerstände und Hindernisse in deinem Leben bald aus-geräumt. Dann ist es harmonisch in deiner Familie, Ehe und unter Freunden. Sie sagen, dass dies das Erkennungszeichen eines gesegneten Lebens mit Jesus ist. Sie sagen, es ginge jedem Menschen besser, wenn er nur richtig fest glauben würde. Er wüsste dann den Willen Gottes für jeden einzelnen Schritt seines Lebens. Uns stünde dann glasklar vor Augen, was Gott von uns will. Und folglich, weil das so nicht ist, sei da irgendetwas Unentdecktes, Verborgenes im Christen, eine Schuld womöglich oder fehlende Hingabe, weshalb Gott nicht geben könne, was er doch eigentlich versprochen hat.

Vielleicht überfordert uns der Alltag tatsächlich, und wir fürchten kommende Herausforderungen. Vielleicht sind wir unsicher. Vielleicht treffen wir unüberlegte Entscheidungen. Vielleicht widerfährt uns Unrecht, und es gibt unbewältigten Streit. Für viele Christen weltweit bedeutet der Glaube sogar Verfolgung, harte Entbehrung, Inhaftierung, Schmerzen. Im Leben des Paulus, des Jeremia, im Leben Jesu finden wir davon einiges. „Wer durch Glauben vor Gott als gerecht gilt, wird leben" (Römer 1,17; GNB) ist also kein Versprechen für ein Leben im Kinderspielparadies, aus dem wir dann irgendwann vom Vater in den Himmel abgeholt werden. Aber welchen Sinn hat dann der Glaube, und was ist gewiss, wenn so vieles offen bleibt?

Hoffnung kehrt wieder. Manchmal scheint das, was wir tun, und auch das Gebet völlig umsonst und vergeblich. Dann verlieren wir den Mut, weil wir das absolut nicht verstehen. Wir zweifeln an Gottes Liebe. Doch schauen wir uns das Leiden und Sterben Jesu an. Jesaja sagte voraus: „Weil er sein Leben als Opfer für die

Schuld der anderen dahingab, wird er wieder zum Leben erweckt und wird Nachkommen haben. Durch ihn wird der Herr das Werk vollbringen, an dem er Freude hat." (Jesaja 53,10; GNB) Hinterher stellt sich heraus, dass der Gescheiterte der Sieger ist. Obwohl Jesus so viele Hoffnungen von Menschen enttäuschte, gelingt die Sache Gottes durch ihn. Hoffnung kehrt wieder. Das letzte Wort ist längst gesprochen! Als Jünger und Jüngerinnen Jesu sollen wir auf Scheitern und Verzagen vorbereitet sein, weil Gott seine Liebe in Höhen und Tiefen zeigt. Ja, wir sollen damit rechnen, dass Gott gerade aus unseren augenscheinlichen Misserfolgen Gutes werden

Wenn ich zweifelnd nicht mehr weiter weiß und meine Vernunft versagt, wenn die klügsten Leute nicht mehr weiter sehen als bis zum heutigen Abend und nicht wissen, was man morgen tun muss – dann sendest du mir, Herr, eine unumstößliche Gewissheit, dass du da bist. Du wirst dafür sorgen, dass nicht alle Wege zum Guten versperrt sind.
Alexander Solschenizyn

lässt. Und dass er die Welt in seinen Händen hält. Zu unserer Erlösung ist von uns nichts zu erwarten. Das Gesetz des Handelns liegt ganz auf Gottes Seite. Alles ist ausgerichtet auf die von ihm beherrschte Situation. Was Frieden mit Gott bedeutet, drückt Jesus aus, wenn er in Johannes 15,15 sagt (GNB): „Ihr seid meine Freunde. Ich nenne euch nicht mehr Diener, denn ein Diener weiß nicht, was sein Herr tut. Vielmehr nenne ich euch Freunde, denn ich habe euch alles gesagt, was ich von meinem Vater gehört habe." Mit anderen Worten: Freunde Jesu sind wir, weil wir wissen, was er für uns getan hat. Der Zutritt zum Himmel, den uns Jesus durch sein Sterben und seine Auferstehung geschaffen hat, ist die Voraussetzung für alles, was Glaube an ihn ausmacht. Allem anderen voran die Hoffnung, die er uns gibt. Wegen des Zutritts in das Haus Gottes haben wir Hoffnung für unser Lebensende und auf eine ewige Zukunft. Die Herrlichkeit Gottes ist unsere letzte Bestimmung. Aber Paulus überspringt, wenn er sich dieser Hoffnung erfreut, nicht die Realität seiner Gegenwart. Er schreibt: Wir „rühmen uns der Hoffnung auf die zukünftige Herrlichkeit Gottes" (Römer 5,2; EÜ).

Wo ist Gott? Das fragen Nichtchristen wie Christen in sehr bitterer Lage, in angstvoller Sorge. Nichtchristen fragen so, um ihre vorweggenommene Antwort bestätigt zu finden, dass es Gott nicht gibt. Wo keine Hoffnung ist, bleibt oft nur Zweifel oder das Verschließen der Augen vor dem Unrecht. Mancher flüchtet sich demgegenüber auch in Egoismus, um vom Leben möglichst viel für sich selbst mitzunehmen. Wo ist Gott? Christen fragen so, weil sie umgekehrt in eben dieser Gewissheit leben, dass Gott ist. Dass es seine Herrlichkeit gibt, die der Welt mit allen ihren Schrecken entgegensteht. Doch gerade weil wir unsere Identität in Gottes Frieden gefunden haben, machen uns Krankheit, Leiden, Ungerechtigkeit, Angst und Hass besonders zu schaffen. Gerade weil wir in Jesus unseren Stand geschenkt bekommen haben, trifft uns alles, was seinem Frieden entgegensteht, besonders hart. Eine Ohnmacht, die auch Paulus beklagt, der er sich aber nicht ausgeliefert fühlt.

Hass und Tod behielten das letzte Wort, wenn Jesus nicht vom Tod auferstanden wäre. Ganz gleich, wie Jesus lebte und was er tat. Ohne seine Auferstehung wäre der christliche Glaube eine trügerische, eine vergebliche Hoffnung, der Glaube an Christus ein großer Fake. „Wenn wir nur für das jetzige Leben auf Christus hof-

fen, sind wir bedauernswerter als irgendjemand sonst auf der Welt",
schreibt der Apostel in 1. Korinther 15,19 (GNB). Haben wir nur
für dieses Leben auf Gott gehofft im Sinne von: Ich stelle mir vor,
dass Jesus jeden Tag bei mir ist, und das gefällt mir – dann sind wir
arm dran! Wenn es das Allerwichtigste ist, wie unser Leben hier
aussieht, ob glücklich oder nicht und aufgeladen mit allen unseren Erwartungen, dann sind wir bedauernswerter als irgendjemand
sonst auf der Welt. Weil dann alles, was unsere Hoffnung eintrübt,
ein Scheitern des Glaubens bedeutet. Glauben wir aber über dieses
Leben hinaus, richtet sich unsere Hoffnung auch auf das kommende Leben. Das ist das notwendige Korrektiv des Evangeliums. Das
irdische Leben ist nicht alles! Wenn wir darin einen Sinn für das
Heute sehen können, sind wir versöhnt mit dem, was ist. Und dann
gilt es, sich dem tatsächlichen Leben zu stellen.

Darin bei uns zu sein, ist Jesu Versprechen. Glaube heißt
nicht, dass da ein großer Vater ist, der uns das Leben abnimmt und
alle Last des Lebens für uns trägt. Sondern er ist ein Vater, der uns
ins Leben hinausschickt, der uns am Leben reifen lässt, der will,
dass wir für andere da sind, damit Liebe in der Welt sichtbar wird.
Christen setzen Zeichen des Guten, das Böses überwindet. Christen
sind nach Jesu Willen Licht im Dunkel und Salz der Welt. Christen
glauben für die, die nicht mehr glauben können. Wie sind wir das?
Zuallererst, indem wir bereit sind, das Leben mit den Menschen zu
teilen, wie Jesus bereit war, das Leben mit uns zu teilen. Gott ist
nicht ungerecht, weil er sich nicht ausreichend kümmert, sondern
mit der Erwartung eines immer bewahrten und glücklichen Lebens
bewirkt der Glaube zusätzliche Lebensnot. Aus der Hilfe, das Leben
bewältigen zu können, wird so eine zusätzliche Last.

In uns können wir keinen Anker werfen. Alle menschlichen Kräfte sind begrenzt. Wir entdecken den geringen Grad von Wahrscheinlichkeit, den Argumente dem Glauben an Gott verleihen. Wir entdecken, wie widersprüchlich die Erfahrungen des religiösen Lebens in der Glaubensgemeinschaft sind. Wir leiden am eigenen Hin und Her zwischen starkem Vertrauen und Zweifel. Es trifft zu: Alle unsere Erwartungen erfüllt Jesus nicht! Alle Hoffnung, die wir in die Beziehung mit ihm hineinlegen, auch nicht. Doch weit wichtiger, entscheidend wichtig ist Jesu Antwort an Johannes zu hören: „Geht und berichtet Johannes, was ihr gesehen und gehört habt: Blinde sehen, Lahme gehen, Menschen mit Aussatz werden rein, Taube hören, Tote werden zum Leben erweckt, Armen wird die Gute Nachricht verkündet." (Lukas 7,22; BB) Gottes Wirklichkeit ermöglicht eine Hoffnung gegen alle Hoffnungslosigkeit. Die Leere wird durch die alles umfassende Gottesgemeinschaft gefüllt. Weil da Glaube ist, und das ist genug.

Stellen wir uns vor, wir seien die Bärenraupe in Rudolf Otto Wiemers Gedicht „Die Chance der Bärenraupe, über die Straße zu kommen"

Keine Chance. Sechs Meter Asphalt.
Zwanzig Autos in einer Minute.
Fünf Laster. Ein Schlepper. Ein Pferdefuhrwerk.

Die Bärenraupe weiß nichts von Autos.
Sie weiß nicht, wie breit der Asphalt ist.
Weiß nichts von Fußgängern, Radfahrern, Mopeds.

Die Bärenraupe weiß nur, dass jenseits
Grün wächst. Herrliches Grün, vermutlich fressbar.
Sie hat Lust auf Grün. Man müsste hinüber.

Keine Chance. Sechs Meter Asphalt.
Sie geht los. Geht los auf Stummelfüßen.
Zwanzig Autos in einer Minute.

Geht los ohne Hast. Ohne Furcht. Ohne Taktik.
Fünf Laster. Ein Schlepper. Ein Pferdefuhrwerk.
Geht los und geht und geht und geht und kommt an.

Endgültige Erlösung ist nur von der Zukunft Gottes her zu erwarten. Von dem Gott, der der Welt ihr geschichtliches Ende setzt. Welchen Sinn macht es aber dann, hier zu sein? Wozu hier leben, wenn das Ziel der Himmel ist? Für Paulus wird die „Gute Nachricht" zum neuen Organisationszentrum seines Denkens. Er schreibt: „Ich schäme mich nicht für die rettende Botschaft, denn sie ist eine Kraft Gottes, die alle befreit, die darauf vertrauen; zuerst die Juden, aber auch alle anderen Menschen. Durch sie zeigt Gott, wie er ist: Er sorgt dafür, dass unsere Schuld gesühnt wird und wir mit ihm Gemeinschaft haben können. Dies geschieht, wenn wir uns allein auf das verlassen, was Gott für uns getan hat." (Römer 1,16; HFA) Zu echter Gewissheit gehört immer eine souveräne Weise der Selbstvergessenheit. In der Gewissheit des Glaubens hören wir auf mit aller Selbstbeschwörung. Gerne bete ich die Zeilen: „Bei Gott bin ich geborgen, still wie ein Kind. Bei ihm ist Trost und Heil. Ja, hin zu Gott verzehrt sich meine Seele, kehrt in Frieden ein."

Das Andere ist aber auch da. Ratlosigkeit macht sich breit. Gedrückte Stimmung. Was sollen sie jetzt anfangen? Lohnt es sich noch, irgendetwas anzufangen? Wie sollen sie weitermachen? Wie soll es denn jetzt weitergehen? „Ich gehe fischen", sagt Petrus. „Wir kommen mit", sagen die Jünger (Johannes 21,1-14). Es ist wie am Anfang, als sie Jesus von ihren Fischerbooten weg in seine Nachfolge rief. Nur eines ist jetzt auch noch anders: Sie fangen nichts! Hat sich also gar nichts geändert, ist alles nur noch schlimmer geworden, war alles für die Katz? Ist ihr Glaube an Jesus ein großer Irrtum gewesen und alle Bemühung anständig zu bleiben? Keine Leute am Strand, die ihnen applaudieren. Niemand da, der sich dankbar zeigt. Keiner, der ihnen Aufmerksamkeit schenkt, geschweige denn mit ihnen trauert. Niemand, der die Jünger super findet. Niemand, der von ihrem Leben beeindruckt wäre, weil sie mit Jesus unterwegs waren, wie wir es heute sind. Und meinen die Jünger, dass sich die letzten drei Jahre mit Jesus gelohnt hatten?

Eher sagen sie: Das Leben muss weitergehen! Glaube füllt keine leeren Mägen, schafft keine überladenen Schreibtische leer, zaubert kein Essen auf den Tisch. Da bleibt den Jüngern nichts anderes übrig, als das Eigene zu tun. Es kommt auf sie an. Da hatten sie gedacht, Jesus nähme ihnen die Arbeit ab. Aber nach seiner Auferstehung sind sie gefordert wie zuvor. Auf deine eigene Weise hast du vielleicht auch schon gesagt: Ich gehe wieder fischen. Ich kann mein Leben ja nicht begraben, es muss weitergehen. Was bleibt mir anderes übrig? Und dann der Schock: Die Netze bleiben leer! Es will einfach nicht werden, wie es früher war, als Jesus mit ihnen ging. Der Mangel bleibt. Er ist spürbar. Bald an jeder Ecke. Ich kann nicht mehr. Ich kann vor allem jetzt nicht noch für andere da sein. Netze auswerfen und Fische an Land ziehen. Glaube in der Gesellschaft leben – völlig utopisch. Ich bekomme ja meinen regulären Alltag kaum hin. Dienst an der Welt und in der Gesellschaft, das ist keine prickelnde Idee. Ich fühle mich so schon oft genug von anderen ausgenutzt.

Und doch. Noch einmal werfen die Jünger die Netze aus. Sie tun es, ohne rationalen Grund. Ob links oder rechts vom Boot: Was spielt das für ein Rolle? Logisch ist das nicht. Doch sie tun, was ihnen der Fremde rät. Und tatsächlich, der Fang ist überwältigend groß. Es ist der Herr, der da am Ufer steht und sie bei der harten Arbeit im Auge hat. Geben auch wir nicht auf. Fangen wir an! Da zeigt sich, die Jünger werden versorgt. Das Offenbarungswunder Jesu macht es deutlich. Wir müssen selbst versorgt sein und Halt haben, um helfen zu können. Das weiß niemand besser als unser Herr. Wer seine Hand hilfreich ausstreckt, um andere herauszuziehen oder auch nur zu halten, muss selber gehalten sein. Sonst verlieren wir das Gleichgewicht. Als die Jünger an Land kommen, ist schon für sie gesorgt! Auf dem Feuer liegen bereits ihre Fische zum Verzehr bereit. Da bringen sie auch heran, was sie selbst gefangen haben. „Zeig mal!", ermuntert sie Jesus. Was Jesus gibt und was wir fangen, kommt beides aus derselben Hand.

Und so essen sie gemeinsam. Die Jünger mit ihrem auferstandenen Herrn. Auffällig ist die Stille, die über dieser Szene liegt. Die Jünger sind nicht mehr stumm, aber still. Schweigend sitzen sie mit ihrem vom Tod auferstandenen Herrn um das Feuer. Keine Diskussionen über das, was geschah, und keine Nachfragen, wer der

Herr ist, der sie einlädt, bei ihm und mit ihm zu sein. Stille herrscht, nicht Tanz. Gewissheit, nicht Euphorie. Ehrfurcht, kein Palaver. Ja, und hier, erst hier, verstummen die bohrenden Fragen. Die Fragen, die mit denen auch wir uns ständig befassen und die uns nicht loslassen. Die nach dem Sinn, ob es lohnt, ob es nicht auch etwas einfacher ginge und warum die Menschen sind, wie sie sind, warum es immer Arme gibt und Notleidende, immer belastete Menschen und immer welche, die an den Rockzipfeln zerren. Weshalb da einige sind, die immer geben und immer mehr geben – weil ihnen viel gegeben ist? Und die anderen, die nichts haben und darum nur wenig geben können? In der Tischgemeinschaft mit dem Auferstandenen verstummen diese Fragen. Anders als wir erwarten möchten. Ohne viele Worte, ohne Erklärung, ohne Strategie. Ohne mit guten Taten aufzufallen und auch nicht mit großem bewunderten Fang. Sie sitzen am Feuer, und ihr Herr teilt Brot und Fisch unter sie.

Wie soll es weitergehen? Wie erreichen wir die Welt, den Ortsteil, wie sind wir Licht, das andere in uns sehen? Hier kommt das Fragen zur Ruhe. Und auch die Unzufriedenheit über das, was ist und was nicht ist. Plötzlich fühlen sie sich nicht mehr erschöpft und ausgenutzt, ausgebrannt und überfordert, gezwungen oder vom schlechten Gewissen geplagt. Jetzt fühlt es sich anders an. Weil sie selbst Versorgte sind. Weil die Angst, zu kurz zu kommen, gestillt ist.

Lieben

Ohne die Liebe ist alles Christsein nichts. Sie versteckt sich nicht. Nicht hinter verschlossenen Gemeindetüren, nicht in abgeschirmten Hauskreiszimmern und auch nicht hinter angeblich wahrer biblischer Lehre.

Auf geradem Wege erreichen wir heute kaum mehr ein Ziel. Zu viel Unvorhergesehenes begegnet auf dem Berufsweg wie bei der Partnerwahl. Bei der Familienplanung wie auf einer einfachen Urlaubsreise. Und nicht alle Wege, die wir gehen können, führen zum selben Ziel. Manche Wege führen geradewegs ins Unglück. Verunsichert die Klarheit der Aussage Jesu deshalb so sehr? „Geht durch das enge Tor! Denn das Tor zum Verderben ist breit und ebenso die Straße, die dorthin führt. Viele sind auf ihr unterwegs. Aber das Tor, das zum Leben führt, ist eng und der Weg dorthin schmal. Nur wenige finden ihn." (Matthäus 7,13f; GNB) Der Gedanke ist naheliegend. Um sich durch die enge Pforte hindurchzuzwängen, muss abgespeckt werden: Askese betreiben, Bedürfnisse reduzieren, seelisch abmagern, bis wir hindurch passen. Der Irrtum liegt darin, dass wir das Wahre des Evangeliums verwechseln mit dem Schwierigen, das wir uns selbst

> *Bewahre mich, Herr, vor dem naiven Glauben, es müsse im Leben alles glattgehen. Schenke mir die nüchterne Erkenntnis. Dass Schwierigkeiten, Niederlagen, Misserfolge, Rückschläge eine selbstverständliche Zugabe zum Leben sind, durch die wir wachsen und reifen.*
> *Antoine de Saint-Exupéry*

auferlegen, das Richtige mit dem Erkämpften, den Himmel mit Entweltlichung. Ja, Jesus beschreibt, dass es vielen unmöglich sein wird,durch die enge Pforte zu gehen. Aber heißtdas: keine Chance für Otto Normalchrist?Nicht wenn wir den Mut aufbringen, den von Jesus angezeigten Weg zu gehen Seine erste Voraussetzung ist die Trennung vom großen Haufen dessen, was „man" tut oder lässt. Manche Dinge müssen wir mit uns allein ausmachen. Auch das gehört zum schmalen Weg. Da müssen wir hindurch, und das ist eng. Denn es geht um den Einzelnen! Die Menge gilt nichts. Der schmale Weg ist so schmal, dass ihn jeder und jede nur einzeln, jeder nur für sich gehen kann.

Der schmale Weg zur Drohkulisse aufgebaut, verhinderte oft genug zuversichtliche, ungezwungene Nachfolge. Möglich, dass da in der religiösen Erziehung etwas schiefgegangen ist. Doch was passiert, wenn wir unsere Vorurteile einmal zurückstellen und das Bild von den beiden Wegen zum Verderben oder zum Leben nicht als die Alternative zwischen Hölle oder Paradies verstehen? Von beidem steht ja ausdrücklich auch nichts da. Dann kann in der Empfehlung, sich für den schmalen Weg zu entscheiden, ein hilfreicher Hinweis, ein gut gemeinter Rat stecken. Und wer braucht den nicht einmal? Schon der Ort des Jesuswortes im Evangelium des Matthäus lässt aufhorchen. Es findet sich in der Bergpredigt, in der Jesus die Wirkungen des Glaubens im Handeln und Leben zusammengefasst hat. Vorbildlich für alle, die ihm nachfolgen. Die Bergpredigt ist eine Art Verdichtung seiner Lehre in praktischer Hinsicht und notwendiger Folge. Für alle, die zukünftig seinen Ehrennamen tragen wollen, indem sie sich Christen, Nachfolgerinnen und Nachfolger Jesu nennen. In den Abschlussermahnungen dieser Berg-Rede also dieses Wort: „Geht durch das enge Tor!" Jesus betont, dass es zwei Wege gibt. Aber nur auf einem finden wir das Leben. Das ist ein Leben der guten Taten und guten Früchte, wie der Textzusammenhang verdeutlicht. Und ebenso markiert Jesus die Irrwege. Falsche Propheten werden an ihren unguten Taten erkannt. So stellt uns Jesus vor die Wahl, indem er verdeutlicht, wie das Leben aussieht, wenn man sich auf ihn einlässt. Aus dem Leben in Jesu Nachfolge ergeben sich Konsequenzen. Ein gesunder Baum trägt gute Früchte! Der Punkt ist nicht, dass es zwei Ziele gibt. Die gibt es oft. Der Punkt ist, dass zu einem bestimmten Ziel ein bestimmter Weg gehört. Das Ziel bestimmt den Weg dorthin. Doch diesen Weg, auf dem Datteln und Trauben geerntet werden, gehen nur wenige.

Die Gründe dafür sind vielfältig. Beispielsweise wenn das Glaubensleben, ausstaffiert mit Bildern von paradiesischen Seen, Gebirgen, romantischen Sonnenuntergängen und Wäldern im Morgentau, das Vorrecht einer kleinen Elite bleibt. An dem Leben anderer verändert es nichts. Doch vor die Privatisierung des Glaubens setzt Jesus ein Stoppschild. Damit der Glaube nicht zu einer Erfahrung persönlicher Selbsterlösung werde und die Gemeinde zur Vollzugsgemeinschaft gottesdienstlicher Formen. Jesus bietet in der Bergpredigt keine Betriebsanleitung für Privilegierte, sondern eine für Alltägliches. Er fordert zum Durchschreiten des engen Tores auf: Erprobt das ganz normale Leben mit mir! Lebt eine Mystik des Alltags, indem ihr das Geheimnis Gottes in dem wahrnehmt, was euch vor die Füße gelegt ist. Seht auf das, was dem anderen nützt, und bleibt nicht auf euch allein bezogen. Jesu Gleichnis ruft uns an: Traut euch! Legt euch darauf um meinetwillen fest, weil es lohnt, sich festzulegen, wo alles gleichgültig geworden ist. Traut euch, Überzeugungen zu leben. Weil sich nur so etwas verändern kann. Weil keine Theorie je sättigt, sondern nur Praxis. Wagt es, Gottes Reich nicht nur zu erträumen!

Meister Eckhart, 1260 in Thüringen geboren, gehört zu den umstrittenen Lehrern der christlichen Tradition. Seinen „Meister"-Titel verdankt Eckhart seiner Magistertätigkeit an der Ausbildungsstätte des Dominikanerordens in Paris. Später wurde ihm die Betreuung dominikanischer Frauenkonvente übertragen, was ihn veranlasste, seine Schriften in deutscher Sprache zu verfassen und ebenfalls in Deutsch zu predigen. Sein Wirken hatte großen Einfluss auf das religiöse Leben in Deutschland. Nicht zuletzt seine den Laien zugewandte Predigt- und Lehrtätigkeit machte ihn der Inquisition verdächtig. 1327 wurde ihm der Ketzerprozess gemacht. Eckhart widerrief die ihm zur Last gelegten Lehraussagen, lange bevor die gründliche Prüfung seiner Predigten und Traktate ihn in unserem Jahrhundert rehabilitierte. Aber sein Prozess blieb das letzte überlieferte Datum seines Lebens. Meister Eckhart wurde gefragt: „Manche Leute zögen sich streng von den Menschen zurück und wären immerzu gern allein, und daran läge ihr Friede und daran, dass sie in der Kirche wären – ob dies das Beste wäre? Da sagte ich Nein! … Mit wem es recht steht, wahrlich, dem ist's an allen Stätten und unter allen Leuten recht. Mit wem es aber unrecht steht, für den ist's an allen Stätten und unter allen Leuten unrecht." (Meister Eckhart, Ewigkeit inmitten dieser Zeit, S. 76) Lange Zeit verfolgte Martin Luther das Ideal einer weltabgewandten Lebensweise. Er verstand es als Voraussetzung oder gar Bedingung für eine intensive Christusbeziehung. Doch schließlich musste er sich eingestehen: Ja, er war ein frommer Mönch. Alles wollte er tun, ganz gerecht und fromm leben, wie er sie verstand. Dazu gehörte auch die Selbstgeißelung. Doch er scheiterte an dem Gebot, Gott zu lieben. Moralisch untadelig, aber mit allem Dienst nur auf sich selbst und sein Seelenheil fixiert, tief unglücklich, unfrei und heimatlos.

Polizeihubschrauber kreisten über dem Haus, in dem meine Familie eine Zeit lang ganz in der Nähe der Hafenstraße in Hamburg wohnte. Gefühlt jedes Wochenende gab es Randale, manchmal auch während der Woche. Was war das Thema? Die Hausbesetzer kämpften darum, in ihrem Zuhause, in das sie sich verschanzt hatten, bleiben zu können. Wenn wir empfinden, um unser geistliches Zuhause kämpfen und es verteidigen zu müssen, geht es uns wie Hausbesetzern. Dann ist der Glaube ein Zuhause, das keines ist, weil wir ständig beschäftigt sind mit einem Gefühl von Ungewissheit, Bedrohung und Angriff von außen. Keine Gelassenheit und Freude, nur Feinde ringsumher. So zerstört Gesetzlichkeit das Verhältnis zu Gott und zum Nächsten. Gesetzlichkeit führt dazu, dass wir nur noch mit uns selbst beschäftigt sind. Mit unserem Recht, mit unserem Glauben, mit unserem Gehorsam, mit unseren Gaben, mit unserem Dienst. Wenn vor Glaube, Gerechtigkeit, Gehorsam, Gaben, Dienst immer mein, mein, mein steht, ist das der Mentalität von Hausbesetzern vergleichbar. Fest den Blick auf sich gerichtet und verurteilend im Blick auf andere. Der Mantel, in den die gesetzliche Angst hüllt, soll vor dem Sturm der Versuchungen schützen und vor dem Hagelschlag der Sünde, Infektionskeimen entgegenwirken und allen Angriffen gegenüber wehrhaft sein. Kurz gesagt, der Schutzmantel der Gesetzlichkeit verspricht Geborgenheit mittels vieler gehorsam befolgter Regeln.

Doch zugleich lastet er schwer wie Blei auf den Schultern. Aber wie können wir ihn ablegen und von uns werfen? Entreißt ihn uns ein Sturm? Bewegen uns ein Unwetter oder Gut-Wetter-Prognosen dazu, ihn abzulegen? Nein. Sondern wenn die Sonne über uns aufstrahlt, die uns wärmt! Das bewirken weder Hagel noch Sturm. Allein die Wärme der Liebe Gottes bewirkt das. Wenn wir sie spüren, werfen wir den Mantel ängstlicher Gesetzlichkeit erleichtert und befreit von uns ab. Liebe vertreibt die Angst. „Denn wir sind für das Gesetz gestorben, an das wir bisher gebunden waren. Jetzt können wir Gott in einer neuen Weise dienen, die von seinem Geist geprägt ist – und nicht mehr in der alten Weise, die durch Buchstaben bestimmt ist." (Römer 7,6; BB)

Was erwartet Jesus? Nicht heilige Pflicht, sondern dass wir die Intuition des Augenblicks unseren Ratgeber sein lassen. Nur eine Überzeugung, die aus dem Herzen kommt, richtet Gutes aus. Glaube von Montag bis Sonntag gelebt, bedarf einer Einsicht, die nur das Herz zu begreifen vermag. „Wer nicht liebt, kennt Gott nicht. Denn Gott ist Liebe." (1. Johannes 4,8; BB) Alltagsspiritualität lebt vom Mitgefühl! Es verbindet eigenes Empfinden mit den Gefühlen und Bedürfnissen anderer. Jede wirklich gute Tat beruht auf solcher Identifikation. Der Glaube auf dem schmalen Weg hat leibhafte, mitfühlende Auswirkungen. Jesus sagt: Was du tust, zählt. Und auch, was du unterlässt. Alles hat Auswirkungen! So sieht Leben aus. Glaube und Nachfolge erfordern Leidenschaft. Eine Leidenschaft, auf die sich festzulegen lohnt. Für Werte, die es lohnt,

Zeit aufzuwenden, Anfechtungen zu trotzen und Widerstände zu überwinden. Daraus folgen teilweise überraschende Entscheidungen, aber daraus folgt kein neues Gesetz. Luther, der sich mit den Themen Gesetz und Evangelium, Verheißung und Erfüllung intensiv auseinandersetzte, nahm aus dem Studium des Alten Testamentes diese Erkenntnis mit. Man sieht, „dass die Könige, Priester und Obersten oft frisch ins Gesetz eingegriffen haben, wo es der Glaube und die Liebe gefordert haben. So soll also der Glaube und die Liebe aller Gesetze Meister sein und sie alle in ihrer Macht haben. Denn da alle Gesetze auf den Glauben und die Liebe hindrängen, soll keines mehr gelten noch ein Gesetz sein, wo es dem Glauben oder der Liebe zuwider ausschlagen will." (Martin Luther, Confitemini, Bd. 7, S. 41)

Die Kraft der Taten. Der Jakobusbrief gehört wie weitere sechs, die dem Hebräerbrief folgen, zu den katholischen Briefen. Katholisch nicht als Konfessionsbezeichnung, sondern im Sinne von universal, allgemein, weil sie sich nicht an eine bestimmte Gemeinde richten, sondern an einen größeren Lesekreis. Der Verfasser des Jakobusbriefes ist einer der vier Brüder Jesu, die in Markus 6,3 erwähnt werden. Nach der Auferstehung Jesu gehört er zum Kern der Urgemeinde in Jerusalem, deren Leiter er nach dem Weggang des Petrus wird (Apostelgeschichte 12,17/21,17f). Nach außerbiblischen Quellen starb Jakobus im Jahr 62 n.Chr. als Märtyrer. Jakobus fragt nach dem Nutzen eines Glaubens ohne Werke. „Hört das Wort nicht nur an, sondern setzt es in die Tat um. Sonst betrügt ihr euch selbst." (Jakobus 1,19.22; BB) Damit zielt er auf das letzte Gericht. Es geht Jakobus, wie in der Bergpredigt, ums Ganze! Er streitet seinen Gegnern ihren Glauben an Christus nicht ab, spitzt ihn aber konsequent zu. Ohne Taten, die dem Glauben entsprechen, rettet allein der Glaube nicht.

Weise mir deinen Glauben nach, wagt er den Streit. Was nützt es, wenn einer sagt, er habe Glauben, aber es fehlen die Taten? Vermag etwa der Glaube zu retten? Zwölfmal ist allein im Kapitel 2,14-26 von den Werken, den Taten die Rede. Das mag uns, wie Martin Luther, zu viel sein. Ist es richtig, den Glauben nachweisen, sogar beweisen zu sollen und das noch anderen gegenüber? Fangen wir jetzt an, uns voreinander zu rechtfertigen? Glaube ist doch Geschenk. Glaube ist doch Herzenssache, meldet sich der Widerspruch. „Römer 3,28!", höre ich aufgebrachte Paulusanhänger dazwischenrufen. Allein aus Glaube, ohne Verdienste der Werke werden wir gerettet, allein aus Gnade! Das ist doch das Wertvollste, das Grundlegende der Reformation. Darauf ist der Glaube gegründet und nicht auf eigenem Verdienst. Nicht auf Leistung, sondern befreit von dem zwecklosen Bemühen der Selbsterlösung. Aber auch für Jakobus ist Gott der Handelnde, der Geber aller guten Gaben (1,17).

Auch Jakobus spricht (1,21) von dem eingepflanzten Glauben und von der Neuschöpfung des Christen (1,18). Er denkt dabei an 1. Mose 22,16, wo Gott Abraham die gegebene Segensverheißung erneuert und sie mit dessen Gehorsam begründet. Abraham wurde von Gott gerecht gesprochen, weil sein Glaube eine Tat bewirkte. Nämlich die Bereitschaft, das Leben seines Sohnes zu opfern. Paulus wiederum baut seine Argumentation auf 1. Mose 15,6

(GNB) auf. Da lesen wir: „Abraham glaubte der Zusage des Herrn (dass er ihn trotz seines Alters und Kinderlosigkeit zu einem großen Volk machen würde), und der Herr rechnete ihm dies als Beweis der Treue an." Jakobus wird noch kühner. Er greift den Vergleich mit Abraham auf, auf den sich Paulus für seine Rechtfertigungslehre in Römer 4 beruft, und dreht dessen Erkenntnis geradezu um: „Wurde nicht Abraham, unser Vater, aus Werken gerettet?" Man kann, stellt Jakobus fest, das eine vom anderen nicht trennen. Den Glauben nicht von den Taten, die aus ihm folgen. Beides gehört zusammen. Allein: Der Umkehrschluss, Werke machen Glaube, stimmt nicht. Der unvernünftige Mensch, von dem Jakobus spricht, ist ein Mensch, der meint, Glaube zu haben, aber offensichtlich leer ist, weil davon in seinem Lebensalltag nichts nach außen dringt und anderen sichtbar wird.

Was nun? Sollte der Jakobusbrief aus der Bibel entfernt werden? Weil Jakobus, wie Luther in seiner Vorrede zu dem Brief schreibt, „will Christenleute lehren und denkt nicht einmal in solch langer Lehre, des Leidens der Auferstehung, des Geistes Christi. Er nennt Christum etliche Male, aber er lehrt nichts von ihm … Darum will ich ihn nicht haben in meiner Bibel mit der Zahl der rechten Lehrbücher." (Martin Luther, Vorreden zur Bibel, S. 216/217f) Hat Luther recht? Oder doch nicht so ganz? Zeige mir deinen Glauben, weise ihn mir nach! Woran wird Glaube an Christus erkannt? Was strahlt er aus? Die persönliche Entscheidung für den Glauben an Jesus ist das Entscheidende, dachten damals offensichtlich einige Christen. Wir glauben nur an einen Gott, sagen sie, und wollen damit beweisen, dass sie sich doch deutlich von den nichtglaubenden

Griechen ihrer Nachbarschaft abheben, die keinen Glauben haben oder viele Gottheiten verehren oder den Kaiser. Jakobus lässt das als Kennzeichen und Aushängeschild des Glaubens an Jesus Christus nicht gelten. Kopfglaube und Glaube im Herzen ist Glaube für jemanden allein. Jakobus weiß: Wer seinen Glauben lediglich im Herzen trägt, verändert und bewegt damit noch nichts in dieser Welt und seiner persönlichen Umgebung. Glaube nach dem Herzen Jesu ist immer auch für andere gegeben. Gleichgültig, ob wir den Glauben den Taten oder die Taten dem Glauben nachordnen. Nicht Nach-, sondern Zuordnung ist das berechtigte Anliegen des Jakobusbriefes. Ganz im Sinne des Paulus, der die Nachfolgerinnen und Nachfolger Jesu als einen Brief Christi versteht, den jedermann lesen kann (2. Korinther 3,3).

Vielfach werden die Werke mit Werkgerechtigkeit assoziiert, und es wird streng dagegengehalten. Die Formulierung „Glaube und Werke" kann indes den falschen Eindruck erwecken, dass es Glaube gäbe, der ohne Werke daherkommt. So als ob zum Glauben die Werke oder Taten hinzuaddiert werden könnten, also nicht wesentlich dazu gehörten. Glaube, der ohne Taten bleibt, ist aber nicht nur ein amputierter Glaube, sondern eben gar kein vom Geist gewirkter Glaube. Jakobus sah sich in den Gemeinden offensichtlich mit diesem Thema konfrontiert und zu einer Stellungnahme herausgefordert. Er schreibt: „Meine Brüder und Schwestern, was hat es für einen Wert, wenn jemand behauptet: »Ich vertraue auf Gott, ich habe Glauben!«, aber er hat keine guten Taten vorzuweisen? Kann der bloße Glaube ihn retten? Nehmt einmal an, bei euch gibt es einen Bruder oder eine Schwester, die nichts anzuziehen haben und hungern müssen. Was nützt es ihnen, wenn dann jemand von euch zu ihnen sagt: »Ich wünsche euch das Beste; ich hoffe, dass ihr euch warm anziehen und satt essen könnt!« –, aber er gibt ihnen nicht, was sie zum Leben brauchen?" (Jakobus 2,14-16; GNB) Ganz auf derselben Linie mahnt Johannes: „Meine Kinder, unsere Liebe darf nicht nur aus schönen Worten bestehen. Sie muss sich in Taten zeigen, die der Wahrheit entsprechen: der Liebe, die Gott uns erwiesen hat. (1. Johannes 3,18; GNB) Hier sind Worte und Taten geradezu Gegensätze! Wir empfinden das, wenn wir von der Verkopfung des Glaubens sprechen. Trifft dies zu, so ist damit wohlgemerkt nicht nur ein falscher Modus des Glaubens beschrieben, sondern der Glaube selbst zur Unkenntlichkeit entstellt.

> *Es ist leichter, alle zu lieben als einen. Die Liebe zur ganzen Menschheit kostet gewöhnlich nichts als eine Phrase. Die Liebe zum Nächsten fordert Opfer.*
> Peter Rosegger

Der Glaube ohne Werke ist tot und das hat nach Hebräer 12,14 (Hfa) Auswirkungen mit Blick auf das ewige Leben: „Setzt alles daran, mit jedem Menschen Frieden zu haben und ein Leben zu führen, das Gott gefällt. Sonst werdet ihr den Herrn niemals sehen." Die Apostel können sich mit ihrer Mahnung auf Jesus berufen. Denn auch Jesus verknüpft den Einlass in das Gottesreich mit dem Gehorsam gegenüber Gottes Willen (Matthäus 5,20), und er verweist unbekümmert auf Lohn und Strafe im Gericht Gottes (Matthäus 24,45-51/25,31-46). Ist also die Teilhabe an der Gottesherrschaft nach unserem Tod doch nicht ganz und gar allein Gottes Gabe, sondern durch eine Art von Leistung zu erwerben? Entschieden stellt Paulus fest, dass kein Mensch vor Gott aufgrund seiner

Werke gerecht gesprochen wird (Römer 3,20.28/Galater 2,16). Und er verspricht, dass es für den Christen keine Verurteilung mehr gibt (Römer 8,1), weil Jesus vor dem kommenden Zorn rettet (1. Thessalonicher 1,10). Aber auch Paulus weiß um das Gericht nach den Werken. An dem Tag, an dem Gott sich als Richter offenbart und gerechtes Gericht hält, „wird Gott alle Menschen belohnen oder bestrafen, wie sie es mit ihren Taten verdient haben. Den einen gibt er unvergängliches Leben in Ehre und Herrlichkeit – es sind die, die sich auf das ewige Ziel hin ausrichten und unermüdlich das Gute tun. Die anderen trifft sein vernichtendes Gericht – es sind die, die nur an sich selbst denken, sich den Ordnungen Gottes widersetzen und dem Unrecht folgen." (Römer 2,6-8; GNB) „Denn wir alle müssen vor Christus erscheinen, wenn er Gericht hält. Dann wird jeder Mensch bekommen, was er verdient, je nachdem, ob er in seinem irdischen Leben Gutes getan hat oder Schlechtes." (2. Korinther 5,10; GNB) „Urteilt also nicht vorzeitig, bevor Christus kommt, der das Verborgene ans Licht bringen und die geheimsten Gedanken enthüllen wird. Dann wird Gott das Lob austeilen, so wie jeder und jede es verdient." (1. Korinther 4,5; GNB) Denn: „Am Tag des Gerichts … wird die Feuerprobe gemacht: Das Werk eines jeden wird im Feuer auf seinen Wert geprüft. Wenn das, was ein Mensch gebaut hat, die Probe besteht, wird er belohnt. Wenn es verbrennt, wird er bestraft. Er selbst wird zwar gerettet, aber so, wie jemand gerade noch aus dem Feuer gerissen wird." (1. Korinther 3,13-15; GNB)

Auch Paulus erwartet also das göttliche Urteil über die Menschen aufgrund ihrer Taten und nimmt davon auch die Christen nicht aus. Alle Menschen müssen vor Gottes Richterstuhl Rechenschaft für ihr Handeln ablegen (Römer 14,10-12). Doch wenn Paulus dies so sieht, folgt er damit ebenso wie Jakobus und die anderen Apostel nicht dem traditionell jüdischen Denken, sondern der Auffassung Jesu. Der Unterschied: Niemand kann einen Anspruch auf das Gottesreich erheben oder Anerkennung für seine guten Taten erwarten (Matthäus 6,2.5.16/Markus 10,15). Die Liebestaten seiner Nachfolgerinnen und Nachfolger verdanken sich der Gemeinschaft mit Jesus (Lukas 7,47). An ihm haben sie gesehen und gelernt, dass Gottes Liebe das Richtmaß allen Handelns gegenüber dem Nächsten ist (Lukas 6,36-38). Jede Schranke der Liebe hebt Jesus auf (Lukas 10,29ff), denn dadurch wird Gott geehrt (Matthäus 5,16), und die persönlich empfangene Vergebung ist Verpflichtung, es ihm gleichzutun (Matthäus 18,23-35).

Vor dem und über allem steht Jesu Zusage aus Johannes 15,5 (GNB): „Ich bin der Weinstock, und ihr seid die Reben. Wer mit mir verbunden bleibt, so wie ich mit ihm, bringt reiche Frucht. Denn ohne mich könnt ihr nichts ausrichten." Der Zuspruch Christi geht bei Jakobus und bei Paulus dem Anspruch des Evangeliums voraus (2. Korinther 5,5)! Das ist Voraussetzung zum Verständnis für das Gericht nach den Werken, weil kein Mensch ein Recht auf Gottes Lohn hat (Römer 4,4). Paulus und Jakobus folgen den von Jesus vorgespurten Wegen. Vom Gesetz nach dem Buchstaben befreit, sind Christen dem „Gesetz Christi" bzw. dem „Gebot des Herrn" verpflichtet (Galater 5,14/Römer 13,8-10). Jakobus nennt es das „vollkommene Gesetz" (1,25) und das „Gesetz der Freiheit" (2,12). Und: Beide Apostel sehen die Nachfolger und Nachfolgerinnen Jesu durch Versuchungen umworben und bedroht. Und nach beider Auffassung bringt der Glaube an Christus Umkehrbereitschaft mit sich. Sie ist dankbare Antwort auf die objektive Rechtfertigung aus Glauben, die der Heilige Geist bewirkt, und ein Erkennungszeichen ehrlicher Jesusnachfolge. Diese Bewegung des Herzens zu Christus hin wird effektive Rechtfertigung genannt. Die Werke machen die Liebe, den Glauben offenbar. Der Glaube ist jedoch nicht mit vielen guten Taten gleichzusetzen. Denn da ist noch kein Glaube, wo Gutes getan wird. Worum es geht, wird verständlich, wenn wir den Begriff der „Werke" in andere biblische Begriffe fassen. Gute Werke des Glaubens sind da, wo wir uns heiligen, wo wir beten, glauben, Gott fürchten, ihn ehren, ihm dienen und unsere geschenkten Gaben gebrauchen.

Thomas von Aquin (1225-1274) betonte, dass der Glaube nur dann rechtfertigende Kraft besitzt, wenn sie eingebettet ist in eine Bekehrung des ganzen Menschen zu Gott. Gottesliebe, so Thomas, ist immer der durch die Liebe geformte Glaube. Martin Luther sah das nicht viel anders. Er schreibt: „Wenn der Glaube nicht ohne alle, auch die geringsten Werke ist, so rechtfertigt er nicht, ja so ist er gar nicht Glaube. Es

> *Es ist hinreichend bekannt, dass Christus beständig den Ausdruck <<Nachfolger>> benutzt. Er spricht niemals davon, dass er Bewunderer, Anbeter oder Anhänger sucht. Und wenn er den Ausdruck <<Jünger>> benutzt, erklärt er es so, dass man sieht, wie er Nachfolger versteht, nämlich nicht als Anhänger einer Lehre, sondern als Nachfolger seines Lebens.*
> *Sören Kierkegaard*

ist aber unmöglich, dass der Glaube ohne eifrige, zahlreiche und große Werke ist." (Otto Herrmann Pesch, Frei sein aus Gnade, S. 229) Luther sieht die im Irrtum, die sagen, „der Glaube sei nicht genug, man müsse Werke tun", und beschreibt das Verhältnis von

Glaube und Werke in seiner Vorrede zum Römerbrief 1522 so: „O, es ist ein lebendig, geschäftig, tätig, mächtig Ding um den Glauben, dass es unmöglich ist, dass er nicht ohne Unterlass sollte Gutes wirken. Er fragt auch nicht, ob gute Werke zu tun sind, sondern ehe manfragt, hat er sie getan und ist immer im Tun." (Heinrich Bornkamm, Luthers Vorreden zur Bibel, S. 182) Es ist ganz paulinisch, wenn er sagt, „dass der Mensch ohne Werke gerecht werde, wiewohl er nicht ohne Werke bleibt, wenn er gerecht worden ist" (ebd., S. 187). Wenn der „Glaube ohne alle Werke rechtfertigt", so folgt daraus noch nicht, „dass man darum kein gutes Werk tun solle, sondern dass die rechtschaffenen Werke nicht ausbleiben" (ebd., S. 188). Das Gesetz ist nicht abgeschafft, sondern wird erfüllt. Es geht „von Herzensgrund alles, was du tust. Aber ein solches Herz gibt niemand, es sei denn Gottes Geist. Der macht den Menschen dem Gesetz gleich, so dass er Lust zum Gesetz gewinnt von Herzen und hinfort nicht aus Furcht noch Zwang, sondern aus freiem Herzen alles tut" (ebd., S. 179). Mit seiner festen Überzeugung folgt Luther dem Bekenntnis des Apostel Paulus, der feststellt: „Alles, was ich jetzt bin, bin ich allein durch Gottes Gnade. Und seine Gnade hat er mir nicht vergeblich geschenkt. Ich habe mich mehr als alle anderen eingesetzt, aber das war nicht meine Leistung, sondern Gott selbst hat dieses in seiner Gnade bewirkt." (1. Korinther 15,10; Hfa)

Profil gewinnen (Römer 8,29/12,2/Galater 4,19). Es ist schwer, bis sich ein Ei in einen Vogel verwandelt. Aber wir wissen, dass das geschieht. Also glauben wir es. Es ist noch schwerer, dass ein Ei fliegt. Das haben wir noch nie gesehen, und also glauben wir es auch nicht. Doch wenn das Ei die Verwandlung zum Vogel vollzogen hat, hat niemand einen Zweifel daran, dass ein Vogel fliegen kann. Denn das ist seine Bestimmung. Das steckt in seiner DNA. Das entspricht seinem Wesen. Wer fliegen kann, wird die Strecke, die zu bewältigen ist, nicht zu Fuß laufen. Der Punkt aber ist: Ein Ei, aus dem kein Vogel schlüpft, fault. Jesus folgen ist das, worauf das Christsein hinausläuft. Umwandeln, umgestalten, transformieren. Paulus benutzt das Wort vielfältig.

Zum Beispiel in Römer 8,29 (GNB): „Sie alle (die an Christus glauben) hat er auch dazu bestimmt, seinem Sohn gleich zu werden. Nach dessen Bild sollen sie alle gestaltet (sym-morphoo) werden." Oder Römer 12,2 (GNB): „Lasst euch vielmehr von Gott umwandeln (meta-morphoo), damit euer ganzes Denken erneuert wird." Und an die Galater 4,19 (GNB): „Meine Kinder, ich leide noch einmal Geburtswehen um euch, bis Christus in eurer Mitte Gestalt (morpho) angenommen hat!" Was am Ende unseres Lebens stehen wird im Durchgang zu Gottes ewigem Reich, das soll sich schon hier und jetzt im Leben der Christusnachfolger vollziehen. Halbheiten sind sinnlos. Die Qual des Glaubens ist da, wo sich kein Einverständnis mit unserer Metamorphose findet. Das Ziel ist die Entwicklung der geistlichen DNA, die durch Glaube und Taufe gegeben ist. Wie lebt man Nachfolge? Indem wir umzusetzen versuchen, was wir von Jesus verstanden haben. Der vernunftgemäße Gottesdienst ist der Dienst des tätigen und täglichen Lebens, der dem Willen Gottes nachkommt. Es geht darum, wie der Vogel die Flügel auszubreiten und zu erleben, dass die Atmosphäre des Glaubens trägt.

Ist das Evangelium erstrangig ein Mittel zur Bewältigung von Sünden? Oft sprechen wir so vom Glauben. Alle deine Schuld ist dir vergeben, und immer wieder neu kannst du so zu Gott kommen, wie du bist, beladen mit deiner Schuld und allen Problemen, die dich befassen. Das ist wahr. Aber wirkt es inspirierend auf die Christusnachfolge? Die höchste Weihe des Christseins ist es nicht, sich beständig als unwürdiger Sünder zu fühlen, der ach so gar nichts kann. „Wir können gar nichts tun, Jesus muss alles tun." Das klingt demütig, das klingt, wie in einer starken Abhängigkeit von Jesus zu leben. Es kann aber auch das Feigenblatt für Untätigkeit sein. Sich als Sünder zu bedauern ist neurotisch, aber nicht christlich. Das Evangelium besteht nicht darin, Weltschmerz zu zelebrieren und eigene Unentschlossenheit und Unfähigkeit zu beklagen. Leben mit Christus ist Leben in Relation. Nachfolge ist das Gegenteil von Stillstand. Gottes Herrschaft in uns ist möglich. Trauen wir uns das zu glauben!

Für Thomas von Aquin war die Lehre vom christlichen Handeln keine Lehre von Pflichten und Geboten – er entfaltet sie als Tugendlehre. Dabei galt ihm die Liebe als das Erkennungszeichen des Glaubens. Tugenden, erläutert der katholische Theologe Otto Hermann Pesch, beruhen nicht auf Tüchtigkeit und Training und Fleiß, sondern auf innerer Neigung, die Gott dem Menschen eingibt beziehungsweise eingießt. Tugend ist geschenkte Neigung, die der Heimkehr des Menschen zu Gott entspricht. Gut handeln bedeutet, so zu handeln, dass es auf dem Weg zu Gott als endgültigem Ziel weiterbringt. Das ist der springende Punkt. „Was Paulus an den Geist, Augustinus an die Gnade, Thomas an die Liebe anbindet, bindet Luther an den Glauben. Das Endergebnis ist das gleiche: Christliche Existenz erweist und bewährt sich (Luther: »übt sich«)

in guten Werken, kurz: in neuem Handeln." (Otto Herrmann Pesch, Frei sein aus Gnade, S. 359)

Gott sagt: Du sollst ... Mittels Opfer und Riten glaubt Israel die Beziehung zu seinem Gott in Ordnung. Der Prophet Micha (Micha 6,1-8) sieht das ganz anders. Er stellt die Wirksamkeit und Gesinnung der Opferpraxis in Frage. Michas übertriebene Formulierungen unterstreichen das gestörte Gottesbild des Volkes. Das meint, mit Ölbächen und Massen von Opfertieren Gott auf seine Seite ziehen zu können. Selbstgefällig gibt es sich fromm und ehrerbietig. „Womit soll ich vor den Herrn treten, wie mich beugen vor dem Gott in der Höhe?" (Micha 6,6; EÜ) Das bringt die fällige Grundentscheidung auf den theologischen Punkt. Gott sagt: „Es ist dir gesagt, Mensch, was gut ist und was der Herr von dir fordert, nämlich Gottes Wort halten und Liebe üben und demütig sein vor deinem Gott." (Micha 6,8; LB) Glaube an Christus ist immer auf Gottes Willen ausgerichtet. Aber heute wie damals ist es einfacher, eigenen Vorstellungen zu folgen. Micha hält dem entgegen: Gott spricht nicht, weil er sich gerne selbst zuhört. Gott erhebt Anspruch auf sein Volk. Israel empfand derlei als Zumutung. Dabei geht es Gott nicht um Zwang oder Versklavung. Unser Müssen Gottes Willen gegenüber ist kein Schaden für uns. Wir müssen uns verändern – das Leben ist so. Wir müssen altern. Wir müssen auch essen und trinken. Das ist lebensnotwendig.

Der Glaube an Jesus Christus bringt es mit sich, dass wir uns verändern. Das ist nicht unbarmherzig. Solches Müssen und Sollen kann sehr viel barmherziger für uns selbst und unsere Mitmenschen sein, als zu bleiben, wie wir sind. Jeder darf kommen, wie er ist. Ja! Aber Christ sein bedeutet, dass wir Menschen werden, wie Gott sie gewollt hat. Was müssen wir also tun? Lieben! In der Kirchengeschichte ist die Gemeinde Gottes immer wieder zu einer bewahrenden, Bestehendes erhaltenden und Konservatives verteidigenden Kirche geworden. Dem entgegengesetzt spricht aus der Ansprache des Propheten Entschlusskraft, soziales Engagement und Treue gegenüber Gottes Willen. Die Gemeinde Jesus ist nicht dazu da, ihre Gemeinschaft zu pflegen, sondern die Gegensätze und Klüfte in der Gesellschaft zu überwinden und in ihrer Gemeinschaft Gegensätze zu vereinen. Wonach Gott sich sehnt, lässt er uns wissen.

Bezahlte Propheten sagen, was man gerne hört. Die Priester geben göttliche Weisung gegen Lohn. Die Rechtsprechung regelt sich nach dem Bestechungsgeld. Die Verkehrtheit des Volkes Gottes zur Zeit des Micha besteht darin, dass es sich um seinen Willen nicht kümmert und zugleich meint, sich selbstsicher auf Gott und seine Gegenwart verlassen zu können (Micha 2,6.7). Jahwe ist gleichsam in die Hände des Volkes geraten. Sie wissen so gut über Gott Bescheid, dass man eines Wortes von ihm gar nicht mehr bedarf. Man ist sich seiner Sache und seines Glaubens sicher und gleichgültig gegenüber anderen. Sie legen die Regeln des Zusammenlebens im Volk selbst fest. Dabei stehen die Starken, Wohlhabenden und Mächtigen besser da als die Mittel- und Einflusslosen. Micha prangert das an: Die Armen sind in die Gewalt der Reichen und Machtvollen gegeben, die Äcker an Äcker reihen (Micha 2,29). Reichtum ist genug im Lande, aber er beruht auf Unredlichkeit (Micha 6,10ff). Und Micha greift die seiner Anklage folgende Beschwerde der Angesprochenen auf: Gott, du überforderst uns, wir können nicht mit dir leben. Aber Gott fragt zurück: Habe ich zu viel von dir verlangt? Erinnere dich einmal, was ich dir getan habe. Das Land, in dem sie zu Hause sind, ist ihnen von Gott geben. Eine geschichtliche Wirklichkeit mit konkreten Auswirkungen auf das Sozialrecht. Denn jedem Israeliten steht sein Teil von dieser Gabe Gottes an sein Volk zu. Nicht unterschiedslose Gleichmacherei ist das Ziel.

Viel zu nüchtern ist die Bibel, um zu übersehen und zu akzeptieren, dass es immer Reich und Arm in einem Volk geben wird. Menschen, die sehr, sehr viel haben, und solche, die sehr wenig haben. Aber das Nebeneinander von Arm und Reich durfte niemals zu einem Klassengegensatz werden und aus natürlichem Gefälle nicht abgrundlose Ungerechtigkeit. Die prangert Micha zu seiner Zeit an, wie er sie auch heute anprangern würde im Gefälle zwischen superreichen und bettelarmen Ländern. Ist für Jesu Gemeinde in unserem Land die Zeit gekommen, wegen solcher Spannungen ebenfalls Einspruch zu erheben? Die soziale Frage entsteht immer aus einem Weggehen von Gott. Im persönlichen Glauben ist es nicht anders. Was hast du an Gutem erfahren? Sich daran zu erinnern ist die Motivationsbasis für den Aufbau oder die Reaktivierung sozialen Ausgleichs. Auch das Soziale ist Ausdrucksform der Liebe.

Es geht um unsere Glaubenshaltung vor Gott, bei der wir uns nicht in Attitüden verdrehen oder in traditionelles Gehabe gefallen. Demütig sein vor Gott ist, recht verstanden, die eigentliche christliche Dimension von Gehorsam und Nächstenliebe. Indem wir Jesus anschauen und es ihm nachmachen. Indem wir wahrhaftig sind und kein frömmelndes Theater spielen. Die „Gute Nachricht Bibel" übersetzt darum „demütig sein vor deinem Gott" mit: „lebe in steter Verbindung mit deinem Gott". Aus angewandter Nachfolge resultiert die Schubkraft glaubwürdigen Handelns. Darum präzisiert Micha das Fragen nach Gottes Willen, indem er zur Nächstenliebe auffordert. So nebenher soll und kann niemand Jesu Jünger oder Jüngerin sein. Nicht nebenher, sondern hinter Jesus her führt der Glaube, der sagt: „Wer von euch bereit ist, Gottes Willen zu tun, wird erkennen, ob diese Worte von Gott kommen oder ob es meine eigenen Gedanken sind." (Johannes 7,17; Hfa)

Begnügen wir uns mit wenig, weil wir das Unmögliche ersehnen? Bleibt alles beim Alten, weil wir vom großen Wurf träumen? Wie oft versäumen wir das uns Mögliche. Jesus spürte die Liebe seines Vaters, und daraus ergab sich unabweislich seine eigene Aufgabe. Er war gekommen zu tun, was er den Vater tun sah. Geht es uns um die Liebe, müssen wir tun, was wir Jesus tun sehen. Jesus entdeckt und erkennt im Augenblick, was seine konkrete Aufgabe ist. Für uns ist das vorbildlich. Jesu Liebe will sich in uns fortsetzen (Johannes 17,18). Von seiner Liebe getragen, geben wir Gottes Liebe da weiter, wo wir uns gerade aufhalten. Liebe als Alltagsgeschehen braucht keinen besonderen Anlass und kein erklärtes Ziel. Liebe erklärt alles und macht alles klar, obwohl sie selbst nicht zu erklären ist. Ihr verdanken wir uns selbst, und von ihr weiterzugeben zeigt unsere Nähe zu Jesus wie die seine zum Vater. Diese Einfachheit im Handeln ist so ungewöhnlich und ungewohnt, dass sie Jesus dem Verdacht aussetzte, lediglich seiner Einbildung zu folgen. Kann es wirklich so einfach sein? Als er den Lahmen sieht, weiß er, dass ihm zu helfen ist, Sabbatgebot hin oder her. Liebe braucht keine Erlaubnis. Liebe erfordert keine Regeln.

Jesu Geheimnis der praktischen Liebe war es, dass er Gott nicht im Weg stand. Der Weg zur Hölle ist, wie man sagt, mit guten Vorsätzen gepflastert. Anders formuliert: Nichts ist unsinniger als die dauernde Verschiebung der Wahrheit auf die Zukunft. Entweder wir leben jetzt, oder der richtige Zeitpunkt kommt nie. Entweder wir lieben jetzt, oder unser Alltag bleibt ohne Gottes Gegenwart. Jesus schob das Heil und die Heilung der Menschen, denen er begegnete, nicht auf die lange Bank. Finden wir also den Mut, ihm darin zu folgen! Da erzählt ein Paar mit kleinen Kindern von dem Tag ihres Umzugs. Obgleich sie erst wenige Male in einem Hauskreis dabei gewesen sind, stehen die Teilnehmer morgens bei ihnen vor der Tür, um mit anzupacken. Ich erinnere mich an eine an Asthma erkrankte Rentnerin, der beim Schleppen ihrer schweren Einkaufstüten buchstäblich die Luft ausging. Eine Frau bot spontan Hilfe an und brachte sie nach Hause. Monate später ließ sich die Beschenkte taufen und schloss sich der Gemeinde an. Es sind solche Geschichten, die dem folgen, was Jesus tat. Da sind Männer und Frauen, die durch ihre praktischen Gaben und zugreifende Art Menschen helfen. Gemeindemitglieder, die den Kontakt zu an Leib und Seele Erkrankten nicht scheuen, die ihren Dienst der Barmherzigkeit tun. Das Geringe hat oft erstaunlich große Auswirkungen.

Suchen wir nur Eigennutz aus der Beziehung mit Jesus zu ziehen, macht der Glaube wenig Freude. Wenn wir uns wünschen, immer mehr von Jesus in unser Leben hineinzubringen, ohne davon weiterzugeben, laufen wir förmlich über. Es geht uns wie einem überlaufenden Kaffeefilter. Unser Glaube zerfließt zu einer unappetitlichen Brühe. Wir können ihn nicht mehr fassen und bald auch nicht mehr hören. Kreisen die Gedanken darum, wie uns Jesus eine

Hilfe sein kann und was er uns bitte geben soll, kommt nie die Zeit, wo wir sagen werden: „Genug, Herr, jetzt denke ich an die anderen." Lieben wir Jesus, weil wir ihm alle unsere Wünsche präsentieren können, dann werden wir ihn vermutlich am liebsten für uns behalten wollen. Doch das, was den Glauben interessant macht, ist, Liebe weiterzugeben. Das gefällt Gott. Er fragt nach unserer Liebe! Für Liebe zu Gott gibt es Kriterien. Die Bibel nennt Gehorsam, Treue, Bekennermut und Dankbarkeit, Geduld und manches mehr. Das aber bedeutet, unsere Liebe ist nicht an Orte oder Verhältnisse, Aufgaben oder Berufe gebunden. Gott lieben ist immer und überall möglich! Häufig teilen wir in unserem Denken das Christsein in zwei voneinander getrennte Bereiche auf. Das, was Gott für uns will, steht dann dem, was er von uns will, entgegen. Daraus entsteht die Frage, was wir vom Glauben haben. Was bringt mir der Glaube an Jesus? „Was haben wir davon?", fragten schon die Jünger (Matthäus 19,27; GNB). Jesus spricht von Brüdern, Schwestern, Haus und Heimat, die wir hier schon vielfach zurückempfangen, und das ewige Leben. Wir liegen aber falsch, wenn wir meinen, das, was Gott für uns will, sei losgelöst von dem zu haben, was Gott von uns will. Bei Letzterem denken wir oft an Aufgaben und Pflichten, und wir geraten in eine innere Spannung.

Einerseits bedeutet uns der Glaube Gewinn durch das, was wir von Jesus bekommen. Und andererseits bedeutet er Verlust durch das, was er von uns haben möchte. Im Ergebnis empfinden wir, dass die Einnahmen und Ausgaben in keinem angemessenen Verhältnis zueinander stehen. Folglich kürzen wir die Ausgaben, in der Hoffnung, uns über Mehreinnahmen freuen zu können, und erleben geradewegs das Gegenteil. Das Verlust-Gewinn-Denken lässt uns verarmen. Reich werden wir, wo wir der Liebe Raum geben! Getrennte Welten? Der Beruf und die Familie werden uns leid und sind uns zu viel. Das Klagen kommt meist daher, dass wir unsere Aufgaben nur widerwillig erfüllen. Wir betrachten dann den Alltag als den Widerstand und das Hindernis unserer Gotteserfahrung. Wäre der Chef nicht so unausstehlich, die Kollegin nicht so affektiert, die Kinder nicht so problematisch und der Haushalt nicht ein solches Chaos – dann fände ich auch Zeit und Muße, mich Gott zuzuwenden. Aber was geschieht, wenn Glaube im Alltag wächst und reift? Gotteserfahrungen machen wir, wo wir etwas in Gottes Namen tun. Da ist der Herr mit uns und wir mit ihm. Das Achten auf die Wirkung Gottes in uns verführt leicht zum Übersehen des Notwendigen um uns herum. Meist versuchen wir es bloß mit Worten. Ein gutes Werk wäre schon getan, wenn wir vom Glauben verständlich

> *Ich habe beschlossen, bei der Liebe zu bleiben. Hass ist eine zu große Last, als dass man sie tragen könnte.*
> *Martin Luther King*

sprächen. In Worten, Bildern, Vergleichen, Gedanken und Argumenten, die den Gesprächspartner verstehen, abholen und respektieren.

Jedes aufbauende Wort ist bereits ein Werk der Liebe. Oder den anderen mit seinem Herzen tragen und seine Schwächen erdulden. Stattdessen betrachten wir unseren Partner, die Familie, Angehörige, Kollegen und fremde Menschen oft als Ursache fehlender Zeit und Gemeinschaft mit Jesus. Tatsächlich hält uns das ganz normale Leben jedoch keineswegs davon ab, Gott zu lieben und ihm zu dienen. Wahr ist, dass wir ihm häufig den Gottesdienst des Alltags verweigern, weil wir den Alltag verachten. Doch Gott gehören wir in allem Tun und zu jeder Zeit. Bei der Arbeit im Büro, bei der Hausarbeit, bei der Kindererziehung und beim Rasenmähen, im Urlaub, im Ehebett, als Single und in der Gemeinde. Liebe zu Gott wächst proportional zu unserem Tun. Sie ist wirklich die einzige Ausgabe, die uns reicher macht.

Das höchste Gebot. Ist jemand verzweifelt, fragt er sich, wozu er überhaupt lebt. Ist jemand voller Angst, fragt er sich, wo Gott denn sei. Ist jemand gelangweilt, fragt er sich nach dem Sinn, den Leben oder Glaube haben soll. Doch welchen Sinn kann es haben, nach dem höchsten Gebot, nach dem über allen anderen stehenden Gesetz zu fragen? Für die Pharisäer und Sadduzäer war das ein echtes Problem. Worauf kommt es im Leben wirklich an? Was verdient im Leben den höchsten Stellenwert? Deshalb fragen sie nach dem obersten Prinzip, nach dem allerhöchsten Wert, nach dem maximalen Gesetz und ultimativen Gebot. Es gibt Zeiten, da müssen wir uns vergewissern, was es bedeutet, die uns gegebenen Jahrzehnte auf der Erde zu verbringen. Dann wollen wir wissen, wie wir unser Leben angehen sollen, welche Maßstäbe gesetzt sind, was Inhalt und Ziel gibt.

Darauf antwortet Jesus: „Du sollst den Herrn deinen Gott, lieben ..." und „Du sollst deinen Nächsten lieben wie dich selbst." (Matthäus 22,37.38; LB) So sehr wir diese Antwort zu kennen glauben, wie bringen wir es fertig, danach zu leben? Für Jesus sind Gottes- und Nächsten- und Selbstliebe keine Gegensätze. „Alle anderen Gebote und alle Forderungen der Propheten sind in diesen beiden Geboten enthalten." (Matthäus 22,40; Hfa). Doch wie sieht Nächstenliebe praktisch aus? Naheliegend ist die Antwort: Übernehme Verantwortung für deinen Nächsten. Lieben heißt demnach, für den anderen dies und jenes tun. Die Grenze des Grundsatzes ist jedoch spürbar, wenn wir uns darüber selbst vergessen. Es geht nicht darum, immer mehr Verantwortung für andere in unser Leben hineinzupacken.

Den Nächsten lieben wie sich selbst. Nicht Bevormundung von oben durch die Geistlichkeit oder sonst wen, sondern Selbstbewusstsein und Selbststeuerung ist das, was Jesus als Gebot Gottes vorschwebt. Immer wieder werden wir verleitet, uns an Gesetzen auszurichten, die Menschen als höchste Norm aufrichten. Sie zu erfüllen mag uns selbst beruhigen, uns im eigenen Ansehen groß machen, das Gefühl der Macht über andere befriedigen oder irgendeinen anderen Gewinn versprechen. Doch ohne all das besitzen wir vor Gott eine unverwechselbare Bedeutung und Würde. Darin sind wir Gesandte Gottes. Wann immer wir einen anderen Menschen von seiner gottgeschenkten Größe überzeugen. Ein unangreifbares Empfinden des eigenen Wertes, das ist es, was der Glaube an Jesus bewirkt. Dann beantworten sich die Fragen nach Sinn und Ziel, quasi von innen her, aus unserem Herzen, durch ein Gefühl der Sicherheit und der Geborgenheit im Dasein. Indem wir uns als einmalig geschaffen begreifen. Die Wellen, der Wind, die Sonne und das Meer, die Fische und Muscheln und sogar das Gewürm, die Mikroben und Bakterien können nicht wissen, dass sie mit ihrer bloßen Existenz Gott loben. Und doch tun sie es. Uns weist es auf den hin, den zu lieben nicht mehr als natürlich ist. Denn unsere kleine Existenz lässt uns die unermessliche Größe Gottes spüren. Was es heißt, so Gott zu lieben, das lehrt uns die Schöpfung Gottes. In Psalm 148 (GNB) hören wir davon.

Halleluja – Preist den HERRN!
Preist den HERRN, alle seine Geschöpfe,
preist ihn droben im Himmel!
Lobt ihn, alle seine Engel!
Lobt ihn, ihr himmlischen Mächte!
Lobt ihn, Sonne und Mond!
Lobt ihn, ihr leuchtenden Sterne!
Lobt ihn, ihr Weiten des Himmels
und ihr Gewässer über dem Himmelsgewölbe!
Sie alle sollen den HERRN rühmen,
denn sein Befehl rief sie ins Dasein.
Er stellte sie für immer an ihren Platz
und setzte ihnen eine Ordnung,
die sie niemals übertreten dürfen.
Preist den HERRN, alle seine Geschöpfe,
preist ihn unten auf der Erde!
Lobt ihn, ihr Ozeane,
ihr Ungeheuer im Meer!
Lobt ihn, Blitze, Hagel, Schnee und Wolken,
ihr Stürme, die ihr seinen Befehl ausführt!
Lobt ihn, ihr Berge und Hügel,
ihr Obstbäume und Wälder!

Lobt ihn, wilde und zahme Tiere,
ihr Vögel und alles Gewürm!
Lobt ihn, ihr Könige und alle Völker,
ihr Fürsten und Mächtigen der Erde!
Lobt ihn, ihr Männer und Frauen,
Alte und Junge miteinander!
Sie alle sollen den HERRN rühmen!
Denn sein Name allein ist groß;
der Glanz seiner Hoheit
strahlt über Erde und Himmel.
Sein Volk Israel steht ihm nahe;
durch ihn ist es groß und mächtig geworden.
Darum bleibt es ihm treu und preist ihn!
Preist den HERRN – Halleluja!

Gott lieben heißt nicht: machen, sondern: sich bewusst machen, dass Gott ist und wir zu ihm hin geschaffen sind. Ein Wissen um unser Sein, nämlich Gott zu gehören. Unsere Unverwechselbarkeit ist ein Lobpreis Gottes. Wir können, was wir können. Wir wissen, was wir wissen. Wir teilen unsere Ängste mit Gott und leben, den Widerständen zum Trotz. Wir brauchen keinen obersten, alles überwachenden Chef, kein höchstes Gesetz, dem wir lustlos dienen. Gott lieben und den Nächsten wie sich selbst, das folgt dem Ruf ins eigene Leben. Liebe zu Gott ist, ihm zugewandt zu sein. Liebe zum Nächsten ist, anderen vom eigenen Leben etwas abzugeben, ohne sich ihnen zu überlassen. Selbstliebe ist, unser Wesen und Sein in Gott zu wissen. Wenn uns Gott und den Nächsten zu lieben keine Pflicht mehr ist, sondern natürlich, ist das Gottesreich auf Erden nah. Aber geben wir acht. Keines Menschen Kräfte und Ressourcen sind unerschöpflich.

Dienst und Leidenschaft. Social Media überflutet uns mit Nachrichten. Die überfordernde Informationsflut verbindet sich mit ungezählten Wahlmöglichkeiten. Ständig müssen wir uns entscheiden. Gehe ich zum Bäcker, geht es los mit der Auswahl. Welches Brötchen hätten sie denn gern? Das Vollkorn, Vollkornsesam, Sesam pur, mit oder ohne Sonnenblumenkerne? Oder darf es ein Ökobrötchen sein, vielleicht eins Typ vegan-vital, vital extra oder vital spezial? Neu im Angebot sind die Wellness-Semmeln, die werden sehr gern genommen. Oder für Sie ein Anti-Aging-Brötchen, man kann dem Alterungsprozess ja nicht früh genug begegnen ... Zu viel Wahlmöglichkeit überfordert. Zu viele Anforderungen auch. Wie können wir damit umgehen? Was bedeutet natürlicher Dienst am Mitmenschen angesichts der eigenen begrenzten Freiräume?

> *Je glühender der Eifer, je stürmischer der Geist, je überbordender die Liebe wird, desto notwendiger wird ein wachsamer Verstand, der den Eifer zügelt, den Geist mäßigt und die Liebe in geordnete Bahnen lenkt.*
> *Bernhard von Clairvaux*

In der persönlichen Glaubenspraxis wie der in der Gemeinde stehen häufig zu viele Fenster und Türen offen. Selten wird etwas richtig zu Ende gebracht, aber ständig wird etwas Neues angefangen. Und wir wollen persönlich und gemeindlich dynamisch erscheinen. Wir leben zunehmend in einer Kultur, die zwingt, die Maske des Erfolgreichen zu tragen. Sich gut zu verkaufen wird allerorten gefordert. Darüber machen wir uns kaum mehr bewusst, dass wir und auch Gemeinden keine Sachen sind, die zu Markte getragen werden sollen. Ausgesetzt und ausgeliefert an eine Leistungsgesellschaft, die systembedingt immer mehr fordert, als wir (früher oder später) zu geben vermögen, brennen zunehmend viele Männer und Frauen (auch durch Gemeindemitarbeit) aus.

Stellen wir die Verben „dienen" und „leiden" und deutlicher noch die Substantive „Dienst" und „Leidenschaft" in Relation zueinander, wird der Zusammenhang erkennbar. Wer anderen dient, nimmt dabei für sich selbst Entbehrungen in Kauf. Das ist die schlichte Erkenntnis jeder Altenpflegerin. Selbstredend kommen Eltern bei der Erziehung ihrer Kinder und Lehrer in den Klassenräumen an ihre Grenzen. Viele erschöpfen unter der Last ihrer Verantwortung. Betrachten wir Leidenschaft nicht erstrangig unter dem Aspekt mitreißender Gefühle, sondern unter dem Aspekt persönlichen Einsatzes, wird deutlich: Wer sich für Menschen einsetzt, setzt sich ihnen aus. Wer sich für Jesus engagiert, erfährt seinen Dienst unter Umständen auch als etwas, das Leiden schafft. Dann hoffen wir auf die Hilfe anderer.

Doch wer hat dafür noch Kapazitäten frei? Ertrinkende können einander nicht retten. Was also tun? Sich auf eine Sache oder wenige Dinge zu konzentrieren spart viel Kraft. Und Tatsache ist, dass wir zu selten die Türen hinter uns wieder schließen, nachdem Menschen, Aufgaben und Verantwortlichkeiten durch sie hindurchgingen. Christlicher Dienst und leidenschaftlich gelebter Glaube versklaven nicht unter religiöse Pflichterfüllung. Mit diesem Selbstbewusstsein unterstellt sich Jesus dem Willen seines Vaters. In der Deutung seines Todes betont er: „Niemand kann mir das Leben nehmen. Ich gebe es freiwillig her. Es steht in meiner Macht, es herzugeben – und genauso steht es in meiner Macht, es wieder neu zu erhalten. Das ist der Auftrag, den ich von meinem Vater bekommen habe." (Johannes 10,18; BB) Jesu Wahl ist Spiegel seines souveränen Umgangs mit allen anderen Autoritäten. Sich Spielräume zu bewahren und gegebenenfalls gegenüber Menschen und den Anforderungsprofilen von Gemeinden zurückzugewinnen, wird hier und da geboten sein. Aber wiederum ist das eigene Leistungsmaß nicht maßgeblich für andere. Ungut ist es, der Mühe anderer gleichgültig und ihren Erfolgen misstrauisch gegenüberzustehen. Das Alte Testament erzählt uns diesbezüglich von Gottes Ärger, als Aaron und Miriam sich gegen Mose auflehnten, weil sie ihm seinen Erfolg missgönnten. Dann lassen wir dem Neid, oft gepaart mit Verbitterung und Zynismus, freien Lauf. Die eigene Motivation zum Dienst nimmt darüber ab, und der Widerstand gegen die Abhängigkeit von Gott nimmt zu. Entfremdung gegenüber den Glaubensgeschwistern führt schließlich zur Entfremdung gegenüber Jesus.

Im Spaßbad gefällt mir das in runder Form gebaute Strömungsbecken besonders gut. Schwimme ich mit dem Strom, komme ich sehr gut voran, und es macht viel Freude, sich entlang des Beckenrands treiben zu lassen. Runde um Runde kann ich so drehen, und es geht mir herrlich dabei. Doch wie schwer, ja fast unmöglich ist es, sich gegen die Strömung zur Ausstiegsleiter zu kämpfen. Will ich dahin gelangen, muss ich mich der Strömung überlassen und dann, wenn sie mich wieder an der Ausstiegsleiter vorbeiträgt, an ihr festhalten und aussteigen. Eine dienende Haltung besteht nicht darin, heroisch gegen alles und jedes anzugehen, Hauptsache es macht Mühe, ist anstrengend und tut weh. Sondern

Dienen mit Leidenschaft bedeutet, dem Prozess der Ereignisse zu vertrauen. Das heißt, jeder Zeit ihre Zeit zu lassen, denn wirklich alles hat seine Zeit. Leben wir mit und in den Geschehnissen des Augenblicks, jagen sie uns nicht mehr vor sich her. Gegen schlechte Stimmung hilft am meisten Einverständnis mit dem, was ist. Gegen Frust hilft auch, etwas Einfaches und Gutes zu tun. Zum Beispiel der Anruf bei einem Menschen, den die unerwartete Anteilnahme positiv überrascht. Oder ein ehrlich gemeintes Kompliment für die Kollegen, eine freundliche Begrüßung und dergleichen mehr.

Stoßen wir auf den Missmut anderer Leute, verbraucht das eine Unmenge Energie. Der Versuch, unzufriedene Kritiker gnädig zu stimmen, erschöpft außerordentlich. Negativ denkende Menschen sind anstrengend. Nicht zuletzt wird das an Jesus erkennbar, der unter seinem Dienst an den Jüngern litt. Seufzend ruft er aus: „Wie lange soll ich noch bei euch aushalten und euch ertragen? (Matthäus 17,17; GNB) Dann hilft es, sich zu erinnern, dass wir andere Menschen nicht verändern können, verbunden mit der Einsicht, nicht für die Unzufriedenheit anderer verantwortlich zu sein. Entziehen wir uns ihrem Einfluss. Wenn sie unglücklich sein wollen und in allem zuerst das Negative sehen – bitte! Aber erschöpfen wir uns nicht in der Auseinandersetzung mit dieser Haltung. Die Aufregung über andere sagt aber auch immer etwas über die Unruhe und das Aufgeregte, Ungeordnete in uns. Je mehr wir mit uns im Reinen sind, desto weniger ärgern uns andere. Entscheidend ist die Verankerung des Seelenfriedens in Jesus. Haben wir unser Fundament in ihm und gründen wir uns darauf mit unseren Sorgen und Verletzungen, verlieren andere Kräfte an Macht über uns.

Der Schüler eines Weisen fragte ihn nach seinem Geheimnis.

„Was machst du anders, woher kommt deine Ausgeglichenheit?"
Darauf antworte ihm der spirituelle Führer: „Wenn ich liege, dann
liege ich. Wenn ich sitze, dann sitze ich. Wenn ich gehe, dann gehe
ich." „Das mache ich auch", erwiderte ihm sein Schüler ungedul-
dig. „Nein", antwortete ihm der Meister. „Sondern wenn du liegst,
sitzt du bereits. Und sitzt du, bist du schon im Aufstehen begriffen,
und wenn du gehst, dann bist du innerlich schon weggerannt." –
Überall dabei, aber nie mit ganzem Herzen. Was wie Leidenschaft
wirkt, kann aus Nervosität und Unruhe geboren sein. Dann haben
wir es nicht mit Leidenschaft zu tun, sondern mit Aktionismus. Den
Unterschied zwischen Aktionismus und Leidenschaft macht aus,
ob wir ausschließlich mit viel (Zeit- und Arbeits-) Einsatz bei der
Sache sind oder zudem mit Hingabe und begleitendem Gebet. Leidenschaft atmet Freude an der Arbeit und an den Fähigkeiten der
anderen. Freude am gemeinsamen Ziel und am gemeinsamen Erleben. Hingabe erkennt man daran, ob wir auch dann seelisch und
geistlich stabil bleiben, wenn die Arbeit nicht die erbeteten und erhofften Erfolge zeigt. Aktionismus erschöpft. Aber: „Dem Herren
musst du trauen, wenn dir's soll wohlergehn. Auf sein Werk musst
du schauen, wenn dein Werk soll bestehn." Das Lied von Paul Gerhardt fragt: Wovor die Angst? Und empfiehlt: Alle Sorgen werft auf
ihn!

Vereinen

Dem Glauben an Jesus entspringen viele wohlüberlegte, aber häufig gegensätzliche Überzeugungen. Die gilt es und die lohnt es sich anzuhören. Aber was hält Gemeinden zusammen, und wer sagt, was gilt auf dem weiteren gemeinsamen Weg?

Alter Streit neu diskutiert. In Abgrenzung zum Judentum entfaltet Paulus seine Rechtfertigungslehre. Sehr bald jedoch kommt es zu Fehldeutungen, und es erhebt sich Widerspruch. Paulus muss seine Lehre in heidenchristlichen Gemeinden vor Missbrauch schützen, und einige Apostel versuchen vermittelnd gegenzusteuern, wie Judas 4, Jakobus 2,14-26 und 2. Petrus 3,14-16 zeigen. Später geht die Frage der Rechtfertigung weniger zugespitzt über in die allgemeine Lehre von der Gnade. Lange Zeit fährt man damit in ruhigen Gewässern, bis die Reformation die Stoßrichtung des Paulus in der Auseinandersetzung mit dem Katholizismus jener Zeit erneut aufgreift. Heute scheint eine Rückbesinnung auf Wesentliches abermals notwendig. Wird in Gemeinden doch der vernunftgemäße Gottesdienst (Römer 12,2) eines im Licht Jesu gestalteten Lebens vielfach in der Umorganisation ihrer Strukturen gesucht oder in Gemeinden transformierenden Strategien. Die Frage lohnt, inwiefern Gemeinden tatsächlich davon profitieren können.

Der Begriff der Strategie wurde, ehe er in der Wirtschaft Einzug hielt, in der Militärsprache verwandt. Strategie bezeichnet klassisch die Mittel und langfristig geplanten Verhaltensweisen von Staaten, Organisationen und Unternehmen zur Erreichung ihrer Ziele. Was als „ideologische Strategie" bezeichnet wird, ist in Gemeinden populär

Die reinste Form des Wahnsinns ist es, alles beim Alten zu lassen und gleichzeitig zu hoffen, dass sich etwas ändert.
Albert Einstein

geworden. Die ideologische Strategie baut darauf, dass viele Personen eine Vision, ein Leitbild, die Idee von etwas teilen und sich damit, unterstützt und gefördert durch eine starke Führungsfigur (Pastor oder Gemeindeleitung), identifizieren. Einheitliches Denken erleichtert den Führungskräften solcher Systeme oder Gemeinden die Leitung.

In den meisten etablierten Gemeinden ergibt sich jedoch aus den Aktivitäten vieler Mitarbeiter ein Muster, das keinen Bedarf an zentraler Steuerung hat. Im Unterschied zur ideologischen Strategie, entfaltet die „Konsensstrategie" ihre Wirkung durch das Miteinander der Akteure. Sie finden und gestalten durch konkrete Aktivitäten das Gemeindeleben und nicht durch den Willen einer zentralen Administration oder den gemeinsam erklärten Willen der Gemeindemitglieder. Begabte Personen gestalten in ihrem Wirkungsbereich eigene Organisationsformen und verfolgen selbstbestimmte Ziele. Weil in Gemeinden jedoch keine praktische Mitwirkung erzwungen werden kann, werden viele Entscheidungen flexibel gehandhabt. Vorhaben und Strukturen entwickeln und organisieren sich aus dem Wechselspiel verschiedener Faktoren, und das oft spontan.

Vor allem aufgrund der Annahme der Planbarkeit und weil strategisches Vorgehen eine gewisse Kontrolle (auch der Mitarbeitenden) voraussetzt, wird in Gemeinden die klassische Definition von Strategie kritisiert. Um dem entgegenzuwirken, ist oft von Gemeindevisionen die Rede. Zudem von Gemeindeleitbildern und gottgewollter, geistlicher Leitungskompetenz. Doch häufig mangelt es an realistischen Zielen, die unter Mitarbeitenden auftretenden Konflikte werden vielfach unterschätzt und die Berücksichtigung der verfügbaren Ressourcen vernachlässigt. Schlussendlich kann vor allem in gewachsenen Gemeinden die Ausrichtung auf eine bestimmte Zielgruppe nicht beliebig festgelegt werden. Die Bedürfnisse der Menschen in den Gemeinden sind dafür zu unterschiedlich und die biblischen Aufträge der Jesusnachfolge vielfältig.

In der protestantischen Theologie genießt die Vorstellung der verheißungsorientierten Gemeinde viel Sympathie, einmündend in die Formel von Gesetz und Evangelium beziehungsweise Gesetzlichkeit vs. Evangelium. Dies provoziert in jüngerer Zeit beinahe zwangsläufig einen kritischen Blick auf die vielfach empfohlene Anwendung von Strategien im kirchlichen Bereich. Denn läuft man mit ihrer Anwendung nicht Gefahr, die Rechtfertigung allein aus Glaube um das Werk der Strategie zu erweitern und das Wirken des Heiligen Geistes dem Plan und Schaffen des Menschen nach- oder gar vorzuordnen? In Gemeinden treffen wir entsprechend häufig, neben der aufgeschriebenen Strategie, der plakatierten Gemeindevision, dem formulierten Leitbild oder der anvisierten Zielgruppe, eine „formierte“, von selbst entstandene, unausgesprochene Strategie an. Doch auch hier ist die Schwierigkeit erkennbar. Wird in geistlichen Fragen das Handeln Gottes und das Handeln des Menschen getrennt, entsteht Spannung. Bedarf es überhaupt des menschlichen Handelns, seiner Gestaltung und Kontrolle, damit Gottes Reich gebaut wird? Widerspricht dem nicht das Gleichnis Jesu von der selbstwachsenden Saat (Markus 4,26-29)? So betrachtet, greifen ausgefeilte Gemeindeaufbau- und Missionsstrategien in die Speichen des Rades, das Gott allein zu drehen vermag.

Viele Gedanken, Meinungen, Überzeugungen, Ratschläge und Empfindungen mischen sich in einer Gemeinde. Dankbarkeit und Freude, Lachen und Leichtigkeit, Hoffnung und Erwartung. Aber auch Enttäuschung und Vertrauensverlust sind spürbar. Das Empfinden, übergangen worden zu sein und übersehen zu werden. Gefühle von Neid und Bitterkeit dringen an die Oberfläche. Sorge ist da und der starke Wunsch nach Harmonie. Doch was sie alle zusammen als Gemeinschaft ausmacht, darauf haben sie noch keine Antwort gefunden. Die Gemeinde sucht nach dem sie verbindenden Kitt. Was ist zu tun? Worin besteht ihr Auftrag? Was verbindet sie? Wozu und wie soll es weitergehen? Sie möchten wissen und verstehen, was Jesus für ihre Gemeinde will. Darüber sind manche verunsichert. Andere sind zufrieden. Wieder andere meinen zu wissen, was dran ist. Die Sehnsucht nach Nähe und Gemeinschaft, die Sehnsucht nach Geborgenheit in einer Gruppe, der man sich zugehörig fühlt, ist gefährdet. Die Einheit ist verloren. Es fehlt der Zusammenhalt. Was lässt sich dagegen unternehmen?

Die daraus entstehenden verbalen Auseinandersetzungen gleichen der babylonischen Sprachverwirrung, die 1. Mose 11,1-9 schildert. Der Bau einer Stadt, die allen Heimat gibt, bietet sich der biblischen Erzählung nach als Lösung an. Dazu ein mächtiges Wahrzeichen, mit dem man sich einen Namen machen kann. Der Wunsch, nicht zerstreut zu werden, mündet in maßlose Selbstüberschätzung. Weil sie die gemeinsame Mitte in der Gemeinschaft mit Gott verloren haben, wollen sich die Menschen selbst an seine Stelle setzen. Doch wo Einzelpersonen zum Maßstab für andere werden oder sich ganze Völker für den Nabel der Welt halten, treibt das unweigerlich und unaufhaltsam in die Katastrophe. Dazu kommt es der biblischen Schilderung nach nicht dadurch, dass die Menschen daran denken, gegen Gott zu sündigen, sondern dadurch, dass sie sündigen, indem sie überhaupt nicht an Gott denken. Sie wollen nicht mit Gewalt den Himmel stürmen, sondern ihr vergebliches Bemühen ist es, unter der Abwesenheit Gottes die Folgen der Gottesferne selbst zu meistern. Einen Turm zu bauen, der bis an den Himmel reicht, ist das Ziel, weil der Platz Gottes im Himmel frei geworden ist. Aber weil das einfach nicht gelingen will, ist die biblische Erzählung von der Sprachverwirrung auch eine Mahnrede an die christliche Gemeinde, die ihr Wachstum, ihren Zusammenhalt und ihre Zukunft vorrangig durch das Erreichen eigener Ziele und den Bau ihrer Gemeinschaft zu erlangen hofft.

„Kain ging vom Herrn weg und ließ sich im Land Nod nieder, östlich von Eden", erfahren wir in 1.Mose 4,16 (EÜ). Er ist auf der Flucht. Weg von Gott sucht er eine neue Heimat, in der er sicher wohnen und bleiben kann. Das Thema vom Heimatverlust und fehlender Sesshaftigkeit wird mit der Turmbaugeschichte in Kapitel 11,11 nochmals aufgegriffen. Aber nun betrifft es nicht die einzelnen verirrten Menschen wie Kain, sondern die gesamte Menschheit. Auch sie bricht auf, immer weiter weg vom Anfang, immer weiter weg vom Paradies, immer weiter weg aus Gottes Augen. Das ist die Bewegungsrichtung der gesamten biblischen Urgeschichte. Es ist ein Zug der gottverlassenden und gottverlassenen Menschheit. Immer weiter weg von dem Ort, an dem sie mit Gott vereint ist, weiß sie sich keinen anderen Rat, als den ihr verloren gegangenen Halt in ihrem Miteinander zu suchen. Es ist die letzte Station ihres buchstäblich fort-schreitenden Abfalls von Gott.

Bereits im 10. Kapitel der Urgeschichte ist von der Völkerverbreitung die Rede und auch von ihren verschiedenen Sprachen. Aber nun in Kapitel 11 wird die Menschheit als eine Einheit eingeführt. Offensichtlich weil die Völkerdifferenzierung noch nicht das begründet, was die Geschichte der Menschen und ihr Miteinander so problematisch macht: das Unvermögen, einander zu verstehen, das Auseinanderstreben der Völker und die Zerstörung, die sie nicht vorsätzlich anstreben und doch anrichten. Die Ausbreitung des Menschen über die Erde wächst sich zum sprachlichen Wirrwarr aus. Der Reichtum der Entfaltungsformen menschlicher Geschichte verwandelt sich in gegenseitiges Unverständnis, in Fremdheit und Feindschaft. Das muss an sich so nicht sein – das ist der Traum einer konfliktfreien, multikulturellen Gesellschaft, einer geeinten EU, einer Weltfriedensordnung – aber es muss so kommen, wenn die Menschen so denken und handeln, wie es die Erzählung beschreibt. Aus der Mitte der Welt, aus dem Paradies herausgefallen, versuchen die Menschen, aus ihrer Gemeinschaft heraus zurückzugewinnen, was sie an göttlicher Gemeinschaft und ihrer ursprünglichen Bestimmung verloren haben. Und offensichtlich ist der Aufstand gegen Gott mit der Tragik sich verfehlender Kommunikation gepaart, wodurch der Riss unter den Menschen immer weiter aufreißt. Entgegen dem Anliegen, beieinander zu sein, bewirkt gegenseitiges Nichtverstehen unter Menschen Konflikte, Trennung und

Zerstreuung. Wie oft fahren wir in Gesprächen und Diskussionen genau das als Ernte ein, was wir zu verhindern versuchen! Es geht in der Erzählung vom Turmbau zu Babel um weit mehr als um eine Erklärung für die unterschiedlichen Sprachen der Völker. Was die Völker, was Menschen und Gemeindemitglieder hindert, einander zu verstehen und beieinander zu sein, hat seine tiefste Ursache in der Fehlannahme, allein durch verbesserte Kommunikation Missverständnisse ausräumen und Einverständnis herstellen zu können. Das erweist sich oft genug als Sackgasse, wie auch der Versuch, der Vereinzelung und Entfremdung unter Gemeindemitgliedern sozusagen auf technischem Wege entgegenzutreten, durch Gemeinschaftserleben als Festerfahrung, durch die Vereinheitlichung von Sprache und Gottesdienstformaten, durch zielgruppenorientierte Angebote und gemeinsame Projekte. Den Hörern, die ihre Häuser durch Aufschichtung von Bruchsteinen errichteten, galt die Bauweise in Babel als besonders fortschrittlich. Der Erfolg gab ihnen recht. Das technische Knowhow, Ziegel zu brennen und sie mit Asphalt statt Lehm zu verbinden, war revolutionär und ermöglichte Turmbauten von rund 100 Meter Höhe, wie sie sich in Babel fanden.

Dass Menschen Ziegel brennen, Hochhäuser bauen, Megastädte errichten, zum Mond fliegen, das menschliche Genom entschlüsseln und Sonden auf Asteroiden landen lassen: damit hat Gott kein Problem. Ebenso wenig wie mit wechselnden Gemeindekonzepten. Jedoch: Wie Völkergrenzen nicht nur Sprach-, sondern auch Verständigungsbarrieren beschreiben, versteht auch in Gemeinden einer den anderen nicht mehr, wenn die gemeinsame Mitte des Glaubens verloren ist und Randthemen in den Mittelpunkt rücken.

Dazu gehört die Fixierung auf die eigene geistliche Praxis ebenso wie die Festlegung auf ein einheitliches Schriftverständnis. Die Problematik wird bereits in der neutestamentlichen Gemeinde aufgegriffen, verbunden mit der Mahnung: „Achtet den anderen mehr als sich selbst" (Philipper 2,3; Hfa). Wenn jeder nur das Seine sucht, zerfällt die Gemeinschaft. Wer sich Glaubensgeschwistern als Maß der Dinge vor die Nase setzt, der zerstört die Verständigung und damit die Einheit. Die Turmbaugeschichte ruft uns auf, innezuhalten und zu verstehen: Gegen jedwede Vorverurteilung ist die ausgefeilteste Kommunikationstechnik machtlos. Die gemeindliche Einheit wird aufgegeben, wenn wir uns von unserem Ursprung in Gott entfernen und vor Ort das, was wir selbst bewerkstelligen können, als Zentrum und Mitte des Zusammenseins begreifen. Wer glaubt, ist nicht auf sich selbst versessen! Achten wir dazu auf Gedanken des Apostel Paulus in 2. Korinther 1,18-22. „Gott weiß, dass wir niemals etwas anderes sagen, als wir wirklich meinen. Auch Jesus Christus, der Sohn Gottes, von dem Silvanus, Timotheus und ich euch berichtet haben, sagte nicht gleichzeitig »Ja« und »Nein«. Er selbst ist in seiner Person das Ja Gottes zu uns, denn alle

Das ist die große, aber sehr schwere Aufgabe: Kirchen dürfen Menschen nicht aussondern, nicht einteilen in Gute und Schlechte, in solche, die die Wahrheit besitzen, und andere, die sich irren. Kirchen müssen für alle offen stehen. Sie müssen einladen und anziehen. Man kann Gott den Menschen nicht aufzwingen. Kirchen müssen Magnete sein, unwiderstehliche Magnete der Liebe. Ökumene ist nicht möglich durch Diskussion. Sie vollzieht sich dort von selbst, wo Menschen mit ihrem Herzen einander in Gott gefunden haben.
Phil Bosmans

Zusagen Gottes haben sich in ihm erfüllt. Und deshalb sprechen wir mit Blick auf Christus und zur Ehre Gottes unser Amen. Gott selbst hat unser und euer Leben auf ein festes Fundament gestellt und uns in seinen Dienst gerufen. Er drückte uns sein Siegel auf, wir sind sein Eigentum geworden, und er hat uns seinen Heiligen Geist gegeben." (Hfa) Paulus schlägt einen gewaltigen Bogen von der Erwählung der Väter des Alten Testaments bis in unsere Gemeinden. Eines gibt es, das Gemeinden eint: Gottes Ja zu mir und Gottes Ja zu dir – und unser gemeinsames Amen dazu! Der Horizont aller Verheißungen ist Christus! Prall gefüllt mit freudigem Inhalt unsere Lebensgrundlage durch alle Stürme.

Mit dem Gesetz in der Hand wollte man dem Apostel kommen. Mit richtig und falsch, mit erlaubt und verboten. „Aber nicht das Gesetz schafft die Verbindung zwischen Altem und Neuem Bund", zwischen Christ und Christ und Christ und Nichtchrist, „sondern die Verheißung" (Galater 3,10-14.17-25). „Diese ist früher und kann nicht nachträglich durch das Gesetz außer Kraft gesetzt … werden." (Otto Hermann Pesch, Gottes Ja und Amen S.12) „Unter die Verheißung an Abraham tritt man nicht durch Annahme des Gesetzes, sondern … allein durch den Glauben. Und dieser Glaube gilt jetzt dem gekreuzigten und auferweckten Jesus Christus." (ebd.S.13). Wenn das also gilt, wo es ums Ganze geht, wie viel mehr dann im täglichen Miteinander und in jedem ihrer Gottesdienste, wenn die Gemeinde das Amen zu ihrem Herrn spricht! Sie spricht das Amen als Gebet und als Bestätigung ihres gemeinsamen Glaubens. Amen, so ist es! Alle Verheißungen sind durch Christus erfüllt! Die vielen gegenseitigen Vorwürfe sind im Vergleich damit kleinlich, flach, oberflächliches Gezanke. Zur Ehre Gottes wird das Amen zu Jesus gesprochen. Weil wir zu Christus gehören, weil wir im Glauben die Taufe bejahen, weil Gott uns fest vereint hat und uns seinen Geist ins Herz gab.

Das Amen zu Christus bedeutet, dass nichts anderes ihm gleichkommt. Und dass nichts anderes auch nur annähernd gleich wichtig ist im gemeindlichen Miteinander. Die eine Gemeinde von Arbeitenden und Arbeitslosen, Professoren und Kindern, Alten und Jungen, Männern und Frauen, Deutschen, Franzosen und Engländern, Holländern, Koreanern, Russen, Afghanen, Iranern, Irakern, Kurden und Türken, Studenten, Angestellten, Erziehern, Freaks, Technikern, Informatikern, Hausfrauen, Künstlern, Musikern, Lehrern, Versicherungsangestellten, Ärzten, Altenpflegern, Müttern und Vätern, Omas und Opas, Einfältigen und Komplizierten, Frohnaturen und Pessimisten, Weltgenießern, Glücklichen und Verzweifelten, Trauernden und Verliebten, Singles, Geschiedenen, heterosexuellen und homosexuellen Menschen und noch so viele mehr. Es kommt darauf an, dass in den Gemeinden das Amen des Glaubens gesagt wird. Das Amen des Glaubens, das der Unterschiedlichkeit Rechnung trägt, in der wir in der Gemeinde nach Jesu Wille (Johannes 17,20-23) auf einander bezogen sind und bleiben.

Das Ja Gottes ist glaubwürdig durch seinen Realismus, der unsere Wirklichkeit nicht übersieht. Nach Jesu Tod lag für seine Jünger mehr Dunkel als Licht auf den Verheißungen des Alten Testaments. Besonders die Erfüllung aller Verheißung durch Christus war vollends ein Rätsel. Denn die Ansage des Immanuel (Matthäus

1,23), der rettenden Nähe Gottes, endete am Kreuz. Wie damals ist es auch heute. Wir versprechen uns viel von Gott. Aber: Nicht nachrechnende Vergewisserung, sondern allein das uns zugesprochene Ja Gottes verbürgt die Gewissheit der Verheißung. Es ist wahr: Die rettende Nähe Gottes verbirgt sich in den Rätseln der Geschichte. Aber nicht das Übersteigen der Wirklichkeit, etwa vermittelt durch Wunder, schenkt Gewissheit. Sondern das Standhalten in der Wirklichkeit, vermittelt durch den Glauben an Gottes Treue.

Das Ja Gottes ist zweitens glaubwürdig durch die Hoffnung, die es gibt. Die Verheißungen Gottes schließen Niederlagen und sogar Untergang in katastrophalem Ausmaß nicht aus. An der Geschichte Israels lässt sich das deutlich ablesen. So auch im Leben, Hoffen und Glauben der Christen in der Kirchengeschichte. Gottes Heilszusage, unsere Erlösung, das Leben nach dem Tod – wir glauben daran aufgrund der Auferstehung Jesu von den Toten. Ein Wissen ist es nicht. Im Vertrauen auf Jesus sprechen wir darauf das Amen. Das Ja Gottes ist drittens glaubwürdig durch die Kraft, mit der es durch Liebe Ohnmacht überwindet. Paulus war der Meinung, überraschend in Korinth aufzutauchen, ohne dass die Reibungspunkte im Vorfeld geklärt sind, wäre keine gute Idee. Es war nicht gut, als Herrscher aufzutreten, der energisch durchgreift. Das wäre „gegen die Liebe" gewesen, es hätte der Rücksicht gegenüber den Geschwistern widersprochen und auch seinem Dienstverständnis. Es wäre aber auch „gegen die Freude gewesen. Herrschaft bewirkt gedrückte Stimmung, Furcht und Traurigkeit." (a.a.O. S.17)

Unsere Überlegungen nahmen ihren Anfang bei einer Welt voller unbeantworteter Fragen und der persönlichen Verunsicherung, wenn unter Christen umstrittene Positionen mit Wucht und großer Entschiedenheit aufeinanderprallen. In dieser Situation ist die Rückbesinnung auf unsere Erwählung in Christus entscheidend. Nicht das oft so hart umkämpfte „Richtige". Denn das reine Ja Gottes ist mit Jesu Kommen Wirklichkeit geworden. Gottes Vergebung, seine Verheißung der Gnade und Liebe. Bei Paulus hat diese Nachricht eingeschlagen wie ein Komet, der sein Lebensbild grundlegend veränderte. Dafür nahm er sogar den Verdacht auf sich, Gottes Willen und Gebot außer Kraft setzen zu wollen. Paulus aber wollte das sein, was ein Christ sein soll. Nicht Herr über den Glauben anderer, sondern Mitarbeiter an ihrer Freude: Damit ihr weiterkommt! Ich will nichts von euch, ich will etwas für euch. Ich möchte euch fördern! Damit ihr die volle Freude erfahrt, die der Glaube schenkt. „Denn wir möchten nicht über euch und euren Glauben herrschen." (2. Korinther 1,24; Hfa) Seine Mission: andere fördern, Mitarbeiter an ihrer Freude sein!

Alles Leben steht in Relation zueinander. Doch was macht gute Beziehung aus? Was gibt ihr Grund und Halt? Zusammensein kann ja auch unschön ausfallen. Zum Beispiel in der Weise des Zusammenrottens. Oder der Feindschaft und Unwahrhaftigkeit. Deshalb sind Jakobus in Gefolgschaft von Jesus (Matthäus 5,37) das „Ja" und das „Nein" so wichtig. Unfruchtbares Streiten tut so, als besitze es gestaltende, verlässliche Kraft. Weil es jedoch in Wahrheit nur manipulieren will, rettet es sich zum Schwur. Als ob es ihm um die ganze Wahrheit ginge und um nichts als die Wahrheit. Als sei ihm die Gemeinschaft und das Zusammensein wichtig. Das Böse im Streit tut so, als ob es etwas zu geben hätte, obgleich es nur zu rauben vermag. Es setzt sich selbst absolut und damit an Gottes

Stelle. Damit beginnt die Sünde. Das ist ihr zerstörerisches Unwesen. Das Böse am Bösen ist seine Unwahrheit. Es lügt selbst dann, wenn es schwört, gibt uns Jakobus zu bedenken. Es ist das, worauf man sich auf keinen Fall verlassen kann.

Das Wahre ist nach biblischem Zeugnis verlässlich. Gott gibt, ohne damit einen Anspruch geltend zu machen. Weil es nichts gibt, was wir ihm geben könnten, was ihm nicht schon immer gehört, und sei es deine Nachfolge und dein Gehorsam. In der Auseinandersetzung unterschiedlicher Überzeugungen hilft keine Beschwörung Gottes, des Himmels, der Erde oder der Bibel. Kommt es zum Schwur, beschwört das die Unsicherheit und Trennung in der Gemeinde geradewegs herauf. Der Schwur ist das Kennzeichen der verletzten Gemeinschaft eines von Unwahrhaftigkeit geprägten Miteinanders. Und je mehr es verunsichert, desto sicherer fühlt sich das Schwören an. Denn verbergen, verschleiern, tarnen ist sein Wesen. Deshalb fordert Jakobus, traut euch ein einfaches „Ja" oder „Nein" zu sprechen. Seid voreinander ehrlich! Gewissheit in Gott macht unabhängig gegenüber dem Argwohn anderer. In diesem Sinn hält Paulus den Vorwürfen der Korinther entgegen: Gott ist mein Zeuge. Eines Schwurs bedarf es für Christen nicht. Die Schriftgelehrten verfuhren anders. Sie sagten: Was wir sagen, ist der Weg und kein anderer! Wir sind die Leiter, die Lehrer, die Wortführer, die (selbsternannten) Wächter, hören wir heute in Gemeinden. Unsere Position zu Fragen des Schriftverständnisses, zu Fragen der Ethik, zur Ausrichtung von Gottesdiensten, Hauskreisen, Mitarbeit und zu gesellschaftlichen Themen ist das Maß. Wir sind die norma normans, denn unser Bibelverständnis repräsentiert die Heilige

Schrift. Was dem Guten widerspricht, nennt die Bibel Sünde. Sünde entzweit. Liebe führt zusammen. Berufen in die Gemeinschaft mit Gott, hast du dich der Liebe verpflichtet. Es ist deshalb gut, dass Gott unbedingt für das gelingende Zusammensein in der Gemeinde eintritt. Das ist gut. Böse ist alles, was das Zusammensein in der Gesellschaft und Jesu Gemeinde auseinandertreibt. Denn wenn ein Teil an der Gemeinde krankt, leiden alle anderen Glieder mit. Seinen Brief abschließend, unterstreicht Jakobus 5,9+12 (GNB) daher Grundlegendes. „Klagt nicht übereinander, sonst muss Gott euch verurteilen. Der Richter steht schon vor der Tür. … Vor allem, meine Brüder und Schwestern, lasst das Schwören, wenn ihr irgendetwas beteuern wollt. Schwört weder beim Himmel noch bei der Erde noch bei sonst was. Euer Ja muss ein Ja sein und euer Nein ein Nein. Sonst verfallt ihr dem Gericht Gottes."

Nur Christus ist der Lehrer! Nur er ist Herr über unser Leben. Kann es da noch sein, dass der eigene Glaube der Selbstdarstellung dient – dass er anderen Lasten auferlegt und Vorschriften erlässt und sie selbst mit keinem Finger anrührt? Kann es da noch sein, dass es der Glaube darauf anlegt, Ehrenplätze im Gemeindeleben zu ergattern – dass die eigene Art zu glauben anderen sogar den Weg zu Gottes neuer Welt versperrt? Kann es da noch sein, dass wir andere führen wollen und selbst blind sind für das Wesentliche? Dass wir im Glauben den Zehnten entrichten, aber von Barmherzigkeit nichts verstehen? Dass aus ein und demselben Mund Gebet und Fluch kommen? Dass die eine Hand segnet, während die andere zuschlägt? Kann es da noch sein, dass mein Glaube aus einer Mücke einen Elefanten macht und Ungerechtigkeit gleichgültig hinnimmt? – Das alles kann da noch sein, beschreibt Jesus (Matthäus 23).

Das alles ist in der Gemeinde Jesu wie ein tief verwurzeltes, immer wiederkehrendes Unkraut. Es gedeiht auf dem Boden der Angst, die beargwöhnt, was Gott erlaubt. Und beklagt, was er tatsächlich oder angeblich verbietet. Daran leiden viele. Da, wo sich blinde Richtigkeit an die Stelle der Wirklichkeit Gottes setzt, behauptete Rechtgläubigkeit an die Stelle von Barmherzigkeit tritt, persönliche Erkenntnis durch Gruppenideologie plattgewalzt wird, Lehrsysteme an Stelle eigenverantwortlichen Glaubens treten, Individualität durch das Allgemeingültige aufgehoben werden soll. Wie anders hört es sich an, was Jesus sagt: „Wenn der Sohn euch frei macht", sagt er, „dann seid ihr wirklich frei." (Johannes 8,36; GNB) Nichts motiviert mehr, die Einheit zu bewahren!

Motivation bedeutet Triebkraft und bezeichnet das Streben nach Zielen. Wird ein Auftrag oder ein Anspruch an uns herangetragen, ist die Motivation, dem nachzukommen, nur kurzfristig, sofern wir nicht bei unseren Motiven und den damit verbundenen Bedürfnissen abgeholt werden. Viel mehr motivieren Aufgaben und Ziele, die wir aus uns heraus selbstbestimmt anstreben. Dabei sind persönlicher Vorteilsgewinn, vor allem aber

> *In die ersen Augenblicke des neuen Tages gehören nicht eigene Pläne und Sorgen, auch nicht der Übereifer der Arbeit, sondern Gottes befreiende Gnade, Gottes segnende Nähe.*
> *Dietrich Bonhoeffer*

Wachstum und Integration allen Menschen generell wichtig. Dann sind wir bleibend motiviert, weil es unseren eigenen Motiven und

Bedürfnissen entspricht. Das Macht-, Zugehörigkeits- und Leistungsmotiv spielt dabei eine wichtige Rolle. Es repräsentiert die subjektiven Bedürfnisse nach Autonomie, sozialer Integration und Kompetenz, die auch für die christliche Handlungsmotivation unerlässlich sind. Ihre Bedeutung wird umso klarer, je besser wir den Nutzen und die Grenzen menschlicher Motive begreifen. Unterm Strich geht es um drei Fragen.

Erstens: Was kann ich selbstbestimmt entscheiden? Arbeiten wir in einem Team nur deshalb mit, weil es andere von uns erwarten, kann das dabei wirksame Motiv ein Schuld- und Schamgefühl sein. Oder dem Wunsch folgen, Bestrafung und Ausgrenzung zu vermeiden, oder Anerkennung erhoffen. Externe Verhaltensbewertung blockiert jedoch die Motivation, weil das eigene Handeln als kontrolliert empfunden wird. Innerhalb der Gemeinde ist mit diesen Motiven die befreiende Kraft des Evangeliums bereits deutlich geschwächt. Denn selbst wenn wir dem an uns gestellten Anspruch Folge leisten, unterliegt das eigene Handeln einer negativen Emotion.

Zweitens: Welche Kompetenzen habe ich? Menschen mit hoher Selbststeuerungs- und Umsetzungskompetenz sind grundsätzlich zufriedener mit ihrer Lebenssituation. Autonomes Handeln bedeutet in Gemeinden im Idealfall: Diese Sache, dieses Ziel ist mir persönlich ein wichtiges Anliegen. Ich akzeptiere den Auftrag, identifiziere mich mit den Werten und befinde mich in Übereinstimmung mit den Zielen.

Drittens: Bin ich sozial eingebunden? Grundsätzlich wählen Menschen unter mehreren Handlungsalternativen diejenigen aus, die die höchsten Erfolgsaussichten haben. Hier spielt das Zugehörigkeitsmotiv eine entscheidende Rolle Haben wir die Ziele einer Gemeinschaft zu unseren gemacht, möchten wir etwas zum Erfolg der Gruppe beitragen. Positives Feedback und die Anerkennung von Gefühlen und deren Äußerung sind dabei wichtige Motivationsverstärker. Doch Lob und Anerkennung motiviert nur kurzzeitig, wenn es abhängig von einer spezifischen Leistung gegeben wird. Fantasielose Motivationstricks (etwa: Erst dreimal loben, bevor man etwas Kritisches sagt!) verpuffen entsprechend. Forschungen haben zudem ergeben: Erfolgt Belohnung immer nach erbrachter Leistung, reduziert es sogar die Motivation, weil wir uns dann nicht mehr als selbstbestimmt erleben. Das unterscheidet Menschen von der Konditionierung eines Hundes durch ein Leckerli. Dauerhaft motiviert sind wir also erst, wenn wir emotional ganz und gar vom Sinn und von der Bedeutung unseres Handelns überzeugt sind und uns im Einklang mit unseren persönlichen Bedürfnissen und dem uns umgebenden Sozialgefüge erleben. Dann wollen wir es wirklich. Zu den drei genannten Bedürfnissen muss schließlich noch eine weitere Art der Energie dazukommen: Durchhaltevermögen und Willenskraft. Beides sind sich erschöpfende Ressourcen. Um die innere Energie aufrecht zu erhalten, kann man bestimmte Fertigkeiten erlernen. In Gruppen, Gemeinden und Unternehmen ist jedoch erstrangig an Maßnahmen zu denken, die den Energieaufwand reduzieren und Regeneration der Kräfte durch positive Emotion ermöglichen. Denn Emotion ist die Grundlage aller Motivation. Gefühle und Empfindungen stellen uns die Kraft für Entscheidungen und das eigene Handeln zur Verfügung. Grundsätzlich gilt: Motive verstärken engagiertes Verhalten. Ein begeistert ausgeübtes Hobby, das Interesse und Bewunderung anderer hervorruft, motiviert dauerhaft in diesem Sinne. Dann schöpfen wir aus einer inneren Motivationsquelle. Bezogen auf das geistliche Leben, bezeichnet Paulus diese innere Motivationsquelle als „Christus in uns".

Der verstorbene Udo Jürgens verlieh mit seinen Liedern der Sehnsucht vieler Zeitgenossen Ausdruck. So auch in dem Lied „Ich war noch niemals in New York". Darin findet sich die Zeile: „Einmal verrückt sein und aus allen Zwängen fliehen". Mancher hat sich das schon gewünscht. Alle Lebenslast einfach von sich werfen. Das Gegenteil der Motivation, also dessen, was uns in Bewegung bringt, ist durch Emotionsverlust ausgelöster Stillstand. Verdeutlichen wir uns die Tragweite dieser Feststellung am Wetter. Auf das Wetter hat kein Mensch direkten Einfluss, die emotionale Beteiligung ist entsprechend gering. Das merken wir beim Thema Klimaschutz. Katastrophen, die sich weit entfernt von uns zutragen, vergessen wir sehr bald wieder. Anders ist es, wenn wir unmittelbar, persönlich und spürbar von den klimatischen Veränderungen betroffen sind: zum Beispiel Hauseigentümer, deren Keller nach Starkregen von Wasser überflutet sind, Gartenbesitzer, denen die Pflanzen vertrocknen, oder Eigentümer kalifornischer Villen, die in Flammen aufgehen. Solche Erfahrungen, und die dadurch ausgelöste persönliche Betroffenheit, motiviert zu handeln und möglichst etwas zu verändern.

Ebenso verhält es sich in einer Partnerschaft. Auch hier spielt die persönliche emotionale Beteiligung eine wesentliche Rolle. Geliebt zu werden motiviert, die erfahrene Liebe zu erwidern. Entsprechend lässt in Partnerschaften die Motivation, sich weiter in die Beziehung zu investieren, nach, wenn sie durch unglückliche Umstände stark belastet sind. Wir haben uns auseinandergelebt, heißt es dann. Was nichts anderes bedeutet, als dass die Motivation nachließ, Zeit, Verständnis, Vergebungsbereitschaft, Emotionalität und Erotik in die Paarbeziehung zu investieren. Bei verliebten, emotional stark engagierten Paaren ist das anders. Was die alles anstellen, um beim anderen zu sein oder ihn beziehungsweise sie zu erfreuen!

Negative als auch positive Gefühle motivieren zu konkreten Schritten. Und wie steht es mit dem Glauben an Jesus? Kaum ein anderer Satz wird in Gemeinden und Predigten so oft ausgesprochen wie dieser: „Gott liebt dich!" Wie kommt es dann, dass dieser Satz Christen verhältnismäßig wenig bewegt im Umgang mit Mitchristen und mehr noch mit Nichtchristen? Ganz ähnlich wie in dem Lied von Udo Jürgens. Der Protagonist steigt da nicht spontan in einen Flieger, um New York zu erobern, sondern kehrt nach dem Zigarettenziehen in sein langweiliges Heim zurück. Fehlendes Geld könnte dafür die Ursache sein, sein Mangel an Mut, geringe Risikobereitschaft oder auch das Verantwortungsgefühl für die Familie. Aber was kann die Ursache sein für ermüdete Retterliebe, wie man früher sagte?

Eine biblische Überzeugung zu haben, wie die der Liebe Gottes zu allen Menschen, motiviert noch nicht zum Handeln. Der genannte theologische Standpunkt eröffnet zunächst nur einen Handlungsspielraum, der unterschiedlich gestaltet werden kann. Denn wenn wir das eine tun, müssen wir anderes dafür lassen. Ich kann mich nach getaner Berufsarbeit mit aller Kraft auf mein Hobby stürzen oder in ein Gemeindeprojekt investieren oder sogar eine ungeliebte Aufgabe erledigen. Der springende Punkt ist, dass die Motivation für jede beliebige Sache einen inneren Konflikt mit sich bringt. Motivation eröffnet nicht nur Handlungsspielräume, sie schränkt auch Handlungsalternativen ein. Deshalb haben wir manchmal Stress, ohne dass überhaupt etwas angefangen wird. Der innere Konflikt führt zur Blockade. Das geschieht immer dann, wenn unsere Gefühle und die damit verbundenen Bedürfnisse nicht angesprochen werden. Ange-

Nicht überall, wo viel Wind gemacht wird, ist der Heilige Geist am Werk. Bisweilen handelt es sich nur um heiße Luft.
Hans-Joachim Höhn

nommen, die Abteilungsleiterin möchte mit einer feurigen Ansprache den Ehrgeiz eines bestimmten Mitarbeiters wecken. Ob sie ihr Ziel erreicht, wird davon abhängen, inwieweit sich eine emotionale Brücke zu dem Mitarbeiter aufbaut. Beispielsweise dadurch, dass er sich eine neue, spannende Aufgabe wünscht. Ebenso wichtig wird es für den Mitarbeiter sein, sich in einem guten Betriebsklima wiederzufinden.

Denn anhaltende Motivation ist auf dauerhafte Bedürfnisbefriedigung ausgerichtet. Verpflichtet im genannten Beispiel die spannende Aufgabe den Mitarbeiter, in einer Arbeitsgruppe von Leuten mitzuwirken, die sich gegenüber dem neuen Teammitglied distanziert verhalten, wird seine Motivation, dort gute Erfolge zu erzielen, nicht lange anhalten. Jedenfalls dann nicht, wenn dem neuen Mitarbeiter das bedürfnisleitende Motiv einer guten Gemeinschaft sehr wichtig ist. Das ist der Grund, weshalb die Mitarbeiter eines Betriebes sehr unterschiedlich auf die Motivationsansprache der

Chefin zu Jahresbeginn reagieren. Ebenso wie auf den Missions-auftrag, auf Visionsprogrammatik oder das Teilprojekt einer Orts-gemeinde. Menschen folgen stärker ihren verhältnismäßig stabilen und auf Dauer angelegten Bedürfnissen als kurzfristig aufgerufenen Motivationsimpulsen. Weil starke Gefühle, innere Beteiligung und Gruppenidentität als notwendiger Brennstoff für motiviertes Han-deln fehlen, enden viele gemeindliche Vorhaben nach kurzer Zeit auf dem Abstellgleis.

In Matthäus 5,38-48 und 1. Korinther 3,1-4 haben wir zwei Motivationstexte vor uns. Der Abschnitt aus der Bergpredigt richtet sich an unser Verhalten gegenüber den Menschen außerhalb der Ge-meinde. Der andere Abschnitt greift das Verhalten innerhalb der Ge-meinde auf. Jesus beschreibt in dem Matthäustext zwei unterschied-liche Emotionen: den Beweggrund des Hasses und den der Liebe. Mit Blick auf jeden Mitmenschen motiviert Jesu Aufforderung zur Liebe. Diese Liebe soll sich sogar auf die Feinde erstrecken. Denn wir sind (geliebte) Kinder des Vaters im Himmel. Der Beweggrund zur Nächsten- und sogar Feindesliebe erwächst demnach aus der erfahrenen Liebe Gottes, die keinen Hass zulässt. Wer Gottes Liebe verspürt, ist motiviert, jeden Nächsten zu lieben. Das ist das Neue, das Jesus mit seiner Lebenshingabe jeden Christen erfahren lässt. Die Gemeinde Jesu soll keine geschlossene Gesellschaft sein! Das motivierende Ziel ist eine Durchlässigkeit für die noch Außenste-henden, die durch Liebe hinzugewonnen werden.

Die Liebe soll sich aber auch innerhalb der Gemeinde aus-wirken. Davon spricht 1. Korinther 3,1-4. Auch hier geht es um die Motivation durch Gottes Liebe. Schwarzbrot oder Milch sind die

Gegensätze, mit denen in Gemeinden oftmals argumentiert wird, wenn es um die Verkündigung des Evangeliums geht. Doch Paulus macht deutlich: Irdische Gesinnung drückt sich in Rivalitäten der Gemeindemitglieder aus, in Emotionen wie Eifersucht und Streit. Es geht beim Schwarzbrot also nicht um eine kernig vorgetragene Mahnpredigt. Wer das Schwarzbrot des Evangeliums kaut, wirklich verdaut und verinnerlicht hat, zeigt das durch Liebe. Wer dagegen zankt und eifert, steht noch ganz am Anfang seines Verständnisses vom Evangelium. Wer die Liebe Gottes zu sich selbst nicht verspürt, ist auch nicht motiviert, sie an andere weiterzugeben. In Gemeinden gibt es Streit und Zank, wenn das Motiv der Liebe verkümmert. Lieblosigkeit und Desinteresse ist der oft übersehene blinde Fleck bei aller gemeindlichen Motivationsbemühung.

Unser Traum – Gottes Alptraum. Steht eine Pflanze in einem zu kleinen Topf, können sich ihre Wurzeln nicht ausbreiten. So stagniert zunächst ihr Wachstum und schließlich verkümmert sie. Mit dem Christsein ist es nicht anders. Ist der Topf, in dem wir stehen, zu eng, weil wir unser Denken auf unsere Probleme verengen und aus Angst vor dem Unbekannten keine eigenverantwortlichen Wege gehen, verkümmert der Glaube. Christen verlieren das Vertrauen auf Jesus nicht, weil er schweigt, sondern weil sie keine eigenen Entscheidungen treffen. Aber erst wenn wir das wagen, tragen wir Frucht. Bejahen wir unser eigenes Leben, können wir anderen dabei helfen. Wenn wir aber erwarten, Gott möge uns die Problematik und Angst des Lebens und die Schwierigkeiten in den Gemeinden abnehmen, wird sich dieser Traum nicht erfüllen.

Denn in Gottes Augen ist dieser Traum ein Alptraum. Unsere Reifung zum erwachsenen Christen würde enden, wenn Gott diesem Wunsch in uns nachgäbe. Mag sein, dass wir enttäuscht sind. Dann können wir das bedauern und beklagen. Aber wir können auch bereit werden, an und in unseren begrenzten Möglichkeiten langsam zu wachsen und so menschlich und geistlich zu reifen. Die Einstellung, die wir gegenüber anderen einnehmen, entscheidet, ob wir die Herausforderungen des Miteinanders bewältigen oder ob es uns auseinanderbringt. Wenn es schwierig ist, wird häufig die Auseinandersetzung gescheut. Da ist der verbreitete Wunsch, dass den eigenen Wünschen entsprochen wird, den eigenen Gedanken zugestimmt wird und die eigenen Ideen (von anderen) umgesetzt werden. Doch der Glaube ist nicht die Fliehburg in eine heile Welt. Vieles bleibt mangelhaft.

Lernen wir es nicht, diese Realität zu akzeptieren, scheitern wir an den Mitmenschen und vielen unlösbaren Problemen, die uns das Leben beschert. Alles, was den Glauben stärkt und fördert, lässt uns mit dem alltäglichen Leben besser zurechtkommen. Und nicht nur das. Christen sollen anderen Menschen den Blick auf Jesus frei machen. Wir sollen hineinwachsen in die Gottesliebe und uns selbst lieben, wir sollen befähigt werden zur Nächstenliebe und zur Verantwortung für uns selbst. Der Glaube überzeugt, wo er zur persönlichen Reifung eines Menschen beiträgt, wo Christen den Kinderschuhen ihres Glaubens entwachsen und selbstverantwortetes Christsein gestalten. Das verinnerlichte Motiv der Liebe Gottes, die tiefe innere Überzeugung, dass er uns zugewandt ist, ist dafür die Voraussetzung.

Fehlende Reifung prägt in Gemeinden ein bestimmtes Denken aus. Statt eine Antwort auf die Fragen: Wer bin ich? Was soll ich tun? zu finden, stellt sich Klage oder Betroffenheitsrhetorik ein. Sehr häufig über Mitchristen. Aber schauen wir uns als Gleichberechtigte und gleicherweise Betroffene an, erkennen wir unser gemeinsames Zuhause. Ohne Vertrauen auf Gottes Treue, die allen Mitchristen gilt, bleibt nichts anderes übrig, als das schier Unmögliche von uns selbst und anderen zu fordern: ein Maß der Vollkommenheit, Unfehlbarkeit im Denken, Urteilen, Glauben und Handeln. Es ist der Glaube an Gottes Barmherzigkeit, der davor schützt und unbedingte Selbstachtung verleiht. Aber wir entscheiden, in welche Richtung wir schauen. Ob wir der Botschaft Gottes glauben oder ob wir Tag für Tag auf unsere inneren und die äußeren Kritiker hören. Dann beginnen wir, uns perfektionieren zu wollen, etwas Besseres aus uns zu machen. Wir vertrauen auf uns und halten uns an uns selbst fest inmitten dieser undurchsichtigen Welt. Dann lautet das Credo: Wehe dem, der schwach ist, wehe dem, der arm ist! Doch wie anders sieht es aus, wenn es erlaubt ist, ganz Mensch zu sein, so wie Jesus ganz Mensch war. Dann haben wir endgültig nichts mehr zu fürchten!

Arm sein vor Gott bedeutet, das befreiende Gefühl zu haben, nicht mehr sein und nicht mehr darstellen zu müssen, als wir sind. Wir befinden uns bei Jesus schon immer in einem Raum absoluter Zuwendung! Radikal gibt er am Kreuz sein Schicksal und Leben in die Hände Gottes. Als er betet: „Vater, ich gebe mein Leben in deine Hände!" (Lukas 23,46; GNB), ist das die Erfüllung seiner eigenen Seligpreisung: „Freuen dürfen sich alle, die nur noch von Gott etwas erwarten – mit Gott werden sie leben in seiner neuen Welt."

(Matthäus 5,3; GNB) Glückselig, die alles nur noch von Gott, dem erbarmenden, erlösenden, einzig verlässlichen Vater erwarten. Denn sie werden mit Gott leben in seiner neuen Welt. Glücklich, wer mitten im Leben seine Begrenzungen annimmt. Jesus sieht, dass die Menschen Hilfe brauchen, nicht Verurteilung. Verbundenheit und nicht Trennung. Jesus ist gekommen, zu heilen und aufzurichten, sehend zu machen und uns mit Worten der Hoffnung zu ermutigen. Was bedeutet es, aus dieser Perspektive betrachtet, in die Nachfolge Jesu berufen zu sein, und was bedeutet es nicht? Wir kennen das Gefühl: Jemand stellt uns eine Beurteilung unserer beruflichen Leistung aus, und es schneidet ein wie eine Verurteilung. Jemand stellt unser Verhalten in einer bestimmten Situation oder eine Äußerung von uns in Frage, und fortan betrachten wir ihn oder sie als Feind. Jemand gibt einen Rat, und wir erleben es als Rat-Schlag! Woher kommt der Wunsch, über das Leben, das Verhalten und den Glauben anderer bestimmen zu wollen? Aber auch: Welche Rolle spielen Korrektur und Umkehr in unserem Leben? Weshalb erleben wir so häufig Kritik und Korrektur als unpassend und unzulässig? Als etwas, das uns der Partner, die Partnerin, der Freund, die Freundin oder Glaubensgeschwister willkürlich auferlegen?

Ich denke, es liegt daran, dass wir fast jeden – auch gut gemeinten – Hinweis auf die Waage der Über- oder Unterordnung packen. Dass wir eine von unserem Selbstbild abweichende Anrede oder Meinung in die Schubladen von Macht, Ansehen, Einfluss und Herrschaft einsortieren. Du oben, ich unten? Nicht mit mir! Mit einem Wort: Es geht unter uns darum, wer das Sagen hat und den Ton angibt. Und so gedacht gibt es nur ein Entweder-oder, ein

Oben und Unten, ein Richtig und ein Falsch. Dass diese Gefühle nicht ausschließlich auf Einbildung beruhen, machen Jesu an das Volk und seine Jünger gerichteten Worte deutlich. Das gibt es, und das gibt es besonders im religiösen, kirchlichen und gemeindlichen Raum, dass Männer und Frauen einander beurteilen, bewerten und verurteilen.

Wessen Sohn ist der Messias?, fragt Jesus die Pharisäer in Matthäus 22,41-45. Der Sohn Davids!, ist ihre Antwort. Wie kann das sein, fragt Jesus zurück, wenn David den Messias seinen Herrn nennt? Mit dem Thema seiner Sohnschaft macht Jesus ein gewaltiges Fass auf. Denn mit der Erwartung des kommenden Messias als dem Nachfolger Davids hatten in der Zwischenzeit der Klerus, Pharisäer, Priester und Schriftgelehrte die religiöse Autorität über das Volk angetreten. Solange der Messias noch nicht erschienen war, reklamierten sie seinen Herrschaftsanspruch für sich. Wie Mose lehrten sie das Volk, die Ordnungen Gottes zu befolgen. Und dann kam dieser Jesus, dieser Zimmermann aus Nazareth, dieser selbsternannte Wanderprediger. Stellt sich hin und ruft: „Heute, da ihr das Prophetenwort (Jesaja 61,1+2 und 58,6) aus meinem Mund hört, ist es unter euch in Erfüllung gegangen." (Lukas 4,21; GNB) Denn „hier steht ein Größerer als Jona!" (Matthäus 12,41; GNB) Setzt sich den Pharisäern und Schriftgelehrten vor den Kopf. Sagt, mit seinem Kommen sei die Prophezeiung des kommenden Messias erfüllt. Wenn das zutrifft, dann ist Gott schwerlich festzulegen auf sein Erscheinen in der Vergangenheit. Dann gilt es, in seinem Namen immer neu den Aufbruch im Glauben zu wagen. Das ist der Grund, weshalb Jesus so energisch im Widerspruch zu den Gesetzeslehrern steht: Weil sie ihre Lehre als Konkretion, als Präzisierung der Weisungen Gottes ausgeben und allem Volk Gefolgschaft verordnen. So machen sie sich selbst zum Gesetz.

Das gesamte Kapitel Matthäus 23 ist eine Zornrede Jesu gegen dieses Verhalten der Geistlichen und anderer angemaßter Autoritäten seiner Zeit und unserer Zeit. Denn wer sich an die Stelle des Messias setzt, hindert die Menschen auf ihrem Weg zu Gott (Matthäus 23,15). Sie stellen blinde Regeln auf und setzen deren Erfüllung an die Stelle der Wirklichkeit Gottes (Matthäus 23,16-22). Statt Recht, Barmherzigkeit und Treue ersinnen sie eine Fülle äußerer Kennzeichen „wahren" Glaubens (Matthäus 23,23+24). Sie sind lebendige Tote, die alles, was leben will, niedertreten (Matthäus 23,27-36). Sie haben sich auf den Stuhl des Mose gesetzt, schnüren schwere Lasten zusammen, legen sie den Menschen auf die Schultern, rühren selbst aber keinen Finger, diese Lasten zu tragen (Matthäus 2+4). Die Pharisäer halfen zur Zeit Jesu, das Gesetz durch detaillierte Einzelanweisungen lebbar zu machen.

Damit entsprachen sie dem wachen Bedürfnis vieler glaubender Menschen. So auch heute. Weil sie genau wissen wollen, wie weit sie gehen können, ohne zu sündigen, empfinden die Menschen bei allem Unwillen auch Dankbarkeit gegenüber alten und neuen Gesetzeslehrern. Viele vermissen die klare Ordnung, und manche denken auch heute, sie täten der Gemeinde Jesu einen Gefallen, wenn sie entsprechend liefern. Gib mir Regeln, Vorgaben und Vorschriften, bittet ein junger Mann Jesus in Matthäus 19,1-16 (GNB). Jesus, sag mir, was ich noch tun kann, denn alle Gebote habe ich bereits erfüllt. Jesus konfrontiert ihn daraufhin: „... geh, verkaufe alles, was du besitzt und gib das Geld den Armen... Und dann komm und folge mir!" (Matthäus 19,21) Das nennt man eine paradoxe Intervention. Die Übertreibung der Forderung Jesu zeigt dem Mann die Absurdität seines Ansatzes und wohin das führt. Überforderung und Unglück sind die Folge.

Gottes Liebesgebot lässt sich nicht erfüllen wie ein Polizeigesetz. Nicht durch die Reduktion auf das Mindeste, so dass du den dir gegebenen freien Raum bis zur Grenze hin ausnützen kannst. Das Liebesgebot erfüllt sich auch nicht durch seine Ausdehnung auf ein Maximum geistlicher Nebenpfade. Jesus geht es darum, dass wir nicht passive Leute sind, oder solche, die sich innerlich verbittert von Gottes Anspruch zwingen lassen. Er will, dass unsere Gemeinschaft frei werde im Sinne seines Liebesmaßstabs. Menschen, die frei sind, die zweite Meile zu gehen, das Hemd zu teilen, Frieden zu halten. Paradoxerweise ist es des Mannes eigene Moral und Frömmigkeit, die sich zwischen ihn und Gott stellt. Es sind eben nicht, wie es Jesu Hörer meinen, die Zollgauner und Dirnen, die das Gericht Gottes zu fürchten haben. Sie haben es nicht am schwersten umzukehren, denn sie wissen nicht, wen sie alles betrogen haben und was zur Wiedergutmachung zu leisten sei. Darum fangen sie das Rechnen und Feilschen nicht an. Aber was soll einer tun, der alle Gebote gehalten hat? Gibt es da vielleicht noch irgendeine hochgezüchtete Frömmigkeitstechnik, die ihm helfen kann?

„Komm und folge mir!", fordert Jesus den Mann auf. „Als der junge Mann das hörte, ging er traurig weg; denn er hatte großen Grundbesitz." (Matthäus 19,22) Seine Jünger sind entsetzt: „Wer kann dann gerettet werden?" (Matthäus 19,25) Und was antwortet Jesus? „Wenn es auf die Menschen ankommt, ist es unmöglich, aber für Gott ist alles möglich." (Matthäus 19,26) Auch das Unmögliche, dass ein Mensch ohne eigenes Hinzutun gerettet wird! Die Ersten, sagt Jesus, werden die Letzten sein. Wer rechnet, ob genug getan ist, verliert. Erste glauben und handeln, um in den Himmel zu kommen. Letzte glauben und handeln, weil ihnen der Himmel zugesprochen ist. Was bei den Menschen unmöglich ist – sich den Himmel zu verdienen –, das ermöglicht dir Gott, der dir den Himmel schenkt. Wer sich darauf nicht einlassen will, mag ein Erster nach dem Gesetz sein und bleibt doch ein Letzter.

Die Nachfolge Jesu lässt sich nicht anders gestalten als so. Deshalb empfindet der junge Mann ganz richtig. Etwas fehlt ihm noch! In seiner Haltung zum Nächsten kommt seine Haltung zu Gott zur Entscheidung. Der Test: Verkaufe alles, was du hast, und folge mir! Demgegenüber wirken die erwarteten Regeln und Gebote irgendwie einfacher. Mit der unvermeidlichen Folge, dass der Nächste zur großen Störung des eigenen geistlichen Friedens wird. Eigene Ideale zu lieben ist einfacher, als einen Quälgeist, Nörgler, Miesepeter, Antreiber, Befehlsgeber, Kranken, Schwachen, Andersglaubenden, Jungen, Alten, Armen oder auch nur einen langweiligen Typ an deiner Seite zu ertragen. Das Liebesgebot rechnet nicht. Es wäre doch einfach, dem anderen die Rechnung seiner Versäumnisse, Fehler und Ungerechtigkeit vorzuhalten, seine Lieblosigkeit und Treulosigkeit, seine Verbrechen und weshalb er unsere Liebe überhaupt nicht verdient. Richtig! Aber niemand soll sich die Liebe eines Mitmenschen erst erwerben müssen. Denn bei Gott sind alle Dinge möglich – auch die zu lieben, die es nicht verdienen. Das ist entscheidend: Lass dich von Gott lieben und wage die Freiheit der Liebe, die dir daraus zuwächst.

Der Schrecken der Freiheit. Ein weit verbreitetes Lebensgefühl ist der Schrecken einer Freiheit, die mit Unordnung und Chaos droht: Politische Entscheidungen werden immer undurchschaubarer, Wirtschaftsprozesse entwickeln eine nicht mehr nachvollziehbare Eigendynamik, verbindliche gesellschaftliche und ethische Werte sind umstritten. Je stärker dieses Lebensgefühl um sich greift, desto stärker wächst im christlichen Bereich das Bedürfnis nach gewissem Glauben. Und umso mehr verunsichern Erfahrungen, die diesem Wunsch entgegenstehen. Die Herausforderungen, die uns dabei in Gemeinden beschäftigen, sind vielfältig. Wie finden Geschwister sehr unterschiedlicher kultureller und geistlich/religiöser Prägung in den Gemeinden zusammen? Zum Beispiel beim Thema Pünktlichkeit. Oder beim Themenfeld Mission. Wie und worauf sprechen wir Menschen aus dem nichtchristlichen Umfeld bezüglich des Glaubens an Jesus Christus an? Was hält uns in der Gemeinde zusammen, und wer sagt, was gilt auf dem weiteren Weg? In der Ethik gehen die Meinungen auseinander. Und in der Theologie. Was ist die Position der Gemeindeleitungen zu Fragen des Schriftverständnisses, zur Ausrichtung von Gottesdiensten, Hauskreisen, Mitarbeit und zu gesellschaftlichen Strömungen? Mit einem Wort: Was tun wir in der Gemeinde, wenn nicht nur variierende, sondern klar gegensätzliche Überzeugungen im Streit aufeinanderprallen?

In einer Gemeinde werden folgende Schritte unternommen:

- In einem Brainstorming werden die Knackpunkte gesammelt, in denen Uneinigkeit herrscht.
- In offenen Gesprächsrunden werden Informationen ausgetauscht.
- In einem anderen Format wird Unzufriedenheit ausgesprochen.
- Theologische Handreichungen werden diskutiert.
- Vorträge zu strittigen Themen werden gehalten, alternative Methoden dialogischer Wortauslegung erarbeitet, gewaltfreie Kommunikation eingeübt,
- und man tauscht sich über biografische Prägungen aus
- Schließlich vermittelt die Gemeindeleitung Impulse, um einander Wegweiser statt Stoppschild zu sein.

Aber: Bei all dem Guten, das die Gemeinde durch diese Angebote erfährt, erkennen sie doch klar, dass es in der Gemeinde keinen Konsens in allen Fragen, die sie umtreiben, gibt und geben wird. Das Problem ist variantenreich. Betrachten wir es auf dem Hintergrund der Erneuerung unseres persönlichen Glaubens. Denn die Stärkung des persönlichen Glaubens stärkt die Gemeinschaft und Einheit der Vielen. Der Hinweis des Paulus verdient an dieser Stelle Beachtung: „Einst, als ich noch ein Kind war", schreibt er, „da redete ich wie ein Kind, ich fühlte und dachte wie ein Kind. Als ich dann aber erwachsen war, habe ich die kindlichen Vorstellungen abgelegt." (1. Korinther 13,11; GNB)

Viele hoffen, eine Art Heimat, Geborgenheit und Verlässlichkeit, wie wir sie vielleicht in der Kindes- und Jugendzeit erfuhren, in der Gemeinde zu finden. Schwindet aber das Vertrauen untereinander, bleibt scheinbar nur noch die Alternative, unsere Hoffnung an Politiker, Parteien oder Experten abzutreten. Alternativ an einen Hauskreis, den Pastor, die Pastorin, die Gemeindeleitung oder einfach an die anonyme Gemeinde. Dem entgegengesetzt, lernen wir Gottes Willen im praktischen Umgang mit Sachverhalten und Personen besser verstehen. Wir bitten Gott, „dass ihr seinen Willen erkennt und sein Geist euch mit Weisheit und Einsicht erfüllt. Dann nämlich könnt ihr so leben, wie es Gott gefällt, und viel Gutes tun." (Kolosser 1,9+10; Hfa)

Es braucht viel Mut, um die Grabenkämpfe und Stellungskriege in christlichen Gemeinschaften aufzugeben. Gott ruft Gemeinden auf, aus vertrauten Bunkern, in die wir uns zurückgezogen haben, herauszutreten. Vergleichbar seinem Propheten Elia, der in die Wüste floh, weil er der Belastung seiner Berufung nicht mehr standhielt (1. Könige 19). Mit dem Rücken an der Wand verhalten wir uns kopflos und geistlos. Vielleicht haben wir uns auch schon gewünscht, Berge möchten uns bedecken und Felsen auf andere niederstürzen. Aber solcherlei Fantasien lösen die Probleme unserer Gemeinden nicht. Gott fordert uns auf, unsere persönliche Isolation zu beenden. In Korinth gefährdeten Gruppenbildungen die Einheit der Gemeinde. Es gab harsche Urteile, auch über den Apostel. Ja, wenn er aus der Ferne Briefe schreibt, sagte man ihm nach, dann haben seine Worte Kraft, aber wenn er selbst anwesend ist, seht doch, wie schwach er ist und wie kläglich seine Rede! (2. Korinther 10,10) Wie wenig Ausstrahlung der hat. Da ist ja kaum was zu sehen von philosophischer Bildung und Gewandtheit der Rede. Der ist ja gar kein richtiger Apostel! (1. Korinther 9,2)

In diese Situation hinein schreibt Paulus: „Deshalb sollt ihr das in uns sehen, was wir wirklich sind, nämlich Diener Christi und Verwalter, die in seinem Auftrag den Menschen Gottes Geheimnisse verkündigen. Von Verwaltern verlangt man vor allem Zuverlässigkeit. Wie es bei mir damit steht? Mir ist es nicht so wichtig, wie ihr oder andere in diesem Punkt über mich urteilen. Hier ist sogar mein eigenes Urteil unwichtig. Zwar bin ich mir keiner Schuld bewusst, aber damit bin ich noch nicht freigesprochen. Entscheidend ist allen Gottes Urteil! Deshalb urteilt nicht voreilig über mich. Wenn Christus kommt, wird er alles ans Licht bringen, auch unsere geheimsten Gedanken. Dann wird Gott jeden so loben, wie er es verdient hat." (1. Korinther 4,1-5; Hfa)

Es lohnt sich, hier etwas genauer hinzuschauen. Aus der konkreten Situation der vielen gegen ihn gerichteten Vorwürfe findet der Apostel zu einem Exkurs über die Nachfolge Jesu im Raum der Gemeinde und damit zurück zu dem, was gewiss ist und das Eigentliche. Lassen wir die Kleinigkeiten! Es gibt Wichtigeres, es gibt Entscheidendes. Du erfährst am meisten über einen Menschen, wenn du ihn in einem Konflikt erlebst. Dann kommt wirklich raus, was den Menschen leitet, welche Grundüberzeugungen ihn tragen. Paulus schreibt: Mir ist es nicht so wichtig, wie andere über mich urteilen. Wenn wir nur einen Augenblick darüber nachdenken, wird klar, was Paulus von sich so leichthin sagt. Das ist für uns überhaupt keine Selbstverständlichkeit. Zu sagen: Was andere über mich sagen, wie sie mich beurteilen, das ist mir nicht so wichtig, das bedeutet mir so gut wie gar nichts. Darauf geb' ich nicht viel. Eben doch: Auf das Urteil anderer geben wir sehr viel!

Es ist keine Selbstverständlichkeit, sondern eine große, immer neu zu bewältigende Aufgabe, bei sich selbst zu durchschauen, in welchem Maß die Selbstdarstellung, die Sehnsucht nach Applaus, nach Bewunderung, nach Zustimmung der anderen das verborgene Leitmotiv unseres Handelns ist. Und auch dies: Wie sehr das Urteilen über andere letztlich keinem anderen Zweck dient, als sich selbst ins rechte, in ein gutes Licht zu rücken! „Mir ist es nicht so wichtig, wie ihr über mich urteilt", sagt Paulus. Und wir, denen das Urteil anderer ziemlich wichtig ist, haben die Frage an Paulus: Wie hast du zu dieser Haltung, zu dieser Freiheit gefunden? Sie ist so verlockend, so groß! Kann ich sie auch gewinnen? Der Apostel antwortet mit einem Hinweis, mit einem Wort, das am Anfang des Bibeltextes steht: Gottes Geheimnisse! Die habe ich für mich entdeckt, denen diene ich. Es handelt sich dabei nicht um verstiegene Geheimlehren, um schwindelerregende religiöse Spekulationen, sondern – wir erinnern uns – um das unergründbare Geheimnis, das Wunder der Erwählung Gottes. Was für eine Zusage!

Gefährdeter Glaube lässt sich nicht durch eine höchstmögliche Korrektheit im Verhalten kompensieren. Und nie verändert sich etwas zum Besseren, wenn wir Fehlverhalten miteinander vergleichen, statt unsere eigene Wahrnehmung, die eigenen Gefühle und Bedürfnisse zu benennen. Glaubensverunsicherung beruhigt sich nicht nachhaltig durch ein perfektes System richtiger Anweisungen. Das haben wir doch längst erfahren! Denn es ist unmöglich, immer zwischen richtig und falsch unterscheiden zu können. Es ist unmöglich, nicht der Vergebung eines anderen Menschen und der Gnade Gottes zu bedürfen. Das wissen wir doch! Aber das Gesetz weiß nichts davon. Nach dem Gesetz gibt es nur abgeschlossene Antworten und ewige Urteile, unveränderliche Regeln, festgeschriebene Statuten und unhinterfragbare Begründungen, die für jeden und alle, zu aller Zeit und unverrückbar und immer gleich gelten. So stellt sich das Gesetz gegen die Leitung des Heiligen Geistes. Denn: „Wenn ihr euch vom Geist Gottes führen lasst, dann steht ihr nicht mehr unter dem Gesetz", schreibt Paulus in Galater 5,18 (GNB).

Der Größte – also der Meister, der Pharisäer und der Schriftgelehrte, der Vater, der Lehrer, du und ich – soll sich als Diener verstehen (Markus 10,43). Nur so wird Verständigung und Einheit in der Gemeinschaft seiner Nachfolgerinnen und Nachfolger möglich, davon ist Jesus offensicht-

Die erste und allerwichtigste Aufgabe der Kirche und aller Kirchen ist, Menschen zusammenzubringen und in Liebe zu vereinen, und das nicht im Namen einer Lehre, wie erhaben und schön auch immer, sondern im Namen eines Gottes, der Liebe ist und allein Liebe will und darum in Jesus so ausdrücklich und so eindringlich um Liebe bittet.
Phil Bosmans

lich überzeugt: wenn wir ihn in der Mitte unserer Gemeinschaft haben. Wenn wir empfinden, geschützt, gehalten und geborgen zu sein, weil nur Jesus der Herr ist. Dann sind wir auf der geistlichen Ebene angelangt, um die es geht, wenn es um Einheit in Vielfalt geht. Mit Jesus in der Mitte deines Herzens lässt sich anders leben. Anders als in Rivalität und Kampf zur Durchsetzung persönlicher Überzeugung. Getragen von dem Glauben an deine unbedingte Bejahung und Erwählung durch Christus, musst du nicht mehr verbissen für deine Wahrheit kämpfen. So konnten die Jünger offensichtlich eine neue Lebenshaltung gewinnen, ihren Rangstreit beenden und über ihren Konflikt hinauswachsen. Jakobus und Johannes haben ihre zutiefst egoistischen Züge zurückgestellt, und die anderen zehn Jünger haben verstanden, dass das in jedem Menschen lebt und lauert, auch in ihnen. Jeder für sich, verwurzelt in der Verbundenheit mit Jesus, konnten sie ihre Entzweiung verhindern. Indem wir uns als Einzelne bewusst dem Urteil Gottes unterstellen, wachsen Geborgenheit, innerer Friede und innere Stabilität.

Also, worauf zielen wir? Wollen wir aufbauen, verstehen und zur Verständigung beitragen oder zerstören? Streben wir eine Vormachtstellung an, oder finden wir uns ein in die Solidarität unter Gleichen? Das macht den Unterschied! Schaden entsteht, wenn wir uns mehr um andere als um uns selbst kümmern. Wir mögen andere kritisieren. Das geistliche Leben fördert es nicht. Weder das eigene noch das des Gegenübers. Einander unterstützen kann nur geschehen, wenn wir beieinander bleiben. Stellen wir uns über den Nächsten, sind wir einander keine Begleiter, sondern Lehrmeister, die nichts zu aufbauender Korrektur beitragen. Herrschaft und Machtworte helfen nicht, weil Jesus seine Gemeinde nicht mit Macht leitet, sondern im Heiligen Geist. Und weil er will, dass wir uns auf Augenhöhe begegnen. Ehrlich miteinander sind und im Herzen zugewandt. Das trägt gute Früchte. Und wer sich etwas sagen lässt, wird erhöht. Es ist klug, über Gehörtes, über das fremde Argument, über dir Gesagtes nachzudenken. Für diese Haltung gibt es ein altes Wort: Demut! Es ist das Gegenteil von selbstherrlichem und selbstgerechtem Auftreten. Demut ist die Bereitschaft, in dem, was dir andere sagen, das Zutreffende zu suchen. Wir müssen nicht unbedingt alles annehmen, was uns gesagt wird, und niemand zwingt uns, die Position eines anderen zu übernehmen. Aber wir werden in den allermeisten Fällen zumindest ein Fünkchen Wahrheit und ehrliche Besorgnis darin finden können. Und jede begründete Korrektur beinhaltet die Chance von Umkehr auf einen besseren Weg.

Tragende Gemeinschaft. Menschen gähnen, wenn sie jemand anderen gähnen sehen. Uns rührt ein Kinofilm zu Tränen oder versetzt uns in Angst und Schrecken. Dafür verantwortlich sind Spiegelneurone. Das sind Nervenzellen im Gehirn, die beim Betrachten eines Vorgangs das gleiche Aktivitätsmuster aufweisen, wie es entstünde, wenn dieser Vorgang nicht bloß passiv betrachtet, sondern selbst aktiv durchgeführt würde. Einem spezifischen Spiegelmechanismus vergleichbar, verarbeitet unser Gehirn die eingehenden emotionalen Informationen. Das Nachempfinden von Gefühlen beruht also auf der Fähigkeit, die Perspektive anderer Leute einnehmen zu können und ihre Empfindung zu verstehen. Passend dazu erzählt Jesus das Gleichnis vom Splitter im Auge des Nächsten, das unser Resonanzsystem im Gehirn in Gang setzt.

Das gegenseitige Verurteilen, ist Jesus überzeugt, wird erst dann aufhören, wenn man die Menschen dahin bringt, sich selbst wahrzunehmen. Was mir weh tut, tut auch dir weh! Um solches Mitgefühl geht es. Bei Schmerzen wie bei Freude oder irgendeiner anderen Empfindung. Vergleichbar einer angeschlagenen Gitarrensaite, die die anderen Saiten des Instruments auch zum Schwingen bringt, erzeugt das Gleichnis Jesu eine Resonanz. Überlegen wir es uns gut und seien wir vorsichtig, wenn wir uns am Auge eines anderen zu schaffen machen. Erst wenn wir uns um den Balken im eigenen Auge kümmern, sind wir fähig, die Splitter im Auge des anderen so zu behandeln, dass es Schmerzen lindert statt vermehrt. Nur wer im Leiden an sich selbst ein Stück Wahrhaftigkeit gelernt hat, wird für fremdes Leid Verständnis aufbringen. Das Gleichnis Jesu ist eine Aufforderung zur Anteilnahme. Zur Fürsorge und zur Barmherzigkeit zugleich. Nimm zuerst den Balken in deinem Auge wahr, und dann kannst du dich um das Auge deines Bruders kümmern (Matthäus 7,5). Denn den eigenen Balken übersehen lässt den Splitter des anderen groß werden. Dann fällt (selbst berechtigte) Kritik verletzend aus, wirkt überheblich und stolz. Und wie oft lehnen wir im anderen gerade die Verhaltensweisen und Handlungen ab, die wir als eigene Möglichkeit, Versuchung oder Gefährdung wie von weitem in uns aufsteigen spüren.

Schauen wir aus dieser Perspektive auf das Themenfeld Einheit in Vielfalt, aus einer nicht methodischen, sondern geistlichen Perspektive. Was ist die gemeinsame Basis in deiner Gemeinde? Ich gehe davon aus: Es ist der persönliche Glaube, aus dem bei jedem und jeder Überzeugungen erwachsen. Die gilt es und die lohnt es sich allemal anzuhören! Wir entdecken dabei auch, wie widersprüchlich die Erfahrungen unseres eigenen religiösen Lebens sind. Viele empfinden geistliche Trockenheit in ihrem Glauben, die sie mit purer Willenskraft in der Nachfolge zu überwinden versuchen. Andere sind über dieses Stadium der Suche nach Glaubensgewissheit und Glaubenszuversicht bereits hinaus. Vielen Aspekten im christlichen Gedankengebäude möchten sie widersprechen. Wieder andere lässt ihr erlittener Energie- und Elanverlust den Glauben als weder nützlich noch gewinnbringend empfinden.

Diese Gemengelage mündet dann schließlich in einer Art

innerer Kündigung gegenüber dem Gemeindeleben und den dort vorherrschenden Erwartungen. Als Folge davon beobachten wir in vielen Gemeinden auf der Beziehungsebene Entfremdung, Argwohn, Verteidigung und Angriffe. Dabei ist die Lust, andere zu kritisieren, nicht selten geboren aus der Unlust an sich selbst und dem eigenen geistlichen Leben. Und die Programme zu Gemeindewachstum, zum persönlichen Glück und die Bemühung um allseitige Zufriedenheit funktionieren nicht. Sie wecken unrealistische Erwartungen und erschweren so die Beziehungen, achten das, was ist, gering, und verhindern, auf die Bedürfnisse anderer Menschen einzugehen.

Betrachten wir den Hauptschaden dieser gegenwärtigen geistlichen Krise am Beispiel der Versuchungsgeschichte Jesu. Da geht es um die menschlichen Grundängste in dem Verlangen nach

- Sicherheit. Jesus soll Steine zu Brot verwandeln.
- Beliebtheit. Jesus soll in die Tiefe springen und sich dann unverletzt als Wundertäter feiern lassen.
- Macht. Jesu soll die Weltherrschaft antreten.

Diese Grundängste sind auch in uns. Und wir stellen fest: Wir finden zur Einheit in aller Vielfalt nicht durch Appelle, gute Absichten und verlockende Versprechen. Nicht, indem wir uns auf andere verlassen, nicht durch Kämpfe um das Richtige und nicht durch Absonderung von der Gemeinschaft. Zur Einheit in Vielfalt finden wir nur durch eine veränderte spirituelle Praxis. Durch eine Umkehr, die darin besteht, die Richtung zu ändern, in der wir nach Glück suchen:

- Nicht mehr so denken und fühlen, glauben, beten und handeln, als ob Gott abwesend wäre.
- Nicht mehr Garantien für das zukünftige Glück wichtiger nehmen als die Liebe zu Gott.
- Nicht mehr für gute Gedanken, Werke und Gebete eine Belohnung Gottes erwarten.
- Nicht mehr äußere Handlungen wichtiger nehmen als innere Haltung.
- Nicht mehr das Erreichen des ewigen Lebens wichtiger ansehen als den Dienst am Nächsten.

Positiv formuliert: Es geht darum, dass jeder und jede für sich die Gegenwart Gottes sucht, ohne unsere verinnerlichten, vorgefertigten Kommentare darüber entscheiden zu lassen, was wir hören oder nicht hören wollen. Das ist keine Sache, die uns im Umgang mit Gott und miteinander von heute auf morgen verändert. Aber der Weg ist zu gehen. Im Bild gesprochen: Trete in den Thronsaal Gottes ein und nimm dich wahr. Deine Unrast, Enttäuschung, Ärger, Wut, das Verlangen nach Kontrolle, nach Zuneigung und Zuwendung, das Verlangen nach Sicherheit – und gebe dein Verlangen danach auf. Herr, ich überlasse mich dir! Herr, ich überlasse XY dir. Im Loslassen des Eigenen und des Anderen sind wir Empfangende! Das Streben nach Kontrolle, Sicherheit, Ansehen, Rechthaben, Macht, Einfluss – oder was immer es sei – bringt uns in Distanz zu dem einen Herrn, Christus. Jesus vertraut in der Gemeinschaft seiner Nachfolger auf die verändernde Kraft, die aus der Freiheit und Lebendigkeit der Liebe wächst. Aus Jesu Wirken ragt seine Botschaft heraus, die das Gegenteil einer elitären, exklusiven Ideologie ist. Ihm geht es um die Bewältigung des menschlichen Miteinanders, nicht darum, aus der Geschichte oder Gemeinde auszusteigen. So verkündet er die grenzenlose Güte und bedingungslose Zuwendung Gottes für uns selbst, für die, die uns gleichgültig sind, und für die, die in der Gemeinde anders ticken als wir.

Die Störung durch den Nächsten vermied Jesus nicht. Denn der Nächste ist da. Wir sind nicht allein auf der Welt! Dazu gehört, was Kolosser 3,13-15 (EÜ) beschreibt: „Ertragt euch gegenseitig und vergebt einander, wenn einer dem anderen etwas vorzuwerfen hat. Wie der Herr euch vergeben hat, so vergebt auch ihr! Vor allem aber liebt einander, denn die Liebe ist das Band, das alles zusammenhält und vollkommen macht. In euren Herzen herrsche der Friede Christi; dazu seid ihr berufen als Glieder des einen Leibes. Seid dankbar!" Jesus predigte keinen düsteren Konsumverzicht, keine Fasten- und Leidensaktionen. Jesus ruft uns zum Nächsten und stellt uns mitten hinein in den Lärm der Welt und in die Auseinandersetzungen der Gemeinde. Denn alles, was wir einem Mitmenschen tun, das haben wir ihm getan (Matthäus 25,40). Da stehen wir vor der Tatsache: Jesus ist der Anwalt unseres Nächsten! Und ja, auch für ihn waren der Nächste und seine Jünger oft nur schwer zu ertragen.

Wie Jesus leben wir unweigerlich in Relation zu unseren Mitmenschen. Er drängt daher auf praktische Entscheidungen. Wer war dem Samariter der Nächste? Wer wirft den ersten Stein? Worauf baust du dein Lebenshaus auf? Wie hältst du es mit der ehelichen Treue, mit deinem Geld, mit deinen Worten ... Jesu Gebot der Liebe zeig uns eines auf: Glaube an seine Erlösungstat, getragen wie den Panzer einer gedanklichen Dogmatik, ist kein Ersatz für die Liebe. Der Weg in die Vereinzelung ist Jesu Gefolgsleuten verwehrt. Die Hinwendung zu Gott zeigt sich im Umgang mit dem Nächsten, vorrangig zu den Glaubensgeschwistern. Denn: „Daran wird jedermann erkennen, dass ihr meine Jünger seid, wenn ihr Liebe untereinander habt." (Johannes 13,35; LB) Die Hoffnung, die sich mit dem Blick auf die eigene Begrenzung verbindet, könnte in Gemeinden ein Klima von Verständnis und Liebe sein, das untereinander Freiheit und Gelassenheit fördert. Bewirkt durch die Einsicht in die unbedingte Gleichheit aller, die sich der Frage nach der Wirklichkeit, nach der Erfahrung, nach der Bewahrung ihres Glaubens aussetzen und von sich sagen: „...ich jage ihm nach, ob ich es wohl ergreifen könnte, weil ich von Christus Jesus ergriffen bin." (Philipper 3,12; LB)

Angefochten und mutlos haben wir uns auch schon gefühlt. Innerlich so sehr zerrissen, dass wir Jesus und einander aus den Augen verlieren. Dann sind wir in Gefahr, den Glauben als eine Beschäftigung mit religiösen Themen zu begreifen. Wir unterscheiden uns dann von Nichtchristen nur noch dadurch, dass wir Ehrenämter in der Gemeinde wahrnehmen und ihre Veranstaltungen besuchen. Die Gemeinde tritt auf der Stelle. Vergleichbar den resignierten Jüngern. Sie erfahren nichts von der befreienden Kraft des Evangeliums. Sie spüren nichts von der Freude des Geistes, sie fühlen sich von Gott verlassen. Sie sind wie gelähmt, sie finden keinen Weg, den Glauben in ihrem Leben wiederzuerkennen. Ihre Knie zittern, und sie fühlen sich von den Anstrengungen ihres Lebens überwältigt. Gott scheint machtlos. Später ging es den Empfängern des

Hebräerbriefes ebenso. An ihrer Verfolgungssituation können sie nichts ändern. Über alldem verlieren sie die Perspektive für ihr gemeinsames Handeln. Stattdessen kommt es zu Streitigkeiten. Aber der Autor des Hebräerbriefes macht uns Mut.

Denn Christus ist uns schon in das Heiligtum, in den Bereich der Wirklichkeit Gottes vorausgegangen (Hebräer 12,1). Jesus hat uns den Weg eröffnet. Er ist der Anfänger und Anführer unseres Glaubens, und wer seine Augen auf ihn heftet, den verändert das. Leistungsträger erschöpfen sich, und die Gedanken der Schwachen kreisen um ihre Erkrankung. Doch erschlaffte Hände, die nicht mehr zupacken wollen, werden wieder stark, und ermüdete Knie, die nicht mehr weitergehen möchten, werden wieder fest. Mit dem Leben als Christ setzen wir ein Zeichen, dass der Glaube Böses durch Gutes überwindet. Wir zeigen Widerstand gegenüber zerstörerischen Einflüssen. Wir sind Licht im Dunkel. Wir glauben für solche, die nicht mehr glauben können.

Wie das? Allererst, indem wir das Leben bereitwillig mit anderen teilen, wie Jesus bereit war, das Leben mit uns zu teilen. Dabei ist Jesus „kein Hohepriester, der nicht mit unseren Schwachheiten mitleiden könnte. Er wurde genau wie wir in jeder Hinsicht auf die Probe gestellt. Nur war er ohne Sünde." (Hebräer 4,15; BB) Gottes Urteil über unserem Leben stempelt uns nicht als Versager ab. Das ist ganz und gar nicht sein Anliegen. Gott ist kein Voyeur unserer Schwächen und Blößen. Jesus ist jemand, der mit unseren Schwächen Mitleid hat. Geringschätzigkeit ist ihm fremd.

Wie bleiben wir wach? Packt uns schwere Müdigkeit, ist es schwierig, die Augen aufzuhalten. Vom Schlaf übermannt, sind schon viele am Steuer ihres Autos eingenickt und haben dadurch ihr Leben gefährdet. Und darüber hinaus auch das Leben anderer. Also lasst uns miteinander im Gespräch sein. Geben wir aufeinander acht, damit keiner in Gefahr gerät einzuschlafen (Lukas 12,35-40). Nehmen wir die Gedanken, Bedenken und Ideen anderer ernst. Denn Gott spricht nicht nur durch sein Wort zu uns, sondern auch durch Mitchristen. Hören wir einander zu! Christus ruft: Haltet euch bereit, lasst eure Lampen nicht verlöschen! Wir werden erinnert: Euer Licht soll leuchten! Dazu sind wir in die Lebensgemeinschaft mit Christus und in die Gemeinschaft von Mitchristen gestellt. Hingabe an Jesu bedeutet nicht, dass wir alle Viere von uns strecken und sagen: Ich überlasse alles Jesus und lasse ihn ganz und gar mein Leben bestimmen. Das ist geistliche Trägheit. Wach sind wir im eigenen Handeln, in unserer Verantwortung, die wir für unser Tun und für unsere Entscheidungen übernehmen. Es gibt ein Einschlafen des Glaubens bei vollem Bewusstsein der Existenz Gottes. Nachfolge Jesu ist eine persönliche, eigenverantwortliche Sache.

Es mag jemand dazu Ermutigung brauchen oder Ermahnung, jemand Ansporn und

> *Unsere Vollkommenheit besteht darin, zu wissen, dass wir nicht vollkommen sind.*
> *Augustinus*

wieder andere Zurechtweisung, Lehre, Motivation, ein Team. Nur seine eigene Lampe leuchten lassen ist Sache dessen, der sie trägt. Aufgewacht! Nicht die Gemeinde oder Gruppe ist für dein geistliches Wachstum verantwortlich! Niemand kann für einen anderen schlafen oder wachen. So sind wir je unser eigenes Licht. Jedes ist einmalig. Niemand kann für einen anderen leuchten. So wie eine Kerze nicht den Schein von zweien geben kann.

Es ist nicht selbstverständlich, dass du leuchtest. Es ist aber auch nicht das Außergewöhnliche. Es ist die Verheißung jedes neuen Tages. Und es kann deine Erwartung an jeden neuen Tag sein, den Gott dir gibt. Das Ziel Jesu mit uns ist eine geistlicheEinheit von Menschen, die füreinander Wertvolles im Herzen tragen und Gutes anstreben. Eine Gemeinschaft, in der wir uns und andere Menschen daran erinnern, dass uns Jesus vorangeht, nach denen schaut, die zurückbleiben, und nach allen sucht, um uns zu finden, wo immer wir uns aufhalten mögen. Niemand, der zu Jesus gehört, ist Zuschauer. Die Tür, an die Jesus klopft, ist eine Haustür. An ihr steht dein Namensschild. Wir werden uns freuen, wenn uns der Herr bei seiner Ankunft aufgeweckt findet. Dienstbereit, weil wir unsere Lampen leuchten lassen. Je mehr davon, desto besser, denn umso heller der Schein in unserer Mitte und in die Welt hinein.

Unsere Kraft ist nur klein. Wie deutlich wir das spüren. Wir zweifeln und wanken. Das geschieht, wenn wir nur auf uns sehen. Auf unsere Fertigkeiten trauen, allein auf unseren guten Willen bauen und auf menschliche Klugheit setzen. Aber im Reich Gottes und seiner Gemeinde lässt sich nichts erzwingen, ganz gleich worum wir kämpfen mögen. Deshalb wenden wir unseren Blick dem zu, der Treue hält. Wir sind nicht einem Schicksal oder menschlichem Missgeschick ausgeliefert. Wenn wir das Bekenntnis zu Jesus festhalten, bewirkt dies, dass Jesus Möglichkeiten aufschließt, die wir heute noch nicht sehen.

Literaturhinweise

BB = Basis Bibel, Stuttgart (Deutsche Bibelgesellschaft) 2010

EÜ = Einheitsübersetzung, Stuttgart (Katholische Bibelanstalt GmbH), 4. Auflage 2007

EG = Evangelisches Kirchengesangbuch

GNB = Gute Nachricht Bibel, Stuttgart (Deutsche Bibelgesellschaft), Revidierte Fassung 1997

Hfa = Hoffnung für alle, Basel und Gießen (Brunnen Verlag), 1996

LB = Lutherbibel, Stuttgart (Deutsche Bibelgesellschaft), Revidierte Fassung 1984

ZÜ = Züricher Übersetzung, Stuttgart (Deutsche Bibelstiftung) 1977

Alle Zitate der Kastentexte entnommen aus:

Pauluskalender, Einsiedeln (Paulusverlag) 2023 und 2024

Schnabel, Norbert: Worte, die zum Leben führen, Witten (SCM Verlag) 2012

Bekenntnisschriften der Evangelisch-Lutherischen Kirche, Göttingen (V&R Verlag), 2. Auflage 1952

Berger, Klaus: Wozu ist Jesus am Kreuz gestorben?, Stuttgart (Quell Verlag) 1998

Bonhoeffer, Dietrich: Gemeinsames Leben, München (Chr. Kaiser Verlag), 16. Auflage 1979

Bonhoeffer, Dietrich: Nachfolge, München (Chr. Kaiser Verlag), 17. Auflage 1988

Bornkamm, Heinrich (Hg.): Luthers Vorreden zur Bibel, Göttingen (V&R Verlag), 3. Auflage 1989

Cullmann, Oscar: Jesus und die Revolutionären seiner Zeit, Tübingen (J.C.B. Mohr Verlag) 1970

Dawkins, Richard: Der Gotteswahn, Berlin (Ullstein Verlag), 1. Auflage 2008

Douglas, Klaus: Glauben hat Gründe, Stuttgart (Kreuz Verlag) 1994

Douglas, Klaus/ Vogt, Fabian: Expedition zur Freiheit, Glashütten (C&P Verlagsgesellschaft mbH), 1 .Auflage 2016

Drewermann, Eugen: Luther wollte mehr, Freiburg im Breisgau (Herder Verlag) 2016

Drewermann, Eugen: Strukturen des Bösen, Bd. 1, Paderborn (Schöningh Verlag) 1988

Ebeling, Gerhard: Luther. Einführung in sein Denken, Tübingen (J.C.B. Mohr Verlag), 3. Auflage 1978

Grethlein, Christian: Art. Freikirchen, praktisch-theologisch, RGG III, 2000, 327

Grün, Anselm: Biblische Bilder von Erlösung, Münsterschwarzach (Vier –Türme Verlag) 1993

Harari, Yuval Noah: Eine kurze Geschichte der Menschheit, München (Deutsche Verlags-Anstalt), 37. Auflage 2013

Kolakowski ,Leszek: Falls es keinen Gott gibt, München/Zürich (Piper Verlag) 1982

Küng, Hans: Die christliche Herausforderung, München/Zürich (Piper Verlag) 1980

Küng, Hans: Jesus, München/Zürich (Piper Verlag), 2. Auflage 2012

Küng, Hans: Theologie im Aufbruch, München/Zürich
(Piper Verlag) 1987

Küng, Hans: Was ich glaube, München/Zürich (Piper Verlag) 2009

Luther, Martin: Confitemini, Bd. 7 , Neuhausen-Stuttgart (Hänssler
Verlag) 1996

Luther Martin: Galaterbrief, Bd. 10, Neuhausen-Stuttgart (Hänssler Verlag) 1996

Luther Martin: Sermon von den guten Werken, Bd. 3, Neuhausen-
Stuttgart (Hänssler Verlag) 1996

Luther, Martin: Vom unfreien Willen, Augustdorf (Betanien Verlag) 2016

Luther, Martin: Von der Freiheit eines Christenmenschen, Bd. 2,
Neuhausen-Stuttgart (Hänssler Verlag) 1996

Luther, Martin: Weg der Kirche, Bd. 6, Neuhausen-Stuttgart
(Hänssler Verlag) 1996

Meister Eckhart: Ewigkeit inmitten dieser Zeit, Zürich (Benziger
Verlag), 3. Auflage 1992

Müller, Ulrich: Heimat finden, Impulse aus dem Buch Rut,
Cuxhaven (Neufeld Verlag) 2018

Pesch, Otto Hermann: Frei sein aus Gnade. Theologische
Anthropologie, Freiburg im Breisgau (Herder Verlag) 1983

Pesch, Otto Hermann: Gottes Ja und Amen. Christusmeditationen,
Mainz (Matthias-Grünewald-Verlag) 1972

Schnabel, Ulrich: Die Vermessung des Glaubens, München (Karl
Blessing Verlag), 1. Auflage 2008

Schneider, Michael: Das neue Leben, Freiburg im Breisgau (Herder Verlag) 1987

Tillich, Paul: Das Neue Sein, Stuttgart (Evangelisches Verlags-
werk) 3. Auflage 1959
Tillich, Paul: Die verlorene Dimension. Not und Hoffnung unserer
Zeit, Hamburg (Furche-Verlag) 3. Auflage 1969
Tillich, Paul: In der Tiefe ist Wahrheit, Stuttgart (Evangelisches
Verlagswerk) 5. Auflage 1952
Urban, Martin: Warum der Mensch glaubt. Von der Suche nach
dem Sinn, München Zürich (Piper Verlag) 2007
Völkel, Arne: Moderne Formen der Spiritualität, Theologisches
Gespräch 2012, Heft 2
Wilmer, Heiner: Gott ist nicht nett, Freiburg im Breisgau (Herder
Verlag) 2015

Internetartikel

Imbruglia, Natalie: Torn, https://www.songtexte.com/ueberset-
zung/natalie-imbruglia/torn-deutsch-4bd6bb62.html
Lexikon für Psychologie: https://www.spektrum.de/lexikon/
psychologie/identitaet/6968)
Luther, Martin: Vorlesung über den Römerbrief (1515/1516),
Waldems, Verlag GmbH, www.evangelium21.net/downloads/pdf/
Luther_Roemer_Kap1_16
Marcel, Gabriel: https://www.deutschlandfunk.de/der-denker-der-
hoffnung-vor-50-jahren-starb-gabriel-marcel-dlf-cfc34a45-100.
html
Schlosser , Patrizia: https://www.ardaudiothek.de/sendung/
himmelfahrtskommando-mein-vater-und-das-olympia-
attentat/10475841/

Wiemer, Rudolf Otto: Die Chance der Bärenraupe, über die Straße zu kommen, https://www.kirche-im-swr.de/?page=beitrae-ge&id=13815